圖書館的參考服務

―理論與實務―

王 錫 璋 著

圖書與資訊集成

文史哲出版社印行

國家圖書館出版品預行編目資料

圖書館的參考服務：理論與實務 ／ 王錫璋著.
-- 初版. -- 臺北市 ： 文史哲, 民86
面；　公分. -- (圖書與資訊集成；23)
參考書目：面
含索引
ISBN 957-549-061-4（平裝）

1.圖書館 - 參考服務

023.6　　　　　　　　　　　　　　86002210

圖書與資訊集成 ㉓

圖書館的參考服務:理論與實務

著　　　者：王　　　錫　　　璋
出 版 者：文 史 哲 出 版 社
登記證字號：行政院新聞局局版臺業字五三三七號
發 行 人：彭　　　正　　　雄
發 行 所：文 史 哲 出 版 社
印 刷 者：文 史 哲 出 版 社
　　　　　臺北市羅斯福路一段七十二巷四號
　　　　　郵政劃撥帳戶：一六一八〇一七五號
　　　　　電話：（〇二）三五一一〇二八

定價新臺幣四四〇元

中 華 民 國 八 十 六 年 三 月 初 版

曾　序

　　圖書館現代化最重要的表徵就是參考服務的實施。西元
1876年，美國麻州伍斯特公共圖書館館長葛林開始倡議圖書館
應對讀者提供查檢資料、認識圖書館資源的協助，至今圖書館的
參考服務已有一百多年的歷史。由於有參考服務，美國圖書館事
業才更能受到民眾的肯定和重視，間接地也較易獲得政府的大力
支援，這導致美國的圖書館事業欣欣向榮，甚至於執全世界圖書
館事業之牛耳。而美國近百年來國力之強盛，可說部分源於圖書
館之普及和圖書館事業之興盛；因之，我們若追溯根源，不能不
說參考服務對圖書館事業，甚至於對國家發展均具有深遠的影響
力。

　　就圖書館而言，參考服務也是圖書館最具有挑戰性的工作，
每天要面對成千成百的讀者或電話，每天也需要接受各式各樣問
題的詢問；圖書館本身對這樣的工作和人員，應給予充分的重視
和支援，因為他們決定了民眾或讀者對圖書館印象的好壞。我們
國內的參考服務，雖然起步較晚，然而近年來也開始重視，不少
圖書館均已單獨設立參考資訊組或諮詢服務組等單位；許多研究
文獻亦開始探討參考服務的各項業務和功能，然現有成書的論著
多只偏重於工具書或參考資源的介紹，對參考服務的理論和實務
工作較少有完整的述及。本館參考室同仁王錫璋先生最近將其研
究參考服務理論及實際工作經驗所得，著成「圖書館的參考服務
─理論與實務」一書，則對此方面的研究，稍有一點開基啓後的

作用，值得鼓勵。

　　王錫璋先生服務本館參考室已十一年，具有相當豐富的參考諮詢經驗，而其先前曾在省立臺中圖書館擔任典藏工作一年、師大圖書館擔任編目工作兩年及在本館採訪組負責西文圖書採訪八年，再轉任參考服務工作的經歷，亦可謂參考館員歷練的一種典範模式，蓋歷經技術服務部門的體驗，熟悉圖書館的藏書和資源，才能較為勝任參考服務之業務。王先生平日對讀者服務熱心，與同人相處融洽，不僅盡心於本份內的參考服務工作，亦經常在各報刊讀書版，報導有關圖書館知識和參考書利用的文章，可說在業餘亦致力於對民眾的圖書館利用指導服務。他十多年來著有「圖書與圖書館論述集」、「圖書與圖書館論述集續集」、「知識的門徑—圖書館‧讀書與出版」等書，這本「圖書館的參考服務—理論與實務」，計廿餘萬言，則為專門針對參考服務之著作。王先生不僅在縱的方面，從參考服務的起源論述到未來電子時代的發展趨勢，在橫的方面，也從一般人所習知的狹義參考服務—諮詢檯服務，介紹到廣義的各種參考服務項目—如圖書館利用指導、資訊轉介服務、館際合作……等等。書中不僅引經據典，介紹國內外專家學者之說，更有親身工作之體驗心得，誠如書名所述，是一本理論與實務兼具的論著，值得圖書館工作人員及圖書館科系學生參考。

　　茲值本書付梓，本人樂為之序，並希望我們圖書館的參考服務更加進步，帶動圖書館事業更形蓬勃發展。

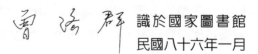 識於國家圖書館
民國八十六年一月

自　序

　　參考服務是圖書館面對讀者的第一線，其品質影響到整個圖書館的形象。許多人及許多文獻因此強調參考館員的重要性和其責任性，希望能提高參考館員的素質，以有效地協助讀者查檢資料或滿足讀者資訊的需求。

　　的確，館員的學識、溝通能力及服務熱忱是參考服務中最重要的因素。然而，整個參考服務的成效，也並非僅是館員所可決定的，它還遷涉到上級或圖書館行政者是否支持、經費是否充足、人力是否足夠、組織是否健全、參考館藏是否豐富，以及是否有周延的服務政策或準則等；甚至於參考服務空間是否有完善的規劃也都有舉足輕重的影響。我們看國內現在的戶政服務有相當的進步，民衆對其滿意度提升很多，這不僅是戶政人員的觀念改變和訓練使然而已，電腦化的實施、以及上級肯投注大量的人力（不僅櫃檯增多，也有巡迴服務人員倒茶、奉茶，並協助引導民衆，更有值星職員掌控全辦公室的服務情況）和財力（辦公室設施煥然一新、動線規劃良好）的原因。

　　所以，欲提升參考服務的水準，應不僅只討論參考館員的問題。本書乃以較寬廣的角度來論述整體的參考服務，唯主軸亦按照其發展及實施的程序來撰寫。首先敍述美國參考服務的源起和發展，以及國內的演進情況，希望由此探尋其精神根源所在。其次敍及參考服務如何組織和配備人員；有了組織和人員，則再論及如何擬定整體的發展政策或服務準則，接著再述及參考服務空

間和設施的規劃，以便從事工作前的準備。而參考服務最重要的也是要發展一個豐富且適用的參考館藏（現在亦包括各種資訊系統），才不致令館員有巧婦而無米之炊的窘況，本書也有專章的參考館藏發展之探討。這些整個「參考服務大樂章」中之幾個前奏曲之後，才開始討論一般人認爲是參考服務主體的參考諮詢的過程和諮詢檯服務，以及其他參考服務項目和參考服務評鑑等。至於參考資料方面，則因國內外圖書館學者及專家已編有各種中西文參考書指南或參考資源簡介的工具，本書僅於「參考館藏的發展」一章中略作介紹，而把重點置於其他較具實務性業務的理論探討和心得體驗。大致而言，本書有縱向的歷史探討，從早期的發展，敍述到未來電子時代的趨勢；也有橫向的各項參考服務業務的介紹，期望對參考服務能有全方位的討論。

　　本書之寫作，參考國內外許多學者有關之文獻，謹向他們致敬，由於有他們辛勤的學理耕耘，才能導致參考服務不斷的改進。感謝國家圖書館館長，也是我的長官曾濟群教授惠予序文，爲本書添光，他在學識和爲人處事方面教導我很多；閱覽組前任及現任主任張錦郎先生及宋建成先生，平日指導亦多，在此亦向他們申謝，尤其張先生不斷催促此書之撰寫，並提供許多資料，他可說是此書的催生者。我也要謝謝採訪組陳德漢先生、董玉文小姐及期刊股的鄭敦仁先生等，經常將最新的資料提供給參考館員（當然也包括我在內）過目，他們做了很好的資訊選粹服務。我們參考室的工作伙伴─包括莊健國先生、鍾雪珍小姐、鄭寶梅小姐、李彩燕小姐、張文朝先生等，也經常給我建議和指導，非常感謝，參考服務是整體的團隊工作，他們的奉獻和參與，才是推動此項服務的輪軸。閱覽組同人翁慧珊小姐和內人吳碧娟女士協助本書之校對，使本書順利出版，亦銘感於心。最後，更要感謝文史哲

出版社彭正雄總經理再度惠允印行這本書，他豐富的出版經驗，也使我體認到一本書的出版，也就是一份知識的誕生，是非常不容易的。

王錫璋　謹識於國家圖書館
民國八十六年一月

圖書館的參考服務

—理論與實務—

目 次

圖表目次

＊（註：1－1表第一章圖表一，餘類推）

第一章　緒　論

第一節　參考館員和參考服務

早上八點三十分，參考室的大門一打開，幾位讀者一湧而入，有的人走向DOBIS系統的終端機，而值班的兩位參考館員也已在諮詢檯就位，準備一天勤務的開始。幾分鐘後，終端機開啓使用了，有些讀者也陸陸續續走到參考館員那裏。

- 第一位讀者，是新聞記者，要找魁北克省的當代語言學會（Modern Language Association-MLA）的指南。
- 第二位讀者，——從俄羅斯來的研究學者，要知道參考館員能提供什麼服務，他想要得到一些有關加拿大文化政策的資料。
- 第三、四位讀者則需要有關1984年聯邦自由會議的相關資料。
- 第五位讀者則問可否找到澳大利亞鄉下的一間家具製造工廠的資料。

   ....

   ....

- 第十一位讀者要確認加拿大對拒服兵役者（Conscientious Objectors）如何處置的軍法，並希望館員能協助指示他這方面主題的資料置於何處？

   ....

   ....

以上是登在加拿大國家圖書館（National Library of Canada）的館訊──"National Library News"的一篇名為「參考館員的一天」（A Day in the Life of a Reference Librarian）①的報導之開頭一段。這篇報導描述了參考館員忙碌的上班情況，也大致勾勒出他們工作的內容，除了回答讀者各種參考諮詢問題，還包括協助讀者使用各種電腦系統或其他工具書，並指導讀者利用館內外各種資源……等等。

參考服務是什麼性質的工作呢？他們確實是忙碌嗎？加拿大國家圖書館的「參考資訊服務部」（Reference and Information Service Division）在1990年總共接到了52,745件問題，其中29,622件（56％）是到館讀者提出的，而19,161件（36％）是透過電話詢問，3,962件（8％）則是以書信方式詢問。②即使把假日也算進去，圖書館一天平均要處理142件以上的諮詢問題。而美國的紐約公共圖書館和它的82個分館，每年回答的參考問題更超過5百萬件③，每日的電話詢問就在1,000－1,500件之間。④這些數據顯示，參考服務應是一項很忙碌的工作，這還只是指答覆諮詢的服務而已。

然而，在圖書館的各項工作中，參考服務卻是館員滿意度和成就感最高的。每年畢業的圖書館科系或研究所學生，經常希望以參考服務為第一優先的選擇。一位圖書館學系的教師問一位擔任參考服務工作已一年的館員，為何參考服務令他有滿足感和受益感，他表示：

第一，參考服務是最有機會服務人們，也最有人際交流的機會。

第二，在幫助別人查詢資料的過程中，圖書館員能夠學習到更多的參考資源，認識更多的知識世界，這如同學校老師的教學

相長一樣。

　　第三，感謝電腦和資訊網路的進展，圖書館已比以前更容易掌握更多的資料，更能遨遊於其他圖書館和各單位的資源，而非像從前一樣，僅能受囿於本館有限的蒐藏；這使得參考館員得以大展身手，並能開拓更大的視野。⑤

　　的確，沒有比參考服務更能充滿成就感的圖書館工作項目了。這是一項智慧的挑戰。參考服務不僅提供了許多與社會、經濟、教育等各階層人士人際交流、溝通的機會，而且當館員每日持續接受挑戰，找出適當的圖書、期刊論文、電腦資料……等等去解決讀者們的許多問題，（像有人問國父孫中山先生的身高、測謊器的發明由來、「黑馬」這個名詞的典故……，甚至於諸多研究性的大論題等等），其獲得的將不只是助人之樂而已，由工作中相伴而來的成長和學習，也是館員成就、滿足感之由來。

　　當然，也不見得每人都會認爲這是樂趣之所在。參考服務也並非永遠都是多采多姿；當每天有數十個讀者重複地問你如何使用卡片目錄或電腦查檢；當電話詢問老只是問某本書圖書館是否蒐藏，或是由那家出版社印行的這種單調的問題和查詢，可能會讓你臉上的笑容收歛，親切的口吻不再。畢竟，參考服務如同籃球、足球比賽，參考館員縱有高超球技，但球賽中並非隨時隨地都讓你有精采的灌籃或射門的機會。參考服務工作，經常得在晚上或星期假日出勤，也頗會令許多已婚有小孩子家累的館員望而卻步──即使他們是非常優秀的。還有，經費、人員如果短缺，行政人員的配合、支持如果不夠，也會打擊、影響工作的士氣和樂趣。

　　參考館員當然也要面臨許多挑戰。如工作人員依舊，但讀者的需要、問題卻日益增多；新科技快速的發展，也帶來必須去學

習和熟悉更多的電子產品和其操作、查檢方法的壓力。⑥

　　總而言之，參考服務，——尤其是參考諮詢檯的工作，畢竟是像「驚異大奇航」似的智力挑戰或競賽（a marvelous intellectual game），並且樂趣多於平淡乏味，即使有少許的缺失或挫折，相信它將仍是圖書館工作人員的最愛。

第二節　爲什麼要有參考服務

　　凱茲（Katz, William A.）曾分析參考服務的進行過程（reference process）包含三個要素⑦：

- **資訊**（information）——包括傳統的圖書、期刊、報紙等紙本形式、各種非書資料和電腦網路上的各種電子型態產品。
- **讀者**（the user）——這是指帶給參考館員問題的人。國內圖書館文獻通常只用「讀者」一詞，大陸則亦有稱「用戶」的，而英文文獻則常使用"patron"、"client"、"borrower"、"reader"等表示圖書館的讀者。凱茲說讀者有時候也常弄不清楚自己問題的主旨所在，於是才會有較繁雜的參考過程。
- **參考館員**（reference librarian）——對讀者問題加以判斷、了解、分析，並給予適當回答的圖書館工作人員。
  此三者是相互關聯、相互作用的。

　　由於時代的演變及電腦網路快速的進步，參考服務的細部過程會稍有改變。例如以前的參考館員關心的是要儘量蒐集足夠的資料，讓讀者去挑選；但在今日資訊泛濫，每個人又忙碌不堪的時代，許多讀者所要求的是精簡、快速而適切的資料提供。專業參考館員必須掌控資訊（command and control information），有能力去決定什麼資料是好的，什麼資料是不必要的；而且也要

能了解一個讀者的真正需求或一個問題的中心所在。

　　然而參考服務不會改變的是參考館員永遠是資訊和讀者之間的仲介者。參考館員的角色是做一個資料的評鑑者，也要做讀者的朋友，並將兩者功能結合，讓讀者了解到圖書館員已隨時為他們做好「探測資訊的服務」（scouting service）。

　　最近，許多圖書館學的專業雜誌，像「圖書館雜誌」（Library Journal）、「美國的圖書館」（American Libraries）等，常常在篇幅內頁中，補白了一段「美國圖書館協會」（American Library Association）所提供的宣傳口號：

　　"When you need to know,

　　When you want to know,

　　You have right to know,

　　Ask your librarian!"

　　這段宣傳文字簡短有力，卻已將讀者和參考館員的關係及參考館員的角色任務表達得很清楚。

　　圖書館何以需要參考館員為讀者從事參考服務，其歷史淵源，本書第二章會有詳細敘述。但概括而言，圖書館從藏書樓的性質演進到現代化的圖書館或資訊中心，其間正如印度圖書館學家阮加納桑（Ranganathan, S.R.）所倡言的「圖書館學五律」（The Five Laws of Library Science）中的第五律——「圖書館是一個成長的有機體」（Library is a growing organism，——有人認為應改為Information system is a growing organism了）⑧所說的，圖書館的功能、任務和管理、服務等皆不斷在進展，許多圖書館資料成長迅速，尤其大型圖書館館藏繁雜，組織龐大，以致於無論資料如何以機械化整理得完善、整齊，已沒有任何讀者能不需要協助，就能自己探測這浩瀚的學海，也就是說以前學

者企圖做為自己的諮詢員的時代已不再可能。因此，圖書館有必要在資料和讀者之間建立一個活的鏈環，以開展圖書館資源，使資訊從它的出處有效地交流到需要這些資料的人。若以經濟學的眼光而言，正如阮加納桑「圖書館學五律」中之第三律──「每本書有其讀者」（Every book its reader，──有人認為應改為 Every information its reader）⑨的精神所在，圖書館必須講究經濟效果，要使每本書、每一件資訊都能發揮它的最大效果。⑩這必須靠著參考館員靈活運用館內外資源，將圖書館資訊適當地傳播到讀者手中；也教導讀者善用圖書館的資源，以得到他們所需要的資訊。故有學者認為參考館員猶如百科全書，有兩大功能，一是資訊的功能，一是教育的功能。⑪所謂資訊的功能，即是提供適切而有用的資訊給讀者；所謂教育的功能，即是將圖書館視為民眾沒有圍牆之學校，而參考館員則被認為是學校教師的角色，它能教導民眾，充分利用資源而學習。

　　而這兩種功能，都是以服務性為出發點的。

　　當然，圖書館服務功能的發揮，當不只限於參考館員，參考服務只不過是對讀者最直接的一種服務，它的施行也必須得到圖書館其他部門，甚至於其他館、其他單位的支援和協助，才能發揮其「資訊的導引」（information transfer）和使「資訊得到最大利用」（optimum-use）的功能。故日本學者森睦彥等所著的「改訂參考業務及び演習」⑫一書中更認為我們一般所講的參考部門之參考服務，其實只是狹義的參考服務，廣義的參考服務則應包括整個圖書館的活動；在這本書中，他們以一個圖示表明廣義和狹義的參考服務概念：

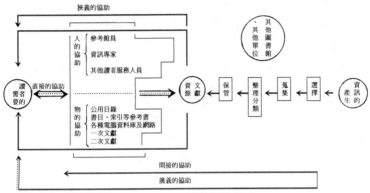

圖表一　參考服務的概念

資料來源：森睦彥等者「改訂參考業務及び演習」（東京 樹村房出版 平成二年）P.29

　　此圖顯示資訊產生後，必須經過圖書館加以選擇、蒐集、整理分類後，才能變成方便利用的文獻資源（日語稱爲「情報源」）。然後再透過參考館員、資訊專家、讀者服務部門的其他館員等「人」的協助，或館員及學科專家等編製而成的各種公用目錄、書目索引等參考書、各種電腦資料庫及網路系統和所謂一次、二次文獻等等「物」的協助，達成對讀者需求的直接協助，也是狹義的協助或參考服務；而圖書館選擇、蒐集、整理、分類、保存等各部門則是間接的協助，也是所謂廣義的協助或參考服務。

　　而在傳統的參考服務中，一般常又分爲廣義宏觀的服務和狹義微觀的服務。前者指除了諮詢檯的面對讀者之親身服務和電話、書信的諮詢外，尚包括其他爲此目的而進行的各項準備或擴展工作，如參考服務政策或服務準則的擬訂、參考館藏之發展、館際資料之合作和複印、圖書館的利用指導及其他資訊選粹服務（Selective Dissemination of Information，簡稱SDI；大陸有的文獻譯作「定題情報檢索」）、資訊轉介服務（Information and Referral Service，簡稱I&R）、編製各種書目文獻……等。

　　而後者則指館員回答參考問題之工作和過程，亦即僅以參考室之諮詢檯活動爲主而已。

　　這兩者之區別牽涉到參考服務發展史上所謂的「參考服務」（Reference Service）和「參考工作」（Reference Work）的不同問題，本書在第二章將另有詳細的說明。唯一般而言，「參考服務」在各種文獻上又多指廣義而宏觀的服務內容，即除了諮詢檯的工作外，尚包括其他各種準備及延伸之服務。

【附 註】

① "A Day in the Life of a Reference Librarian", National Library News vol.24, no.2 (February 1992), p.3-4.

② 同上，p.3.

③ Vartan Gregorian, in the preface of "The New York Public Library Desk Reference", (New York: A Stonesong Press Book, 1989), p.xi.

④ William A. Katz, "Introduction to Reference Work, V.2: Reference Services and Reference Processes" 6th ed., (New York: McGraw-Hill, 1992), p.89.

⑤ William A. Katz, "Introduction to Reference Work, V.1: Basic Information Sources" 5th ed., (New York: McGraw-Hill, 1987), p.4.

⑥ William A. Katz, "Introduction to Reference Work, V.1: Basic Information Sources" 6th ed., (New York: McGraw-Hill, 1992), p.6.

⑦ 同上，p.3.

⑧ 阮加納桑原著，夏云等合譯「圖書館學五定律」（北京：書目文獻社，1988年），序頁8。

⑨ 同上。

⑩ 戚志芬編著，「參考工作與參考工具書」（北京：書目文獻社，1988年），頁19。

⑪ 劉聖梅、沈固朝編著「參考服務導論」（南京市：南京大學出版社，1993年），頁54。

⑫ 森睦彥等著，「改訂參考業務及び演習」，（東京：樹村房，平成2年），頁29。

第二章　參考服務的起源和發展

　　分析現代圖書館的參考服務，通常包含有四項特質：(1)館員具有協助讀者的熱忱和能力；(2)這項服務是專業、專職的工作；(3)參考館藏是開架的，且成立專區或專室；(4)作為圖書館資源的指引。①由於參考服務是指導讀者使用圖書資料，並提供他們在查檢資料時的協助，因此，無疑的，它承擔了圖書館教育及傳播資訊的功能。一般人評估圖書館的好壞或效率，最直接的方式也是從參考服務的表現作為著眼點。因此，參考服務已成為現代圖書館重要的部門和工作之一。

　　而提到參考服務，我們不得不承認這是美國圖書館事業對世界圖書館最具影響的貢獻之一。美國的圖書館縱然有不同類型，提供各種不同的服務，但共同的是都對其使用者提供參考服務。此種服務的觀念，不僅表現於實際工作，且形諸於理論學說，並且影響到世界的圖書館，也被各國圖書館界奉為圭臬。

　　然而，即使在美國圖書館的工作項目裡，參考服務並不像蒐集（採訪）、整理（分類及編目）及典藏等工作是一有圖書館就存在的。參考服務在今日美國是極為普遍，以致於連許多圖書館員也認為它是與生俱來的。但事實上，美國在一百多年前的圖書館，也沒有想到參考服務是必須的，今日的讀者能普遍享有良好而完善的參考服務，是經過一些圖書館員的提倡和奮鬥爭取而來的，使參考服務成為圖書館工作和圖書館學領域中最有價值的項目之一。②

第一節　參考服務釋義

　　在1891年，哥倫比亞大學參考館員吉爾德（Child, William B.）第一次使用「參考工作」（Reference Work）這個名詞之前，類似這種服務讀者的名詞通常只被稱爲「協助讀者」（Aid to Readers 或 Assistance to Readers），但爾後數十年，隨著各家學者闡義的不同，「參考工作」和「參考服務」（Reference Service）這兩個名詞在圖書館界常相互混用。20世紀70年代以後，由於各種資訊媒體、電腦技術的加入參考服務工作，「參考資訊服務」（Reference & Information Service）亦同樣成爲這樣爲讀者提供資料、查檢資料、指導讀者利用圖書館資源、答覆諮詢……等工作的專有名詞之一。在我國，還有「諮詢服務」、「參考諮詢」、「參考諮詢服務」等同義詞語。

　　雖然參考服務或參考工作的理念早於查爾德之前十幾年即已開始萌芽，但我們由查爾德及其之後各圖書館學者或圖書館員對參考服務或參考工作所闡釋的定義，可初窺其性質和它開始受到重視的過程，亦可由這些定義中尋找出理念演變的一些蛛絲馬跡。

　　1891年查爾德在紐約圖書館俱樂部發表的論文提到「參考工作的意義，簡單的說即是圖書館員協助讀者認識複雜的目錄，回答問題，並在短時間內盡其所能協助讀者，熟悉該館資源的查檢」。[1] 這是Reference Work這個名詞首次出現在文獻裡，在參考服務史上應值得重視。

　　克羅格女士（Kroeger, Alice Bertha）在1902年編的「參考書學習及使用指南」（Guide to the Study and Use of Reference Books, ——按此書即爲著名的「參考書指南」 — Guide to

Reference Books 之第一版，而後才由 Mudget, Winchell, Sheehy, Balay 等接編至目前的第十一版）中說明：「參考工作是圖書館工作的一環，負責對讀者使用圖書館資源的協助」。

1915年，畢夏普（Bishop, William Warner）則認爲「參考工作是圖書館員提供讀者從事研究的協助」。④

1930年，魏爾（Wyer, James Ingersoll）在其教科書「參考工作」（Reference Work）一書中，則說「參考工作是友善而非正式的協助讀者使用圖書館資料，以便利其閱讀及研究」。

1943年，「參考工作」正式登上辭典，美國圖書館協會所編的「圖書館學術語辭典」（ALA Glossary of Library Terms）將參考工作解釋爲「圖書館直接幫助讀者獲得答案及利用館藏資料從事學習及研究」——此項定義後來被引述頗多。

1944年，赫琴斯（Hutchins, Margaret）在其「參考工作導論」（Introduction to Reference）一書則擴大魏爾的定義，她認爲「參考工作不僅是對搜求知識的讀者給予直接的協助，以尋得其爲任何目的所需的資料，並且也包括能使資料更易獲得的任何圖書館活動在內」。

1948年，巴特勒（Butler, Pierce）則認爲「參考服務是知識份子能夠任意使用圖書館藏書以獲得所需資料的程序」。⑤

1951年，愛德華（Edward, Lucy）則認爲「參考工作是對讀者個人的服務，以最容易和最快的方式協助其獲得所需資料」。⑥

圖書館學家蕭爾斯（Shores, Louis）則闡釋「參考工作對圖書館的重要性，猶如機智對軍隊之不可或缺。參考室的資料是爲特殊需要而設的，其首要者即是回答詢問，或代尋、指導有關研究的資料……」。⑦

1960年，巴頓（Barton, Mary Neill）認爲「參考服務是館

員協助讀者查檢資料的服務，不論讀者之目的爲知識性、教育性或娛樂性」。⑧

　　印度圖書館學家阮加納桑（Ranganathan, S. R.）在1961年所著「參考服務」（Reference Service）一書中則解釋爲「建立讀者與資料個別接觸的過程」。

　　1969年，凱茲（Katz, Willam A.）在其著名的「參考工作導論」（Introduction to Reference Work）一書中認爲「參考服務是解答問題的過程」。

　　1978年，瑞汀（Retting, James）則主張「參考服務在理論上可解釋爲人際溝通之過程，其目的在直接自適當的資料中提取所需要的資訊給予資訊搜求者，或間接地提供適當的資料來源，並教導其如何由資料來源中尋找所需資訊」。⑨

　　至若美國圖書館協會參考及成人服務部（A.L.A. Reference and Adult Services Division）的「資訊服務發展綱領」則簡扼地說明「資訊服務是爲幫助讀者的求知所提供之個人服務」。

　　由上述依年代排序下來的各圖書館學者或機構對參考工作及參考服務的說明和闡義來看，前半時期大部分使用「參考工作」一詞；1943年美國圖書館協會的「圖書館學術語辭典」也只收錄有 "Reference Work" 而無 "Reference Service"。後半時期（1948年以後）似才漸有「參考服務」或「資訊服務」之名詞出現。而在1950年代，著名的參考服務歷史學者羅斯坦（Rothstein, Samuel）則強調「參考工作」和「參考服務」的定義應有所不同。他認爲 "Reference Work" 的本質特徵是「圖書館員對尋求資料的利用者提供個人的協助」，而 "Reference Service" 則除了這種協助外，圖書館還應認知此種協助爲圖書館不可或缺的責任。爲了這個目的，必須確認爲實施此種協助，圖書館應有

特別的組織。所以，一個圖書館提供 "Reference Service"，必須有如下條件：

一對尋求資料的利用者，圖書館員提供個別的協助。

二作爲協助機關的圖書館，必須認知這是不可或缺的責任。

三爲了提供這種協助及學習參考工作的技術，必須成立特定的組織。

羅斯坦之有這種看法，是認爲以前 "Reference Work" 的定義都沒提到參考書或參考部，似乎暗示著參考書或參考室、參考部門對參考工作並非是必須的。因此，他以 "Reference Service" 一詞來擴大 "Reference Work"的範圍。⑩也就是說，"Reference Service" 是廣義的參考工作。

但英國人戴文森（Davinson, D.）則認爲在英國恰好相反。英國圖書館界所謂的 "Reference Work" 之意義和羅斯坦的 "Reference Service" 相近，而 "Reference Service" 則恰是羅斯坦所說的 "Reference Work"。⑪可見有關參考業務的名詞並未定於一尊。在我國名稱不少，意義也相互通用，即使在日本，也有「參考事務」、「相談事務」、「相談業務」、「參考俸仕」、「調查相談」、「資料相談」等名詞⑫，一般區別也不明顯，常相互使用。

不論是 "Reference Service"，或 "Reference Work"，或是近年來更常用的 "Reference & Information Service"，本書原則上暫以 "Reference Service" 爲通稱。

第二節　參考服務的起源——葛林的倡議
和美國公共圖書館參考服務的發展

　　美國在建國初期，雖有少數社區圖書館（Social Library）或私營圖書館（Proprietary Library），但由公共維持、公共管理，提供民眾免費使用的公共圖書館，在1850年前尚甚為罕見。現代公共圖書館運動的真正開始，是由於各州通過法案，使地方行政單位能以徵稅方式來維持圖書館的營運，公共圖書館才得以發展。如新罕布什州率先於1849年通過立法，授權各城鎮撥款設立及維持公共圖書館。麻州及緬因州亦分別於1851、及1854年通過類似法案，逐漸設立公共圖書館。⑬

　　公共圖書館雖然逐漸普及，但初創時期，無論是藏書和人員均非常缺乏。卡普蘭（Kaplan, Louis）形容「1875年以前，美國最大的圖書館藏書也少於 30萬冊，電燈在那時還是新奇的，圖書館員關心燈光甚於圖書。大部分的圖書館館舍，也不是專門設計的，而只是利用廢棄的校舍或市政廳的房舍；設備也都是老舊的……」。⑭。

　　在此條件下，圖書館員只能慘澹經營，談不上什麼現代化的參考服務。事實上，當時的圖書館員也還沒有這種觀念，由1853年的全國圖書館員會議的議程來看，當時提出來討論的議題主要包括圖書館的組織、財務、建築、書架排列、編目、圖書選擇等項目，就是沒有提到有關讀者服務方面的。

　　但隨著南北戰爭結束後，美國的社會逐漸由農業經濟轉向以城市為中心的工業經濟，人民的財富及休閒也隨著經濟的發展而增加，從而引起對知識和公共教育的重視。在此風氣之下，出版品自然增加迅速，國會圖書館在1875年時登錄的版權圖書才只有8,000種，到19世紀結束時，即已達86,000種。1870年時，全國只有5,871種報紙和期刊，到1890年時則已超過14,000種。⑮出版品的增加和對公共教育的重視，自然也促使公共圖書館開始

蓬勃發展，藏書量也大增，如1876年時，只有18所圖書館有超過50,000冊的藏書，到1900年則已有140所以上。許多圖書館亦開始有專門設計的館舍了，而更多的民眾來到圖書館滿足他們求知的慾望和讀書的興趣。

在此情況下，圖書館員不能再像以前只是圖書的保管者而已，他們開始要面對求知若渴的讀者了。

但起初，圖書館員其實還沒有「必須」協助讀者的觀念。對到圖書館的民眾，協助他們是有的，但只是偶而或無意的而已。當時的觀念是認為幫助讀者會使館員分心，影響到其工作。早期當然也沒有什麼專任的參考服務館員，任何編目員、流通館員，碰到讀者確有問題，呼喊請求之下，也就只好過去照應一下。總之，協助讀者的行為雖有，但觀念上卻非認為這是圖書館必要的工作，更談不上像現在設立專門組織或部門，配置專門人員來從事此項工作。

而第一個明白表示圖書館員應該有責任去協助讀者的是麻州伍斯特公共圖書館（Worcester Public Library）的館長葛林（Green, Samuel）。他在1876年的全國圖書館員大會宣讀了一篇題目叫「值得建立的公共圖書館員與讀者之間的交流和人際關係」（The Desirableness of Establishing Personal Intercourse and Relations Between Librarian and Readers in Popular Libraries）的論文，在這篇後人咸認為是圖書館參考服務理念起源的歷史文獻裡，葛林的主要論點是圖書館員應促使他自己成為可親近的（accessible），並對讀者擴大友善、真誠的接待服務。館員應鼓勵讀者將其困難告訴他，並協助他們。葛林認為民眾缺乏知識去選擇他們所要的圖書，也沒有使用目錄的技巧，他們無法分辨和尋找他們所需的資料。對於這些民眾，館員對其協助是必

要的。還有，圖書館如能擴展這些協助，無疑地也會使圖書館成爲公眾教育的機構。

　　葛林這篇篇名頗長的論文，其後登在1876年10月創刊的「圖書館雜誌」（Library Journal）第一期裡，題目則縮短成「館員與讀者之間的個人關係」（Personal Relations Between Librarians and Readers）。由於此篇論文被視爲美國圖書館正式開展參考服務的最早倡議，因此可說是圖書館史上的經典文獻，「圖書館雜誌」1993年6月15日這一期還將這篇文章重新節錄刊登在其「古典文獻」（Library Journal Classics）專欄裡。⑯

　　在今日，我們重讀這篇文獻，發現一百多年前的葛林其實就有許多現在參考服務的觀點和理念，實值得讚佩。比如說，除了讀者需要鼓勵和協助，而館員應具有熱心、同情和容忍的態度外，他也認爲館員應隨時準備、整理讀者會利用到的資料——這是現代參考服務工作中書目、索引文獻的編製。葛林也提到公共圖書館應主動向市政府提供收到什麼值得參考的資料——這是現代的資訊選粹服務（SDI）；如果本館無法供應讀者資料，應向較大城市或鄰近的公共圖書館申請借閱——這是現在館際互借的觀念；甚至於葛林在當時也已有現在參考諮詢的一些限制回答原則，他也認爲圖書館員沒有責任也不能推荐資料給讀者作爲疾病醫療或法律指導的參考。⑰

　　葛林認爲館員對讀者的熱心協助，將可達到幾個目的：

　一假如館員得到讀者的尊敬和信任，將使他們樂於對你提出問題或與你晤談，這會促使他們喜愛學習和查檢資料。

　二實際與讀者接觸，才能發現讀者眞正需要，眞正有興趣的書是什麼，這樣才能爲圖書館選購眞正需要的圖書。

　三使圖書館公眾化最好的方法就是與讀者來往，並以各種方

式幫助他們，這樣才能讓民眾了解圖書館對他們很有益處，而能支持它。

當然，葛林那時還只是希望公共圖書館能擁有這種協助讀者的館員，他也有一般例行的工作，但如果讀者有需要，他能立刻放下工作去協助讀者，至於專職化的參考館員，他大概還未敢奢望罷！

葛林的倡導，使參考服務從無到有開始邁出第一步。他的理念分析起來自然有其背景因素。圖書館員愈與讀者交往，愈能提供對讀者的協助，也就能促使圖書館成爲社會上有用且能受益的機構，而公共圖書館必須靠著民眾的肯定才能獲得支持，也才能得到政府較多的經費或私人的捐助。公共圖書館的館員也就必須尋找方法以顯示其機構是對民眾有助益的，因此，參考服務的觀念和想法是從公共圖書館開始發展的就無須驚訝了。葛林的這種看法，與其說是圖書館服務的新理論，不如說是爲促使圖書館生存和發展的一項技巧和方法罷！從邏輯上講，參考服務萌芽於葛林所屬的伍斯特公共圖書館及稍後的波士頓公共圖書館，也是合理的；因爲這些公共圖書館歷史較久，館員和藏書均已較爲充足，又有20多年的經營經驗，因此較能在每日的圖書流通、編目及財務問題之外，還有餘力來開發這種協助讀者的服務觀念。

葛林的論點獲得美國圖書館界的贊同，但隔年（1877年），他跨海東征，在倫敦的英美圖書館員大會上重複他「親近圖書館員」的論點，卻遭到倫敦圖書館哈里遜（Harrison）的反對。哈里遜懷疑一般公共圖書館讀者的問題是否值得花費時間去回答，而美國的克特（Cutter, Charles Ammi）也表示不如多依賴目錄和書目，讓讀者自行找到他們問題的解答，而不必麻煩到圖書館員。

　　雖然有這麼一些批評的意見，但到1880年止，由一些圖書館文獻顯示，畢竟支持者佔多數了。無論是1881年波士頓公共圖書館的報告或1880年密爾瓦基市公共圖書館（Public Library of the City of Milwaukee）的年度業務報告，都顯示實施這種與讀者親近和協助他們的效果。⑱在1882年，即使是有「老衛道之士」（old guard）之稱的普爾（Poole, William Frederick）也對圖書館的「可親性」（accessibility）提出贊同的看法：「對有問題的讀者之協助，是我在工作上最愉快的一點，我辦公室的門永遠是開的，任何要查檢資料的人都可直接來找我⋯⋯」。⑲

　　杜威（Dewey, Melvil）稱這種圖書館思想的轉變是「現代圖書館的觀念」（Modern Library Idea），他說：「以前的圖書館員像是一個獄卒，只看守著書⋯⋯，現代圖書館則是積極而非被動的，他歡迎讀者像商店歡迎其顧客一樣⋯⋯他應擴大他的服務，認知他的專業能力⋯⋯」。⑳因此，19世紀80年代的公共圖書館已意識到他們的圖書館應是一所能透過「協助讀者」以適應讀者需要的教育機構，甚至於是一所民眾的大學（University of People）。當時習稱的「協助讀者」（Aid to Readers）一詞，也就逐漸變成一種時尚或流行（Vogue），在許多城市、鄉鎮、社區的公共圖書館逐漸被採用。

　　當然，當時圖書館學理論和管理技術也有所發展，才能為這種協助讀者開闢了前景。1876年同時發表的「公共圖書館報告書」（Public Libraries in the United States）有三篇論文對以後的參考服務具有影響力。一是當時國會圖書館館長史波福特（Spofford, Ainsworth）將當時主要參考書列成目錄，並強調參考書應開架的理論；其二是杜威新發表的十進分類法理論，使圖書館的管理有了進一步科學化、系統化的方式，並使按類求書成為

事實；其三則是克特發表了有關字典式目錄的理論，也為按主題查找文獻作了準備。而1853年時即已編製的普爾氏期刊論文索引，也在1876年增訂出版，開展了書目索引的新道路。

　　葛林自己的圖書館自然更強調這種服務的教育價值，並且認為服務應持續進行而非斷斷續續或間歇性的，他也頗自負於伍斯特公共圖書館的做法獲得贊同和仿效。

　　但是「協助讀者」尚不能成為專職化的工作，如何將只是館員個別的「願望」、「欲望」，成為「必須」的一種工作再具體化成一種「責任」，並且將這種協助的工作組成特別的組織，倒是還須努力的。波士頓公共圖書館在初期也對讀者提供協助，但只是館員工作的附屬品而已，直到1883年，方認知這種工作必須要有充分的人力來配合，也就是要有專門人員來從事這項工作，否則在讀者日多的時候，不免會與其日常工作抵觸。因此，同年波士頓公共圖書館乃雇用了第一個全日制的專門工作人員，並為這種工作開設了專門館藏和專門閱覽室。而這種專門閱覽室通常是開架的。佛萊齊（Fletcher, William）認為開架式可以收到較大的效果，讀者與書有較大的親近性，並且能因應讀者不同的目的和使用。波士頓公共圖書館此項措施，開創了專職參考館員和專門參考室的典範，也確立了協助讀者查檢資料是圖書館不可或缺的一種服務，這種理念也就逐漸推展到美國圖書館界。

　　而基本上，有了專職人員還須有專業的訓練，除了波士頓公共圖書館，1883年以後，芝加哥、聖路易、密爾瓦基等公共圖書館亦已展開此項人員的職務訓練。1887年，第一所圖書館學校在哥倫比亞大學成立，圖書館員因之有了正式的教育機構。在這些風氣之下，1891年10月，「圖書館雜誌」首度出現「參考工作」（Reference Work）這個名詞[21]，第一個對「參考工作」

下定義的吉爾德的論文即是在這份雜誌發表，自此 "Reference Work" 這個名詞開始取代了以前 " Aid to Readers " 或 " Assistance to Readers "了。

到了20世紀開始，參考服務的理念已完全被美國圖書館界所接受，並咸認此種服務爲圖書館不可或缺的工作項目。1902年克羅格女士在其「參考書學習及使用指南」書中便提到「參考諮詢檯（information desk）已在美國各圖書館設置了，這個位置是由參考館員負責主持，他的任務是協助讀者查尋資料，提供讀者所需主題的參考資料；他也必須推荐、徵集參考書。爲了達到這個目的，他應知道如何協助讀者及具有熟悉參考工具書運用的知識」。由她的敍述，我們知道在1902年，參考服務已是美國圖書館應具備的功能，而由 "information desk" 一詞，亦可知道參考館員的角色也已被確立和認定。

1900年以後的公共圖書館參考服務可說是鞏固發展期。參考服務的功能已被確認，因此可以繼續追求質和量的進展。

第一是增加參考工作人員。大部分的公共圖書館都雇用了參考館員，也由於讀者的需求和工作量的增加，此種工作人員漸漸增加，像底特律公共圖書館在1902年只有3位參考館員，到1914年則增加了一倍，有6位之多。有些圖書館亦已逐漸將參考工作獨立成一個部門。

其二，服務的方式也擴展了，電話和通信的諮詢也被列爲服務範圍，同時，參考服務的時間也延長到晚上甚至周末、假日。

其三，20世紀以後，社會環境的變遷，更使圖書館趨於重要，高等教育的普及與兩次世界大戰，使美國更邁向工業化；科技的發展，也使政府重視各種研究，而出版品數量急遽增加，促使民衆對知識的需求也趨向專業化，因此，除了專門機構的圖書館增

設很多外，公共圖書館也不得不加強參考服務的深度化，許多大型公共圖書館亦有比較學術性的參考諮詢，像紐約公共圖書館（New York Public Library）在1911年後，除了主閱覽室（Main Reading Room）有3萬冊參考書外，還有15個專科、特殊資料閱覽室，並聘有各學科專家服務。而不少大、中型公共圖書館也成立了許多分館，大多數的分館也加入參考服務的工作。因此，總館和分館之間已有一些分工，分館多數擔任比較單純的參考工作，而總館則成為比較學術性的活動中心。像底特律公共圖書館1909年的年度報告就提到「總館以服務學者參考研究為主，而分館則是以補充性服務為目標，以高中、夜間學校或一般成人大眾為主要對象」。當然，這或許只是當時公共圖書館的幾個特例而已，但也代表公共圖書館有的也朝向學術研究為主要目標。

　　1956年，聯邦政府通過「圖書館服務法案」（Library Service Act—LSA），促使公共圖書館重視郊區圖書館的服務。夏威夷、賓州、紐約州等率先發展全州的圖書館合作系統運作㉒，爾後全國性的館際合作業務也逐漸展開，使得較小或資源較少的公共圖書館，也能夠獲得較多的資料來源，參考服務的空間擴大不少。

　　60年代以後，由於資料媒體的種類增加，許多公共圖書館的參考服務亦頗多予以分化，除一般的參考服務外，通常會成立政府出版品、縮影、期刊、地圖……等部門，提供專業性的參考服務。

　　1970年代，公共圖書館（特別是位於郊區、鄉下地區的圖書館）開始發展「資訊轉介中心」（Information & Referral Center—I&R），實施資訊轉介服務。I&R的目的是要將圖書館轉變為不只是社區的知識中心，也是資訊的轉介中心。當民眾有

問題（包括知識性、生活上的問題）而圖書館並無能力可以回答
這些五花八門的諮詢時，圖書館必須掌握全社區、全鄉鎮甚至於
縣市裡各機構及專家的資料，並將自己無法回答的問題，安排、
轉介到有關機構或專家，使讀者獲得最適當的服務。I&R這種服
務也經常主動提供資料給任何需要的民眾，代替以前被動地問讀
者有何需要；它服務的對象也以缺少能力應用傳統工具書或印刷
資料的民眾為主。這種服務也彈性應用社區一些人力資源，如聘
請學校教師或當地的專家，以實際的經驗、知識，提供民眾最切
身需要的資料，如有關農、林、漁、牧或醫藥保健方面的。此種
I&R服務，就猶如圖書館參考服務加上類似我國過去四健會、家
計中心所提供給社區或鄉村的社會、衛生或農業服務的綜合體了。

　　80年代後的公共圖書館，隨著電腦和通信科技的進展，參考
服務自然也像其他類型圖書館一樣，邁向電腦化、網路化了，「
參考資訊服務」已逐漸要取代「參考服務」這個名詞了。

第三節　美國大學圖書館的參考服務

　　論及美國大學圖書館參考服務的發展，必須從學術環境及美
國高等教育的變革談起。

　　美國第一所大學哈佛學院雖早於1636年即已成立，但與其
他陸續於殖民地時期設立的許多大學一樣，其教育宗旨均著重於
宗教色彩和古典人文主義素養的培育，各校圖書館藏書均少，談
不上什麼規模。此種情況直到1850年，雖然各州亦有新的學院
相繼設立，但大學圖書館的藏書成長仍然緩慢，下圖是至 1849
年止，各著名大學的藏書量：

單位：冊

學　　校	創立時間	創校時藏書	1766年藏書	1800年藏書	1836年藏書	1849年藏書
哈佛大學 Harvard	1636	300	7,000	10,000	47,500	86,200
威廉瑪麗學院 William & Mary	1693	——	2,000	——	——	——
耶魯大學 Yale	1700	40	4,200	3,675	25,500	50,481
普林斯頓大學 Princeton	1750	474	1,200	1,200	11,000	16,000
賓州大學 Pennsylvania	1753	——	2,500	4,000	2,000	9,250
哥倫比亞大學 Columbia	1754	——	1,500	2,249	——	12,740
布朗大學 Brown	1764	250	500	——	11,600	31,600
達特茅斯學院 Dartmouth	1769	——	——	3,000	14,500	21,900
喬治城大學 Georgetown	1789	——	——	——	12,000	26,100
威廉斯學院 Williams	1793	——	——	1,000	6,200	10,559
南卡羅納大學 U.S.C.	1801	——	——	——	10,000	18,400
西點軍校 U.S.M.A	1802	——	——	——	——	15,000
安赫斯特學院 Amherst	1821	——	——	——	10,550	13,700
三一學院 Trinity	1823	——	——	——	4,500	9,000
維吉尼亞大學 Virginia	1819	——	——	——	10,000	18,378

　　由上表可見，當時各大學圖書館皆少於10萬冊，至1849年時，即使歷史最悠久的哈佛亦只有8萬餘冊。此原因在於1850年以前，美國高等教育仍然沿襲英國模式，亦即重視傳統的博雅教育（Liberal Art）及人文課程，教學方式也只注重教科書，忽視

課外圖書之閱讀。而自然科學的研究也不興振，在19世紀初期，僅有創立於1802年的西點軍校設有理工科的課程，1824年紐約州東部的特洛伊市（Troy City）設立倫斯勒技藝學院（Rensselaer Polytechnic Institute）以培養農業技術人員而已。哈佛及耶魯大學後來雖迫於現實社會之需要，分別於1842年及1847年設立勞倫斯科學學院（Lawrence Scientific School）與雪菲爾科學學院（Sheffield Scientific School），但理工科畢竟仍非哈佛、耶魯之主流。㉔

聯邦政府對科學研究機構的設立也不熱心，僅有海岸測量調查局（Coast Geodetic Survey）為調查所需蒐集有科學數據的資料，但也無建立長期基本研究資料的計畫。當時唯一的研究機構是1846年成立的史密遜學院（Smithsonian Institution），但那也是一位英國科學家史密遜（Smithson, James）所捐贈的。

因此，19世紀前半期的美國學術環境可說並不佳；經由學術研究、調查而擴展的知識，在質、量上均貧缺，對增進學術發展的訓練和支持，也沒有組織性的安排。貝斯托（Bestor, Arthur B.）就曾批評即令是人文學術研究，就當時的著名歷史學者如蒲萊斯考特（Prescott, William H.），班克勞夫（Bancroft, Hubert H.），馬特利（Motley, John Lothrop），巴克曼（Parkman, Francis）等，都沒有什麼學術機構可以將他們組織、聯繫起來，像許多從事研究的人一樣，他們也都是單打獨鬥，必須自己支付旅行費用蒐集龐大的研究資料。研究成果也沒有得到任何機構的輔助，必須獲得商業性出版社的青睞才得以出版。㉕而大多數的研究，只能做為嗜好，很難成為一種專業。

與學術環境互為因果關係的大學圖書館，藏書很少，人員亦缺乏，且多為部分時間制的和未經訓練的。當時學校的師生也很

少對圖書館提出強力的需求。

　　然而隨著社會經濟的轉變，此種環境在1850年以後逐漸有所轉變。受到工業革命的影響，工業技術在美國也快速發展，促使政府不得不審思高等教育的改革。1861年，麻省理工學院的設立，或許是代表這種轉變的第一個信息。1862年，美國國會又通過「莫利爾贈地法案」（Morrill Land Grant Act），補助各州設置農業、工程、礦冶及森林等院校，不僅提供廣泛且分科化的大學教育，也讓一般農民及勞工獲得高深教育的機會。南北戰爭後，社會、經濟、政治的改變，更帶動民眾對大學教育殷切求變的需求。

　　另一方面，美國的高等教育於此時期亦開始受到德國模式的影響。此緣於自1789年至1851年間赴德留學的留學生回國後，積極鼓吹德國高等教育優點的關係。此其中，以爾後擔任哈佛大學校長的艾略特（Eliot, Charles William）最具代表性，也最有貢獻。他將德國教育模式引入哈佛，提倡自由選課制度，並改革課程，摒棄舊有的教科書式的教學方法與「聽講、記憶」的學習方法，而代之以分組討論的模式。

　　1876年，約翰霍浦金斯大學（John Hopkins University）成立，首任校長吉爾曼（Gilman, Daniel Coit）亦採用德國教育模式，強調高深學術的研究，這也是全美第一所以研究所為主的大學。此種強調碩士、博士研究的學術風氣，終於促使美國高等教育的本質徹底改變。㉖

　　貝斯托因此認為1850年以後是美國學術界「根本性的轉變」，也是知識活動的革命。許多學術團體亦多在此時期成立，如美國語言學學會（The American Philological Association, 1869），考古學會（The Archaeological Institute of America, 1879），

當代語言學會（Modern Language Association, 1883），歷史學會（American Historical Association, 1884），美國經濟學會（American Economic Association, 1885）等。因應學術環境的改變，不僅大學及學院增加，它們也開始提供教授、學者獎助金，鼓勵學術研究。而教育方式的改變，也促使學校必須重視圖書館。其實早在1815年，赴德留學的蒂克諾（Ticknor, George──後來創立波士頓公共圖書館）就曾寫信給其友，提及他對德國大學圖書館的深刻印象：「我無法相信我所看到的事實，即是存在於我國大學和這所大學之間重要而且典型的差異，那就是我們缺少一個好的圖書館。……我們雖然增加了許多教授，建立了多樣化的學院，卻沒有充實圖書館藏書。我認爲如果能提供圖書館一年六千元用於購書，將比遴聘三位教授還能獲致十倍的提倡學習風氣和提升學校聲譽的效果……，我們尚未了解圖書館應是學校的「第一必要」（first necessity）……」。[27]

　　在此情況之下，各大學圖書館紛紛成立，或建新館，或予以擴建，或重新設計，而藏書也加強購置。與前表比較，哈佛1849年的藏書是86,200冊，到 1876年已增至227,650冊，1900年更激增到91萬冊。耶魯大學在1876年亦已有11萬冊，1900年達到47萬冊；其他圖書館的成長亦頗爲迅速。開放時間亦隨著需求而延長，如哈佛1876年每週48小時，1896年則爲每週82小時；同時期，耶魯由36小時延長爲72小時；而杜威主持的哥倫比亞大學，1876年由每週12小時增加到1888年的每日14小時。

　　在圖書館經營方面，哈佛大學圖書館長溫瑟（Winsor, Justin）則強調方便「使用」的觀念，彼言：「圖書館不經使用，則永無價值」，他積極編製參考書目，擴展研究上的協助。因此，在19世紀末，一般大學均已認知到圖書館的重要性；耶魯大學校

長載特（Dwight）在1893年的年度報告就曾提到「圖書館是大學生活的中心，這個地方是教授和學生追求知識的地方」。所謂「圖書館是大學的中心」（the library is the center of the university），「圖書館是大學的心臟」（the library is the heart of the university）等口號就開始流行。加州大學校長惠勒（Wheeler, Benjamin Ide）在其就職典禮上亦說過「給我一所圖書館，我會建造一所好的大學」。

在此情況之下，圖書也已開始逐漸採取開架政策，以方便使用者。約翰霍浦金斯大學1882年的年度報告就提到「沒有比將圖書很容易地讓研究者接觸到更容易幫助他們了」；而安赫斯特（Amherst）學院的圖書館長佛萊齊（Fletcher）在1885年就指出大學圖書館已被視為教授和學生的實驗室了。這種觀念就是要使圖書館不再只是圖書的儲存所而已，而要讓它成為人文、社會科學學者們的「實驗室」。「圖書館是個實驗室」（Library as a Laboratory）這句口號也逐漸深入人心。

大學圖書館自此已受到重視，但其參考服務的觀念卻比公共圖書館慢了一步。當1876年葛林發表「圖書館員與讀者的人際關係」論文時，雖然羅契斯特大學（University of Rochester）的教授羅賓生（Robinson, Otis）隨即表示贊同葛林的觀念，並說：「一個圖書館員應不只是書的保護者，他應該是一個教育者……，葛林先生所提到的館員與讀者之間的關係，也應建立在大學圖書館和學生之間。大學圖書館員應盡其可能對學生做到某種程度的圖書館教育，否則無以克盡其責任……。他提供讀者一般閱覽和查檢資料的指導，他應是讀者的導引者（Guide），也是讀者的朋友」。㉘

在次年的倫敦大會，布朗大學的古德（Guild, Reuben）亦

支時葛林「親近圖書館員」的觀念，並且宣示他將在布朗大學推展「親近圖書館員和書架」（Access both to the librarian and to the shelves）活動。㉙

　　但羅賓生和古德的贊同，卻沒有在各大學立刻引起迴響。大學開始把圖書館當成實驗室的觀念並不足以代表參考服務已有普遍且美好的開展。1896年之前，除了康乃爾和哥倫比亞大學，私立大學圖書館一般是沒有參考館員的，像耶魯大學直到1900年還沒有指定參考館員，即使有，也是兼職的；甚至到第一次世界大戰前，參考服務的活動在耶魯還是很少。

　　在康乃爾，奧斯田（Austen, Willard）是唯一負責參考的館員，但他也是兼職的，其任務也侷限於說明目錄的使用和偶而指導利用參考書。這種情況很普遍；其他像芝加哥大學在布頓（Burton）當館長時，曾建立了「讀者部門」（Readers' Dept.），負責流通和參考服務，也計畫提供一個全時的圖書館員從事參考工作，但亦因院系圖書館的擴展影響到人事、經費而暫時無法開設。哈佛大學起初也像芝加哥一樣，只提供部分時間制的工作人員，直到1914年，有兩位商學院學生做了調查研究後，建議哈佛圖書館應成立參考部門，以幫助需要指導的學生。這份調查建議在1915年獲得學校認同，將參考服務自流通部門獨立出來，並由前布魯克林公共圖書館長布里吉（Briggs, Walter）出任參考服務主管，但可惜他的屬下仍無一全時制的。㉚

　　只有哥倫比亞大學例外，杜威在出任哥大圖書館館長時即已認知協助讀者在圖書館教育功能的重要性，他在1884年發表的「哥倫比亞大學資料服務宣告帖」（Circular of Information at Columbia）中就有一個「協助讀者」（Aids to Readers）的標目，內容是「圖書館不能只是滿足於蒐集和保存資料，也不是只

要分類編目就好了，……，館員應協助讀者，使其熟悉圖書館資源，辨別圖書館資料。館員要能適應多樣化的讀者，並使協助讀者成為圖書館不可或缺的工作。為了這些需要，圖書館應提供學生最好的書目、百科全書、字典及其他參考資料，讓他們養成查檢、瀏覽的習慣……這是參考圖書館員（Reference Librarian）的責任」。他的第一次年度報告中也將兩位館員貝克（Baker, George 和 Baker, William G.）列在參考部之下，前者負責法律、政治、歷史有關的問題，後者則擔任科學、藝術和期刊方面的問題。其後繼承杜威的甘菲爾（Canfield）還擴充參考服務，任用受過訓練，有良好經驗的館員；而再下一任的詹斯頓（Johnston）在1911－13年間更第一次採用學科專家的參考館員，充任各系所的圖書館服務，如法律圖書館員、醫學圖書館員、藥學圖書館員等。㉛他也任命全時的館員到哲學、政治、新聞等系服務。

　　但哥大這些美好的工作，在1913年後因繼任者政策改變而暫遭停頓。

　　上述哥大等的例子，顯示歷史悠久的私立學校改革的困難，反而是州立大學較能有迅速的發展。

　　伊利諾大學在它有全時制參考館員的三年後就正式成立了參考部門了。最有意義的是這個部門是與其第一個受過專業訓練的館長就任及新館落成時同時設立的，這顯示參考工作已受到重視，並能獨立運作。

　　在加州大學，1911年之前，參考服務也是由部分時間工作人員擔任的，但 Doe Library 落成後，有足夠的設施和館舍，就成立了參考部。在參考館員的增加上，伊利諾大學的參考部在1897－1908年間只有一個全時的專業館員，1908－1909年增加為二個全時人員，到1913年則有3個人以上了。

　　只是州立大學的系所圖書館仍然缺乏人員的協助，許多系所圖書館獨立於總館之外，不受其管轄，因此忽視此種服務，甚至於工作人員也不辦理圖書館服務的。

　　一般而言，直到1915年，參考服務才普遍被認為是大學圖書館所必須的，而且被賦予組織從事此項工作。但是分科的專門主題參考工作，這個對研究學者更為重要的服務卻仍然缺乏。主要原因是缺乏經費和行政上的支援，圖書館因為文獻不斷增加，經費和人員常用在採購和編目上。其次，圖書館員在大學還缺乏角色的認同，哥大的詹斯頓曾抱怨大學當局仍然認為圖書館員只是準職員（quasi-clerical）而已。這樣無法聘請專業人員，損害到參考服務的擴大。但他的抱怨卻反引起校長巴特勒（Butler, Nicholas Murray）的無心之誤，他下次反而任命教授（而非圖書館專業人員）出任圖書館長，這就是上面提到的哥大參考服務受到挫折的原因。巴特勒認為專業圖書館員只是一種技術人員，他們無法在行政理念和作法上強過教授。這種對圖書館專業人員的懷疑，也發生在其他學校上。如此，也影響到教授、學者對圖書館員的看法，許多教授認為館員頂多只能對學生提供協助，而不能對教員或學者有什麼助益。㉜

　　大學參考服務發展的困難，就是教授和館員間觀念的分歧。甚至連有些圖書館學者也不敢認為圖書館員能勝任對教授的服務。著名的「參考書指南」（Guide to Reference Books）第3－6版的主編墨基女士（Mudge, Isadore Gilbert）就認為1911年以前，大學參考館員的工作主要仍在排卡片及管理指定參考書；畢夏普（Bishop, W.W.）則認為參考館員還不夠專業到能幫助學者和研究生；一些圖書館員甚至宣稱研究生應該跟他們自己的教授學習。㉝

　　但1900－1950年間，美國研究生成長了40倍，博士班成長

20倍，大學的水準已提高許多。爲了解決此項問題，1930年代以後，才開始發展學科專家（Subject Specialist）。其原因是第一次世界大戰以後，各類型專門圖書館成長迅速，大學圖書館見到專門圖書館以專業學科背景的館員提供服務效果不錯，乃起而跟之；其次，在大學各系所圖書館的專業化館員制度也開始實施，並收到效果，因此大學圖書館也逐漸引用學科專家或主題專家，除擔任參考服務外，並可協助圖書館選書之諮詢。學科專家制度應也是促成美國圖書館學教育走上以研究所爲主，而招收各學系畢業之學生，使其在研習圖書館專業之前先有一門專長學科的原因。

圖書館參考服務走向專業服務，就是爲了提昇其專業角色，假如參考館員只能服務較低層次的學生，其專業地位就無法成長。魏爾更希望發展所謂的「學者—圖書館員」（Scholar – Librarian），這種由學者再經圖書館學的訓練和經驗，使其不僅成爲博學的館員，也能夠爲讀者建議一些尚未接觸的研究路線，開闢尚未挖掘的圖書資源，並且迅速提供圖書館資料和工具書的協助，以節省讀者耗費在學科查檢的時間和精力。

卡內基基金會也曾贊助康乃爾大學和賓州大學實施「研究圖書館員」（Research Librarian）的計畫，此種館員即用來強化對大學教授的服務，扮演教授研究助理的角色。在康乃爾大學，「研究圖書館員」是被期待能協助所有社會科學和歷史學的教授和學者的。[34]

因此，就1950年以後，美國大學圖書館的參考服務大抵是一方面發展各主題分館，以各類專門圖書爲基礎，成立院系圖書館，一方面在總館除了一般參考部門外，亦視館藏之專長或資料之型態，而成立專科閱覽室或輿圖、縮影、政府出版品等部門，

以學科專家從事參考服務。試舉俄亥俄大學（Ohio University）1980年代圖書館的組織為例，該校除各院系分館外，總館設有「參考諮詢與讀者服務部」，提供一般讀者諮詢及指導服務，另依館藏重點成立「政府文獻部」、「檔案及特藏部」、「縮影、地圖及非書資料部」、「東南亞資料部」、「藝術資料部」、「健康及醫學資料部」等，都各有專長學科之館員；另館內亦有學科書目專家委員會（Subject Bibliographers Council），由館內具有各學科專長的人組成，除負責館藏發展外，亦可備供參考問題之諮詢。像俄亥俄大學此種組織系統，可謂比較典型的大學圖書館構成參考服務的組織形式。

　　1970年以後，由於電腦及資訊網路的發展，如國際百科、各類型資料庫、光碟系統等的使用，資訊檢索已成為參考服務重要工作之一環。80年代以後，此種專門指導讀者或代為查檢電腦各種資料的工作，是否需和傳統指導讀者利用書目及參考工具書並作一般諮詢解答的參考服務工作分開，是常引起討論的，尤其是電腦資料庫的查檢，部分牽涉到收費問題，參考館員對要增加這種行政業務而影響到其工作，不免也會有怨言㉟，因此有些圖書館將專門協助讀者電腦檢索的人員或地方，與一般諮詢檯分開，另設資訊室以與傳統參考室區隔。

　　然而，就一般組織不很大的圖書館而言，90年代大學圖書館的參考館員還是很忙碌的。從「美國圖書館」雜誌（American Libraries）1993年12月號登了兩個大學圖書館徵求圖書館參考人員的廣告上所列出其要求的工作項目就可知參考服務人員要做的事很多。如波士頓學院（Boston College）徵求「參考館員及書目專家」（Reference Librarian / Bibliographer）一員，其任務是(1)提供一般參考諮詢檯服務及導引服務，(2)參與大學部核心

課程的撰寫及研究，(3)聯絡大學教授，提供專科的圖書館利用指導，(4)負責人文科學藏書的發展及經費控制，(5)必須對電子資訊資源及資料庫有認識和經驗。再如內布拉斯加大學圖書館（University of Nebraska Library）徵求「參考及教授助理、聯絡館員（Reference / Liaison Librarian, Assistant Professor），須要從事的工作有(1)提供一般參考諮詢服務，(2)聯絡政治科學系，提供圖書館服務，(3)發展政治科學館藏，(4)提供讀者有關此學科圖書館服務深度的指導，(5)提供電腦線上檢索及光碟使用的指導。(6)參與圖書館其他指定的活動」。㊱

　　由此可見，雖然自1950年以來，美國大學圖書館一度擴充迅速，參考服務亦呈穩定而蓬勃；70年代以後的電腦發展也帶來許多更方便的服務，但90年代以後，美國經濟略有衰退，圖書館發展亦受到影響，而參考及資訊服務在人力、經費未能增加（甚或刪減）之下，服務項目卻不斷增加，參考館員的工作勢將較以前更為吃緊。

第四節　美國專門圖書館的參考服務

　　專門圖書館乃是私人、公司、協會、政府機構或其他任何團體所設置、維護的圖書館或資料中心。其藏書內容和服務對象皆有所限制。廣義的說，大學裡的系所圖書館或公共圖書館的各專科閱覽室也可說是一種專門圖書館，但一般而言，專門圖書館多指的是政府機關、商業、工業公司、社團、協會、醫院……等所附設的圖書館。專門圖書館可從學科分為藝術圖書館、商業圖書館、法律圖書館、醫學圖書館……等；也有從資料類型分的，如地圖圖書館、電影圖書館、音樂圖書館……等；也有從其母機構

來判定的，如××博物館附設圖書館、××醫院圖書館、××協會圖書館、××公司圖書館……等等。㊲

　　一般而言，專門圖書館的藏書量較公共或大學圖書館少，其彼此間的規模大小，服務時間及組織概況等差異亦頗大，但對新觀念、新方法及新機器的吸收和服務方式的改革，則較老大且標準化的一般圖書館容易得多，特別是在參考服務方面，專門圖書館比普通圖書館更來得積極和講求效率。一般圖書館給予讀者較有限制的協助，而專門圖書館比較能全時全力為其讀者服務，一般圖書館的參考服務也只強調圖書利用指導、回答諮詢問題等方面，而專門圖書館更講求從資料的提供到篩選、做摘要、分析、評價、翻譯……等，以便適應讀者的即時需要；換言之，專門圖書館以成為資料供應中心（information center）為主要任務，教育的功能則較為其次。這種專門圖書館獨特的參考服務功能，必須由回顧美國專門圖書館的歷史談起。

　　早在殖民地時期，美國即有一些專門蒐藏神學書籍的學院圖書館；1743年創立於費城的美國哲學社圖書館，也號稱是全國最早的專門圖書館㊳，而一百多年前，許多醫學、法律、歷史學會也都設有圖書館，但這些老式的專業圖書館只是因為它們的藏書範圍有所限制而已，其目的和服務方式與一般圖書館無異。所以1914年詹斯頓（Johnston, R.H.）在「圖書館雜誌」所列舉的50個代表性專門圖書館都沒有包括這些醫學、法律、歷史學會圖書館。㊴

　　在美國圖書館歷史上，1900年以後專門圖書館才算開始蓬勃發展，也就是說專門圖書館幾乎全是20世紀以後的產物，美國專門圖書館協會也是在1909年才成立的。此因為20世紀以後，科學技術有了驚人的突破性發展，而且分工愈來愈細，社會不斷

增設各種專門機關以從事各種不同的業務或研究之故。

　　但在各種專門圖書館中，最能開啓爾後專門圖書館積極服務精神及美國專門圖書館協會所揭櫫的「把知識帶進工作」（Putting Knowledge into Work）的理念的，無疑的是發端於麥卡錫（McCarthy, Charles; 1873-1921）於1901年起在威斯康辛州政府設立的立法參考圖書館所推行的種種措施。

　　在本世紀初前後的美國政府圖書館中，大多數的州立圖書館，法律書籍皆單獨存置，是以形成州立法學圖書館，而另外州立圖書館的主要館藏大部分是史學及一般書籍，原只供州政府公務員使用，但後來亦開放給民衆。在若干州內，亦有專門設置議會立法參考圖書館供議員使用。如威斯康辛州等；也有在州立圖書館內設置立法參考服務部門，如1890年，紐約州立圖書館設有「立法參考部」（Legislative Reference Section）其主要工作在編製州立法的法案索引和把州長的施政摘要定期刊登在公報上而已，在這之前，爲議會特設的資料服務是沒有的。

　　1901年威斯康辛州議會通過法案，授權州立圖書館委員會在州政府所在地成立並維護一個立法參考圖書館，供州議員立法及行政部門參考使用。這條法案並沒有指明要提供參考服務或文件遞送服務的，麥卡錫也只是以「文件編目員」（Document Cataloger）的身分受雇而已。⑩

　　麥卡錫本身並非正規圖書館學科畢業的，他起初只是威斯康辛大學「政府學」的博士班學生。但他深信政府行政組織的運作，有賴於完善的立法，而立法的品質有賴於各項充分、正確資料的提供。在威州，他見到許多州議員常爲日益繁雜且急待解決的社會、經濟問題所困惑，也常被遊說集團所欺騙、隱瞞而不知事實眞象，議員本身又常缺乏研究方法的訓練，也沒有正確的資料供

他們立法時參考。

麥卡錫因此覺得有必要協助議員，而且顯然是他的圖書館應做的。他一開始接任工作，就採取積極協助的政策，他喊出「到議員那裡去！」（go to the legislator！）的口號，要同事們熟悉議員，研究他們，找出任何他們所需要的資料，不管這些資料多麼無足輕重，也要盡任何方式給予協助。

而這些資料在提供給議員之前，圖書館員要先消化它們，做摘要、繪圖表，甚至於將它變成一個很精簡、易懂的格式。「沒有一個議員有時間去讀一份長篇論文或一本費力而繁雜的法律圖書的」麥卡錫如是說。

假如一個法案大到整個議會都有興趣或投以關注的，麥卡錫就會將其準備成小冊子的形式，除了摘錄本州有關的法規、條文，並評論其他各州已有的相關法律，就其優缺點提供議員參考。假若這個主題已不僅是本州的問題，其他州也可能會有興趣的，他也會將所蒐集到的數據、資料刊登在立法參考圖書館的「比較立法公報」（Comparative Bulletin）裡。

為了供應最充足、最有效的資料，麥卡錫和他的職員們也無所不及的開發、利用各項資源。例如他們從剪報、從各種法案、小冊子中搜集任何可能被疏忽的資料，並不斷用電話、通訊等方式來獲得館外專家的各種資料。麥卡錫也經常親自出外旅行以取得第一手資料。

麥卡錫這種積極協助議員尋找資料的工作，贏得議員對他的尊敬。1903年特別撥款大力推展這種立法參考服務工作。這項撥款也每年繼續增加，至1907年每年已有1萬5千美元。麥卡錫的職位也由1901年的「文件編目員」升到1905年的「文件部圖書館員」（Librarian, Document Dept.），1907年的「文件部

主任」（Chief, Document Dept.）以及同年的「立法參考圖書部主管」（Chief, Legislative Ref. Dept.）。

不僅議員本身，連協助立法的學者專家也受到這種協助。美國經濟學家，也是20世紀初美國勞工問題權威的康蒙斯（Commons, John R.），他曾為威斯康辛州草擬許多經濟、行政革新的法案，為美國聯邦政府和其他各州的改革樹立榜樣[41]，就對麥卡錫的作為印象深刻；他在其傳記裡提到：「1905年，在我草擬公務員法案時，我發現一個全新的圖書館的做法……，麥卡錫發電報給州政府及任何有關機關和個人，尋求各種資料和建議……，麥卡錫供應我草擬這個法案所需的資料……，我以前從不知有如此快速行動的圖書館……，他可提供任何有爭論議題的各種資料，他的參與和提供的建議，都促使我更加小心和自我要求……」。[42]

他也提到麥卡錫對他不僅只是提供資料，也顧及到資料的妥當性和效率性（validity）。紐約州圖書館提供給議員參考的僅是他州有關法律的條文，但沒有加注任何意見，麥卡錫認為這樣的服務是不夠的，甚至於會引發錯誤，盲目的拷貝可能只會提供過時的或是不成功的案例，因此，他還會評量資料或請外界的權威學者專家（如威斯康辛大學的教授）做諮詢顧問。

麥卡錫的工作不僅在本州受到議員的尊敬和支持，他的成功也引起其他各州的開始效法。他的助理布倫肯（Brucken, Ernest）後來成為加州第一個立法參考圖書館員；另兩個助理雷斯特（Lester, C.B.）和拉普（Lapp, John）也被聘為印第安那州的立法參考館員。內布拉斯加州後來也組織這種立法參考部門，並派席爾頓（Sheldon, Addison）前來學習麥卡錫的方式。[43]

麥卡錫這種服務，可說是奠定專門圖書館積極參考服務的根

基。立法參考也在專門圖書館的發展上樹立了基本的特色。由麥爾（Meyer, H.H.B.）在 1912年的一項有關早期專門圖書館的文獻分析顯示，從量的統計，在第一次世界大戰前，110篇專門圖書館的論文中，有40篇是討論有關立法參考服務的。㊹威爾遜公司（H.W. Wilson Company）1912年出版的「圖書館工作彙編─圖書館文獻書目和摘要」（Library Work Cumulated, 1905-1911, a Bibliography and Digest of Library Literature），其中所蒐錄的80篇專門圖書館文獻也有一半是有關立法參考服務的。可見立法參考服務是早期專門圖書館參考服務的主流。布倫肯指出1900－1915年間是美國廣大民眾開始對公共事務最有興趣，且最注意政府改革的時期，當時政府及議員處理行政事務及立法不得不開始尊重或徵募專門知識（Expertise），各政府機關及議會也需要蒐集許多資料和建議以供施政及立法之參考。

在這有利的環境下，不僅各州立法參考服務顯著增加，如加州州立圖書館在1905年開始此項服務，1906年印第安那州、1907年密西根州和北達柯達州也設立此種組織、部門，到1915年，已有32個州對議會提供參考服務。

連國會也在1914年通過法案，並撥款國會圖書館成立「立法參考服務部」（Legislative Reference Service），以便能「蒐集、分類並以譯文、索引、文摘匯編或通報等形式來獲得立法資料或與立法有關的資料，並向國會、各個委員會及國會議員提供這些資料」。㊺

整體而言，國會圖書館及各州的立法參考服務都是隨著麥卡錫已鋪設的道路而發展的。這種服務的特點是提供精要、迅速、及時可用的資料，也常蒐集尚未出版、整理的第一手資料，並維持與外面專家的聯繫。像俄亥俄州立法參考局就有州立大學教授

協助搜集資料，也有律師協助法案的草擬。而華盛頓州的立法參考服務實際上也是州立大學的推廣部門，依賴著大學教職員的協助。

另一種政府施政的參考服務也隨著立法參考服務而自然發展了。那就是都市裡的市政參考工作（Municipal Reference Work）。第一個開展的是1907年巴爾的摩市的立法參考部，設立對市政官員提供服務的細部組織。其後，堪薩斯市和芝加哥亦如巴爾的摩同樣形式處理，而聖路易、克里夫蘭、波特蘭、奧克蘭和紐約市等則主要以當地公共圖書館在市政廳成立分館來運作此項服務。密爾瓦基市則是在公共圖書館實施，唯另提供特別經費來運作，當地公共圖書館也常對市政官員提供特別的服務。市政參考服務的目的，主要是蒐集、組織、製作一切可供利用的資料，給市政官員施政時參考。

政府圖書館中這種立法參考和市政參考服務，在第一次世界大戰後，開啓了其他類型專門圖書館的發展；各種商業、工業及研究機構等紛紛設立圖書館，如美國銅公司圖書館（American Brass Company Library），聯合煤氣改良公司圖書館（United Gas Improvement Company Library）……等均為當時著名企業所附設之圖書館。在20世紀初，這種工商業圖書館還不到50所，到1935年各種類型的專門圖書館已增加到2,000所；1953年時則至少有 5,000所，到1968年，美加地區專門圖書館有13,000所之多，到1982年，依據Gale公司所編印的「專門圖書館和資料中心指南」（Directory of Special Libraries and Information Centers）所錄，則有16,000所，而1994年版，則蒐錄有21,380所，可謂成長驚人。

雖然專門圖書館的重點不在於藏書的增加，但從60年代，專

門圖書館的蒐藏內容隨著科技的進展及資料型式的多元化，也增加很多。一所科技圖書館所藏的資料，可能不僅是一般的圖書、期刊或縮影資料，亦可能是地圖、油井紀錄、計量器紀錄或其他電腦紀錄。專門圖書館也以各種新興的傳輸技術多方面蒐集資料與資訊，經過愼密處理後，迅速提供給其專門讀者，其服務的方式除了資料提供外，還有所謂的「資訊選粹服務」（SDI），目次服務（Current Contents），資料庫服務等。80年代以後，電腦及通訊網路發達，專門圖書館的服務內容和項目因而也擴充不少，依據賴森（Larson, Signe E.）的分類有資料諮詢服務（Information Services），書目文獻編製服務（Biblographic Services），線上檢索服務（Online Search Services），文件遞送服務（Document Delivery Services），索引服務（Indexing Services），摘要服務（Abstracting Services），出版及預知服務（Publishing and Alerting Services），翻譯服務（Transla-tion Services），剪輯服務（Clipping Services），文件管理及檔案功能（Records Management and Archival Functions）等。㊻不管名稱及內容如何，專門圖書館的參考服務仍是各圖書館中最具有活力的，其管理更常因專業的工程、傳播、電腦……等專家的參與而產生革命性的變革，並造就一種新的專業人員──資訊專家，一起與圖書館員並駕齊驅。

第五節　參考服務層次理論

從歷史上探討，參考服務發展的第一個問題是圖書館協助讀者是否有價值和必要性。而當參考服務在美國圖書館已被認爲是一種責任，是一種必須的工作；參考部門也已成爲穩定的組織時，

接下來的問題是，這種協助讀者的本質和範圍爲何？提供服務的層次又如何？從上述公共、大學和專門圖書館參考服務的歷史發展及其服務範圍來看，似乎有所不同。

對於圖書館參考服務的層次，在1930年即有魏爾所區分的「保守」理論（Conservative）、「自由」理論（Liberal）及「折衷」（Intermediate）或「溫和」理論（Moderate）三種類型，三十年後，羅斯坦則稱之爲「最小程度」（Minimum），「最大限度」（Maximum）和「中等水平」（Middling）的服務。⑰

所謂保守理論的服務，是一般公共圖書館或大學圖書館、學校圖書館的特色。其揭櫫的看法是圖書館員應限制其角色功能，僅提供對讀者使用圖書館或圖書館資源的指引，強調圖書館員以協助讀者達成自我協助爲目的，使讀者能自己有效地利用圖書館。此種情況下，參考館員是不爲讀者篩選資料，不爲讀者判定資料的正確性及適當性的。

1865年至1897年間任職美國國會圖書館館長的史波福特（Spofford, A.R.）是保守理論的支持者。他在1900年即認爲圖書館員應不要把資料送到讀者面前，而要讓讀者自己找出自己要的資料。「圖書館只是做一個智慧的標竿（intelligent guidepost）去指引出道路，至於如何實際去走這條路，應是讀者自己之事」。⑱他的理由是圖書館員時間有限，而讀者的要求是無限的，任何擴大服務都會影響到對其他讀者的服務；這也是所謂的平等主義（egalitarism）——公共圖書館、大學圖書館等都服務眾多的讀者，忙碌之下，無法對每一個讀者提供較深度的服務，爲求平等，只好採取這種保守性服務。史波福特也認爲過份服務，對讀者本身也不好，會妨害到他們自我的發展，而參考館員應該是幫助讀者自

我學習和發展的。

此種理論也可說植基於19世紀末公共圖書館參考服務剛萌芽時，把圖書館當作是教育的機構和民眾的大學（People's University）。經由圖書館員的協助，使民眾知曉如何使用圖書和圖書館，特別是針對年輕讀者的自我學習和自己從事研究（doing one's own work），圖書館的參考服務，當然僅以指導讀者為原則。

20世紀初的大學圖書館員也多認同此種參考服務有教育責任的理論。1901－1902年，伊利諾大學參考部的年度政策就是「協助學生自助」（To Help Students to Help Themselves），其中有篇報告名稱即是「參考室訓練對學生的教育價值」（The Educational Value of Reference Room Training for Students）。

倡導保守理論的著名圖書館員還有丹那（Dana, John Cotton），他在 1911年一篇「參考工作的錯誤指導」（Misdirection of Effort in Reference Work）中說：「圖書館的首要任務不是回答問題而是指導諮詢者使用資料，讀者則通過使用資料自己得到答案」。[49]1915年，國會圖書館閱覽室主持人畢夏普（Bishop, William Warner）也認為「參考服務是圖書館員為幫助某種研究進行的服務活動，但不是研究本身──那是讀者的事⋯⋯參考諮詢是給讀者最基本的協助工作，而不是履行讀者的任務」。[50]

即使不從此種教育觀點來看，現實環境中，保守理論自亦有其依據。第一是人力的限制，早期的公共圖書館和大學圖書館參考服務人力並不充裕，而讀者人數及諮詢問題都日益增多，加州大學1914－1915年的參考問題即達15,526個，紐約公共圖書館甚至每小時即有50－60個諮詢問題，圖書館員根本無法從事有

效且深入的服務。另一個問題則是參考館員的能力問題。在大學
或公共圖書館，一般參考館員嫻熟的只是圖書的知識和參考工具
的使用方法，他通常缺乏各種學科的專精知識。畢夏普的觀點便
是參考館員不能被希望能勝任各種學科的問題，因此要限制其在
資料服務的範圍。

　　然而，也不是所有的公共圖書館員都接受這種以教育角色自
居的限制服務。許多人對丹那的看法有異議，認為公共圖書館畢
竟和大學圖書館不同，它服務社區民眾，民眾多數希望得到直接
的服務。凡‧范肯堡（Van Valkenburg）於「參考工作上，我
們應幫助民眾多少？」（How Far Should We Help the Public
in Reference Work？）一文中便說「有意義的問題，還是值得
給予寬大的服務的」。㊿隨著20世紀專門圖書館的開始發展，其
使用者皆是時間有限的特定小眾（不是研究機構的專家學者，就
是忙碌的議員或公司員工等），而資料、知識的大量成長且愈趨
複雜，要讓使用者一個個去學習如何使用、掌握知識的技巧，是
不實際、不經濟也沒有效率的。因此與保守理論相反的就有了自
由（最大限度）理論的出現。此種參考服務強調適用、確實資料
文獻的提供，而且給予的協助也是專家的協助，並依不同層次、
不同對象的讀者提供不同的服務。羅斯坦曾經比喻說「化學家不
用自己準備滴管，醫師不用自己去量溫度計，為什麼就不讓圖書
館準備好使用者所需的文獻資料呢？而且，經常在利用圖書資料
的圖書館員一定做得比讀者更好，給予良好的訓練，圖書館員可
以成為查檢（finding out）的專家的」。

　　自由理論者強調圖書館「資訊服務」（information service）
的功能，即使在公共圖書館，館員也發現有時直接提供資料，或
許比教育他們使用資料還省力。但一般而言，自由派的觀點比較

適用於讀者較有限制的專門圖書館或是研究機構圖書館,而且必須有學科專家擔任服務工作。公共圖書館或大學圖書館則以即時性(ready)或事實性(fact)的參考問題為主,否則圖書館員的人力和學科能力恐怕都無法負擔。

　　但在實際上,1940年代以後,似乎多數圖書館都施行介於保守和自由理論之間的所謂折衷(Intermediate)或溫和(Moderate)的理論。因為自第二次世界大戰後,圖書館和圖書館員雖然一直在為知識紀錄和資料的快速成長而煩惱,但各種目錄控制的工具如書目、期刊索引、摘要服務等也增加很多,資料的儲存、分析、檢索能力也發展迅速,能夠協助讀者檢索或直接使讀者獲得資料的手段和方式——如資料庫、全文影像輸出等都已普遍推出,圖書館員很難永遠只是做個指導者的角色而已,因此,直接資料的提供是免不了的事。但人力和學力限制的問題仍然存在,也不能面面俱到的全面提供如此的服務,所以許多大學或公共圖書館的參考部門就重新調整組織,常分為「一般參考及資料服務組」(General Reference and Information Division),專門回答即時性、事實性的問題及資料的提供,並指導一般讀者的圖書館利用,至於專門性的參考問題和資料提供,則由各專科閱覽部門的學科專家負責。

　　除了這種調整組織的方式外,溫和理論其實也可以說是要以彈性的方式來因應既要滿足讀者需求,又常受限於人力的困境。凱茲(Katz, William A.)就解釋:「現在很少圖書館限制它們參考服務的層次,一個讀者可能受到最少的協助,另一個讀者則可能受到最大的協助;一個圖書館員可能相信一種的服務方式,另一個圖書館員則可能相信另一種方式……」。⑫事實上,目前我們看到的就是這樣,尖峰時間,讀者很多,館員或許就只能提

供保守理論式的服務，非尖峰時間，讀者較少，館員則可能有餘力提供較多的服務。其次，讀者的對象也是館員所考慮的，像老年人、殘障者等就需要較多、較直接的資料提供，而學生讀者，館員自然可以站在教育的立場指導其利用資料。自然的，對初到圖書館的讀者和圖書館的老顧客，服務方式當然也可以不同。

因此，所謂保守理論和自由理論的層次之區分，在今日電腦資訊檢索大為發展的現代，可說已愈趨模糊，甚至於不存在了。

第六節　我國圖書館參考服務的發展

我國舊日的圖書館事業，無論是書院、私人藏書室或宮廷圖書館，雖有悠久的歷史，但其職能都僅在蒐集、整理、保存文獻，只供少數讀書人或宮廷官員使用，很少供大眾閱覽或流通利用，因此舊日圖書館即有所謂「藏書樓」之稱謂。及至清末，對公眾開放之圖書館觀念及建設始初露端倪——光緒30年，湖南省圖書館在長沙成立，是我國第一所官辦圖書館，亦是我國近代圖書館事業的發端。㊼宣統2年，美籍女士韋棣華在武昌創立文華公書林，將文華大學的中西文圖書採用開架式，凡武漢三鎮各機關，各界人士皆可應用，自由閱覽，更帶動我國圖書館開展以讀者服務為主的觀念和作法，對民國肇建後的圖書館事業有很大的啟發作用。

民國成立後，為普及教育，除加強學校教育外，還特別重視社會教育；因此教育部成立社會教育司，掌管有關圖書館、教育館等社教措施；各種圖書館、通俗圖書館、巡迴文庫等亦紛紛成立，我國圖書館遂由舊日為少數人之專利而趨於為大眾所共有。由於圖書館普遍對民眾開放，圖書館之業務乃有所謂讀者服務之

項目。

　　所謂「讀者服務」，依據大陸圖書館學者張樹華所下的定義是：「以讀者為對象，以館藏書刊資料為手段，以藏書使用為中心，通過外借、閱覽、複印、宣傳、閱讀輔導以及參考諮詢等方式而開展的服務工作」。⑭因此，讀者服務的工作，事實上已不僅是對民眾開放、借閱而已，它又延伸到各種有關推廣、參考諮詢、館際合作等；因此，無論就內涵和外延，圖書館對讀者的實際協助，都已有更大的開展。

　　我國圖書館事業自民國成立以來，各類型圖書館均以促進圖書充分為讀者利用為目的，然因圖書館事業剛萌芽長成，讀者服務工作在人力、經費大多不足的情況下，亦有篳路藍縷，以啓山林之艱，尤其是建國以來，歷經多次內亂及抗戰、剿匪等戰役，各類型圖書館皆在兵燹不斷中受到很大的影響，不是毀於戰火，就是四處播遷，因此讀者服務可說是常處於雖有心而無力的時期，尤其參考服務更囿於觀念尚未普及，亦缺乏專業人員，因此更難能有完善及有組織性的服務。及至政府遷台後，圖書館事業才逐漸正常發展，最近數年，政府更重視圖書館建設，讀者服務工作乃能逐漸開展，參考服務也才能推廣實施。現僅以政府遷台為分水嶺，略述民國肇建以來，我國圖書館參考服務之發展概況。

一、政府遷台前之參考服務

　　大陸時期之圖書館事業，參考服務之意義及業務之開展雖尚未完全深入普及至各圖書館，然由於曾經留學國外之圖書館學者之宣傳，亦逐漸為許多圖書館所了解和推行。朱家治先生於民國11年發表「參考部之目的」一文，首先提倡參考服務。⑮李小緣則是政府遷臺前鼓吹參考服務最力的圖書館學者，其在「公共圖書館之組織」一文中，即認為「除館長外，館中最重要之職務即

為參考部。參考部之主任往往即為副館長。部之主任多精明積學之士為之，惟須精於目錄，並洞悉學典、辭書、年鑑、類書、雜誌索引之內容及組織……，參考部主任不啻館中之有腳書櫥，間或有所不知而書中亦無法查出者，亦必想法詢問城中專門人才，俾得轉答，近來又有用電話答覆問題者，遠處以信通達，或逕以書籍寄與之。」㊌他在著名的「全國圖書館計畫書」中，無論國家、省市立、大學等各級圖書館，所規劃的組織圖中，參考部亦都駕凌各單位之上。㊍

然而或因當時環境之限制，只有少部分圖書館能專設部門及有充分之人力以司其事；大部分圖書館只能在其他閱覽或推廣部門下，以少數人員對讀者進行諮詢解答業務或升學指導、讀書指導等。

雖然缺乏詳確年代記述，但咸信清華大學圖書館在民國十幾年初就有參考部的設立，當時是集中圖書館所採購的參考工具書，置於參考部，不外借，只供讀者查閱。館員除管理這些工具書外，尚須指導讀者查閱方法、答覆諮詢，並且編製參考工具書書目。㊎

民國18年2月，北平北海圖書館設有「參考科」，為「回答各界人士的諮問，特由二人專職負責此項業務。也應讀者需求而編製專題書目百餘種，分類陳列在館中，供讀者參考之用」㊏這是能以專人負責參考業務之先聲。18年8月，北平北海圖書館與原有之國立北平圖書館合併，國立北平圖書館組織擴大，在閱覽部之下設有參考組，專司參考業務，並專備公眾諮詢、代編書目或搜集資料，直接、間接指導閱讀等。當時國際聯合會智育互助委員會為聯絡各國圖書館事業，決定在各國設立一個諮詢機構，北平圖書館就是我國之諮詢機關，對各國學術上的諮詢，有答覆

之義務。當時來自國外的諮詢多爲關於東方學的事。⑥民國20年
7月以後，並設立參考部，即把所有的參考書集中在一起開架閱
覽，這些書不外借；並編製中西文參考書書目以供查檢。另外，
也設立諮詢處，指導讀者使用目錄，並答覆讀者口頭詢問。⑥此
外，北平圖書館編纂部下亦設索引組，負責編製各種專題索引工
具書。還有，與參考組工作有關的是研究室，這是專門爲研究專
門問題的學者、專家設立的，在這裏利用圖書資料的學者，亦可
獲得研究室工作館員的協助，代爲查檢、搜集資料。民國23年，
國立北平圖書館在館內設立工程參考室，（後於民國25年9月遷
至南京地質調查所圖書館內，定名爲工程參考圖書館，爲北平圖
書館附屬單位），藏有工程參考書、工程期刊、工程小冊子、工
程公司出版品、工程照片等，爲專科參考室之創舉。⑥

　　民國19年成立的天津市立第一通俗圖書館，館下設總務部、
圖書部、巡迴部及諮詢部；諮詢部又分爲民衆問字處、民衆問事
處，顯見當時民教未開，諮詢部都帶有濃厚教育民衆之功能。⑥

　　民國25年的上海市立圖書館則由「研究輔導部」主管參考書
的選擇與整理、答覆諮詢、指導研究以及分館、流通站和巡迴書
庫的設置與工作指導等事項，並無專門之參考部門。

　　民國22年成立之國立中央圖書館，開放之初，所設的閱覽室
則分爲參考室、報章、期刊、普通書等幾部分，雖無參考部門之
組織，但亦有專門之閱覽室。抗戰期間遷至重慶，其參考室還附
設抗戰文庫。

　　江蘇省立國學圖書館民國30年的組織規程則顯示讀者查詢之
業務屬於閱覽組之指導股，其下設有參考室。

　　江蘇省立鎮江圖書館也設置參考室（屬閱覽部），除一般字、
辭典、百科全書、萬有文庫、圖書集成、四部叢刊外，另設中心

問題參考書，如抗日文庫、中小學課本、升學指導、美術圖書等，顯見這是廣義的參考室。另外，館內並組織學術研究指導委員會，聘請館外專家，對館方所辦理的讀書會、學術研究會進行指導外，還爲讀者做閱讀質疑解答。⑭

　　民國25年，安徽省立圖書館於研究股下設參考課，並有諮詢處，諮詢範圍自閱書手續至問題研究，諮詢方法有口頭與書面兩種，如遇有學術上之疑難問題，則另請館外專家代爲解答；學術問題之有價值者，得徵請諮詢者之同意，在該館出版之「學風」或他種刊物發表之。⑮

　　民國30年成立的江西省立九江圖書館對參考工作亦頗爲重視，除設有專室陳列各種參考書籍，協助讀者尋找資料外，對於專家名人亦辦理登記及剪報工作，同時也著手編印報章索引及代研究者搜集專題材料。⑯此與現代圖書館參考服務工作範圍而言，已頗具成型。

　　對圖書館參考服務極有助益的各種書目索引，此時期亦編製頗多。除國立北平圖書館編有該館一般圖書、善本、方志及各種專題書目外，各省立圖書館亦率多編有各館藏書目錄，尤以民國22－24年出版的江蘇省立國學圖書館圖書總目44卷補編12卷，篇幅最爲龐大，臺灣之廣文書局在民國59年曾予重印出版，足見其重要性。

　　成立於民國19年的哈佛燕京學社則自民國20年至39年間編印一系列古籍引得叢刊⑰，至今仍爲臺灣各圖書館參考工作所常用。北平中法漢學研究所在民國32年刊行的通檢叢刊，亦爲重要古籍索引。

　　此外，民國18年中華圖書館協會編的國學論文索引，25年編的文學論文索引；民國24年金陵大學農業圖書研究部編的農業

論文索引及浙江省立圖書館編的叢書子目索引；清華大學圖書館民國25年出版的叢書子目書名索引……皆是當時重要的索引。

　　此時期的一些其他工具書，如中國人名辭典、中國地名辭典、中國古今地名大辭典、古今同姓名大辭典、歷代名人生卒年表……等亦為政府遷臺後各出版社所重印發行。

　　至若介紹參考書的參考書，（即工具書指南），則有下列較為著名者：

1. 「工具書的類別及其解題」，汪辟疆著，民國23年4月刊於「讀者顧問」創刊號。

2. 「燕京大學圖書館目錄初稿：類書之部」，鄧嗣禹編，民國24年，燕京大學出版。

3. 「中文參考書舉要」，鄧衍林編，民國25年，國立北平圖書館。

4. 「中文參考書指南」，何多源編，民國25年初版，民國28年，長沙商務印書館增訂出版。

5. 「中國參考書目解題」（An Annotated Bibliography of Selected Chinese Reference Works），鄧嗣禹、Knight Biggerstaff合編，民國25年，北平哈佛燕京學社初版。

　　敍述圖書館參考服務工作的專書，則以李鍾履的「圖書館參考論」（民國20年－22年圖書館學季刊5卷2期、6卷2期、3期、4期連載），最為著名，該書將當時整個西方圖書館參考服務之理論平實地介紹到國內，為國內初次完整之專著，對國內圖書館參考服務之理念奠下了基礎。

　　而國內一般圖書館均納入參考服務工作範圍之館際合作項目，在政府遷台前尚未能推展。唯少數圖書館亦有館際互借之辦法。民國8年，京師圖書館與分館之間，除善本、四庫及珍貴不便攜

取之書外，得應閱覽人之請求相互借閱，這是開創我國近代圖書館史上的先例。⑱

民國10年，教育部再核准中央公園圖書閱覽所援照上述辦法與京師圖書館互借圖書。

民國20年，北平圖書館出版「北平各圖書館所藏西文書籍聯合目錄」，共4冊（第4冊爲期刊目錄），收北平29所圖書館所藏西文圖書8萬5千種，對北平各圖書館間的藏書認識，極有助益。⑲

二、政府遷臺後之參考服務

政府遷臺初期，圖書館參考諮詢服務之眞正理念尚未爲一般公共圖書館所了解，如臺北市立圖書館51年度概況提到關於參考諮詢工作所列的是：「於總館及各分館，均設英語、數學、理化三科指導員，以應讀者諮詢」，可見當時公共圖書館對參考服務的體認似僅止於對學生的學科指導，同時也無專門單位及專業人員來從事參考工作，僅國立中央圖書館於民國45年設立中西文參考室，陳列中西文參考書籍，由閱覽組派專人接受國內外各機構及個人的參考諮詢，但中央圖書館當時也不能免俗地在當時的青年閱覽室設有讀者顧問，分別解答青年學生的國文、英文、數學的問題。

事實上，民國40、50年代，臺灣當時亦缺乏圖書館科系畢業學生可到圖書館從事參考服務工作；臺灣最早設立圖書館科系的師大社教系直到民國48年才有畢業生；臺大則在民國50年才成立圖書館學系，世新圖書館資料科則於民國53年設立，輔大圖書館學系、淡江教資系則遲至民國59、60年才成立；此種缺乏圖書館專業人員之情況，對圖書館之參考服務最具影響；直到民國50年代末期，圖書館科系畢業者漸多，但由於編制及待遇問題，投入縣市公共圖書館工作者尚不多，然圖書館學服務理念已逐漸

發展，公共圖書館已普遍了解參考服務的重要及眞諦，如省立臺北圖書館於民國62年改爲國立中央圖書館臺灣分館時，即設置「參考諮詢組」，此爲公共圖書館中最早成立參考服務之一級單位者。民國66年起逐漸成立的縣市文化中心則皆已普遍設立參考室，並由於得以約聘方式聘任圖書館學系專業人員，故已有許多圖書館學系畢業之專業人員投入文化中心工作，其中不乏是從事參考服務的。

　　臺北市立圖書館則自民國72年起擴大總館參考室，充實各類參考工具書，並置專人及專線電話，爲市民提供電話、書信及面談之諮詢服務，以擴大服務層面。民國78年，臺北市立圖書館也經行政院核定，修正該館組織編制，正式成立「參考諮詢組」，可見參考服務之業務已漸受重視。民國85年國立中央圖書館組織條例獲得立法院修正通過，除易名爲國家圖書館，並增設參考組，參考業務乃亦得成爲一級單位。

　　大學圖書館方面，雖然一向較能吸收到圖書館學系畢業學生，但由於受到「大學規程」第12條：「大學圖書館除置館長外，分設採購、編目、典藏、閱覽四組，各組置主任一人」之死硬條文的影響，各公立學校圖書館並無「參考服務」之一級單位之設，大都僅於閱覽組之下設參考室或參考股；私立院校則僅有東海大學、東吳大學、淡江大學圖書館設立「參考組」，文化大學圖書館設立參考諮詢組[70]，故大學院校參考服務工作亦無法大幅展開業務。所幸，民國 80年教育部圖書館事業委員會所通過的「大專院校圖書館標準草案」，其中大學暨獨立學院圖書館標準第8條已明定大學圖書館得視業務設行政、採訪、編目、流通、參考服務、期刊、視聽資料、系統資訊等組[71]，爾後各大學院校如能重新調整組織，將使參考服務更具發展。故在85年止，已有中央

大學設立參考諮詢組、淡江大學設立參考資訊組、靜宜大學設立
參考服務組、元智工學院設立資訊服務組……等各種不同名稱的
單位。專科學校方面，標準草案雖未明定設立參考組，但設立閱
覽（讀者服務）組及資訊服務組，使參考服務較「專科學校規程」
所定較有活動及彈性的空間。

　　在參考服務的項目方面，除了一般電話、口頭、書信的諮詢
解答及館際合作、資料複印等傳統項目外，由於電腦科技的進步
及國外資料庫的引進，使得資訊檢索已成為70年代以後參考服務
的主要項目之一。臺灣地區自民國68年電信局開放國際百科線上
檢索服務後，許多圖書館紛紛申請接用，如師大、國科會科資中
心、淡江、臺大醫院、農資中心、榮總、中央圖書館、中華經濟
研究院、中研院經濟所、國防醫學院、立法院資訊圖書室、臺大、
資策會、工研院化工所、中山科學院、成大、中鋼公司、高雄醫
學院等，引進的資料庫則有DIALOG、ORBIT、BRS、 JOSIS、
OCLC……等。⑫民國76年起，另一種資訊儲存媒體──光碟開
始引入國內圖書館，在參考服務方面更能提供讀者自行檢索，且
價格便宜，因此各圖書館使用量激增。依據國立中央圖書館民國
83年6月所編「臺灣地區各圖書館暨資料單位所藏光碟聯合目錄」
第三版所示，已引進各種光碟供讀者查檢使用的有：

國家圖書館	1 所
公共圖書館	3 所
公私立大學圖書館	25 所
公私立獨立院校圖書館	28 所
公私立專科學校圖書館	17 所
授予學位之軍警學校圖書館	5 所
機關圖書館	30 所

研究機構圖書館　　　　　15所
公民營事業圖書館　　　　9所
軍警單位圖書館　　　　　3所
大眾傳播圖書館　　　　　2所
民眾團體圖書館　　　　　1所
醫院圖書館　　　　　　　18所

　　引進的光碟產品，除少數圖書館公務用書目性資料光碟外，大都爲可以供讀者查檢之文獻摘要、索引或百科全書、字典等之光碟片，共計約一千餘種。唯無論購買光碟之圖書館及光碟產品種類均日在增加中。

　　政府遷臺後，各圖書館對有助讀者查檢的書目、索引亦頗爲注意，除中央圖書館定期編有「中華民國出版圖書目錄」（月刊、年彙編、五年彙編）及「中華民國期刊論文索引」（月刊、季刊、年彙編）、「中華民國行政機關出版品目錄」（季刊）、「中華民國政府公報索引」（季刊）等，其他如臺大圖書館曾編「中文期刊論文分類索引」、政大圖書館編有「中文報紙論文分類索引」、師大圖書館編有「教育論文摘要」、東吳大學圖書館編有「法律論文分類索引」等，皆爲各圖書館爲擴大參考服務並方便讀者查檢利用之結果；其中中央圖書館之「中華民國期刊論文索引」已使用電腦編印，並可供讀者在線上檢索，此套系統亦已另發展成光碟片，民國82年8月起已正式發行，至少每半年更新一次，可說已普及到各地圖書館，方便期刊論文資料之查檢。民國84年起，該館亦已在全球資訊網（World Wide Web, 簡稱 WWW）上開發「遠距圖書服務系統」，提供資料庫整合查詢（Z39.50）和後續的文獻傳遞服務等，對參考資料的獲得，將更爲方便。另外國內許多機構製作之資料庫亦開始被圖書館引入使用，對參考諮詢

工作之資料查檢亦非常有助益，如中央通訊社之「剪報查詢系統」、卓越雜誌社的「財經紀事電子資料庫」、政大企管中心之「企管文獻資料系統」、飛資得公司之「中華博碩士論文光碟系統」……等。此外，校園網路、臺灣學術網路、國際網際網路的發展，對圖書館的參考服務而言將更可無遠弗屆。

　至若民國39年以後出版有助圖書館員及讀者瞭解參考書及參考業務的工具書指南，則有下列各書：

(1)「中文參考書指南」李志鍾、汪引蘭合編，民國61年，臺北市，正中書局。

(2)「中文工具書指引」應裕康、謝雲飛合編，民國64年，臺北市，蘭台書局。

(3)「中文參考用書講義」張錦郎編撰，民國65年，臺北市，文史哲出版社（後分別於民國68年、69年、72年增訂並改名為「中文參考用書指引」）

(4)「學科工具參考書」陳正治等編，民國67-68年，臺北市立女子師範專科學校。

(5)「參考服務與參考資料」薛文郎撰，民國70年，臺北市，臺灣學生書局。

(6)「中文參考資料」鄭恆雄編，民國71年，臺北市，臺灣學生書局。

(7)「西文參考資料」沈寶環撰，民國74年，臺北市，臺灣學生書局。

(8)「參考工作與參考資料——英文一般性參考工具指南」，沈寶環編，民國82年，臺北市，臺灣學生書局。

(9)「參考服務與參考資料」（修訂本）薛文郎撰，民國84年，臺北縣，旭昇出版社。

⑽「參考服務與參考資料」鄭恆雄、林呈潢、嚴鼎忠編著，
　　民國85年，臺北縣，國立空中大學。

⑾「中文參考資源」謝寶煖著，民國85年，臺北市，文華圖
　　書館管理資訊公司。

　　至若館際之合作與複印工作，在政府遷臺後，各館始終獨自
發展，彼此之間僅有書刊交換之活動而已。民國57年，國立中央
圖書館為便利讀者及增加圖書館流通之功能，乃訂定「中華民國
公共圖書館館際圖書互借合作辦法」，邀得省立臺北圖書館、省
立臺中圖書館、臺北市立圖書館等參加。中央圖書館並在民國58
年發起「大學圖書館館際圖書互借合作辦法」，共有12個大學院
校參加，唯此兩項辦法皆因無一個正式的推行組織而成效不彰。

　　直到民國61年，中山科學院和與其有合作研究計畫的七個單
位——清華大學、交通大學、成功大學、聯合工業研究所、空軍
航發中心、聯勤兵工發展中心及中正理工學院等圖書館訂定「館
際合作辦法」；依據此法，各館得以進行資料的互通有無。民國
62年，國科會科資中心成立後，更積極規劃與推動，於民國64
年正式舉行第一次會員大會，當時會員有27個。66年4月，該組
織正式定名為「中華民國科技圖書館及資料單位館際合作組織」

（Science & Technology Library Network, R.O.C—SATLINE）；其
後該組織日益擴大，為了提升合作功能，以加強科技資訊的研究，
支援科技發展，乃於民國74年變更組織的結構性質，改名為「財
團法人中華民國科技圖書館及資料單位合作組織研究及發展基金
會」，從此對外有了合法的名稱。民國79年，基金會又向內政部
申請成立協會，正式定名為「中華民國科技館際合作協會」，會
址設於國科會科學技術資料中心內；至民國85年3月止，共有會
員346個，是國內最龐大的館際合作組織。該協會所屬各會員單

位日常除爲讀者辦理申請複印國內資料，年服務量約在二十萬件次；並自民國70年起，由組織、協會委請行政院國科會科資中心提供向國外申請複印資料之服務。科資中心每年並編印出版西文科學期刊聯合目錄（70年並曾由中山科學研究院編印日文科技期刊聯合目錄），以方便讀者查檢各館所藏科技期刊資源。協會並發給會員單位閱覽證，讀者可申借該證進入其他會員單位之館內利用資料。

　　至於人文社會科學方面，則由國立中央圖書館發起，於民國70年組成「中華民國人文社會科學圖書館合作組織」（Library Consortium on Human and Social Science, R.O.C.），後於民國83年易名爲「中華人文社會科學圖書館合作組織」；至民國85年底，會員有122個。此組織各會員單位之讀者，亦可透過各館影印他館之資料，年服務量約二萬件次。此組織之國立中央圖書館自民國76年起亦開辦代讀者向大英圖書館文獻供應中心申請影印期刊資料，並向美國國會圖書館代借圖書的業務。（唯美國國會圖書館因經費削減關係，已於1992年停止此項海外借書服務）。國立中央圖書館亦曾編印有「中華民國中文期刊聯合目錄」及「臺灣公藏人文及社會科學西文期刊聯合目錄」等供讀者查閱各館期刊資源；「中文圖書聯合目錄」亦不定期出版，可供查檢其他圖書館之中文圖書。民國81年起開發之全國圖書資訊網路，對館際合作借閱之查詢，亦有助益。

　　另外，「中華民國法律資訊系統合作組織」於民國75年成立，會員僅有十多個，係法律專業圖書館及大學法學院圖書館參加，亦提供會員單位之圖書互借及資料複印，並編有「英文法律期刊聯合目錄」。

　　總之，遷臺後的參考服務已較大陸時期有更大的發展；館際

合作方面已有正式的合作組織，使讀者尋得資料的空間大爲擴大。
各級圖書館也大多重視對讀者的參考諮詢服務，大部分的圖書館，
──尤其是學術、大專院校、專門圖書館、公共圖書館等都設有
專室及專人擔任參考服務工作，電腦科技及國外資料庫的引進和
資訊網路的發展，使協助讀者查檢資料更爲快捷、方便，提升了
不少參考服務水準。

【附　註】

① Louis Kaplan, "The Early History of Reference Service in the United States", in Rowland Arthur Ray ed., Reference Service, (New York: The Shoe String Press, Inc., 1964), p.3.

② Charles Bunge, A., "Introduction: the Man and His Work" in Rothstein on Reference ..... with Some Help from Friends, (New York:Haworth Press, 1989), p.3.

③ William B. Child, "Reference Work at the Columbia College Library", Library Journal, 16 (October 1891), p.298.

④ William Warner Bishop, "The Theory of Reference Work", AIA Bulletin 9 (June 1915) . p.134-139.

⑤ Pierce Butler, "A Introduction to Library Science" (Chicago: The University of Chicago Press, 1948) p.8.

⑥ Lucy Edwards, "Reference Work in Municpal Libraries" in The Reference Librarian in University, Municipal and Specialised Libraries, ed. by James D. Stewart (London: Grafton, 1951), p. 55.

⑦ Louis Shores, "Basic Reference Source", (Chicago: ALA, 1954) , p.6.

⑧ Joseph L. Wheeler "Practical Administration of Public Libraries", (New York: Harper, 1962) , p.316.

⑨ James Retting, "An Theoretical Model and Definition in Reference Process,", RQ 18:1 (Fall 1978), p.26.

⑩ Samuel Rothstein, "The Development of the Concept of Reference Service in American Libraries, 1850-1900", Library Quarterly 23:1 (January 1953), p.1-15.

⑪　D. Davinson, "Reference Service", (London, Clive Bingley, 1980), p.15.

⑫　北嶋武彥，「參考業務」，（東京：東京書籍，1983），頁14。

⑬　尹定國譯，西洋圖書館史，（臺北市：臺灣學生書局，民國72年），頁251。

⑭　同註①.

⑮　同上，p.7.

⑯　Library Journal v.18 no.11 (June 15,1993), p.S.4-S.5.

⑰　同上.

⑱　同註⑩, p.15.

⑲　同上.

⑳　同註⑩, p.17.

㉑　"Reference Work in Libraries" Library Journal, 16 (October 1891), p.297-300.

㉒　"Encyclopedia of Library & Information Science" v.12, (New York: Marcel Dekker, Inc., 1974.), p.200.

㉓　Louis Shores, "Origins of the American College Library, 1638-1800" (New York: Barnes & Noble, 1935) p.56 及 Encyclopedia of Library & Information Science v.15 p.273.

㉔　宋美珍「美國大學圖書館利用教育發展史之研究」，（臺北市：私立中國文化大學史學研究所碩士論文，民國78年），頁9－10。

㉕　Arthur B. Bestor, "The Transformation of American Scholarship 1875-1919" Library Quarterly, 23 (July 1953), p.166.

㉖　同註㉔，頁14。

㉗　同上，頁19。

㉘　"Librarian and Readers", Library Journal, (September 1876), p.123-124.

㉙　Library Journal 2, (Nov.-Dec. 1877), p.278.

㉚　Bill Katz & Charles A. Bunge ed, "Rothstein on Reference……
with Some Help from Friends, (New York: Haworth Press,
1989) ,p.86.

㉛　同上.

㉜　同上，p.90.

㉝　同註①, p.9.

㉞　同上，p.11.

㉟　Thelma Freides, "Current Trends in Academic Libraries" Libr-
ary Trends, (Winter 1983), p.461.

㊱　"American Libraries" (December 1993), p.1011,1013.

㊲　Signe E. Larson, "Reference & Information Services in Special
Libraries" Library Trend, (Winter 1983), p.475.

㊳　同註⑬，頁285。

㊴　R.H. Johnston "Special Libraries, ——A Report on Fifty Repr-
esentative Libraries," Library Journal (Aprl 1914), p.280-284.

㊵　同註㉚, p.122.

㊶　簡明大英百科全書第5冊，（臺北市：中華書局，1988年），頁
187。

㊷　John R. Commons "Myself", (New York: The Macmillian
Company, 1934), p.109.

㊸　Edward A Fitzpatrick, "McCarthy of Wisconsin", (New York:
Columbia University Press, 1944), p.65-66.

㊹　H.H.B. Meyer "Select List of References on Special Libraries,"
Special Libraries, III (October 1912), p.172-176.

㊺ 姜炳炘等譯,「美國國會圖書館展望」（北京：書目文獻出版社, 1987年），頁34－36。

㊻ 同註㊲, p.477.

㊼ Jame I Wyer, "Reference Work" p.6 ; Rothstein, S "Reference Serviec: The New Dimension in Librarianship" in Reference Service (Arthur Roy Rowland ed), (Hamden: Shoe String Press, 1964) , p.39.

㊽ 同註㉚, p.98.

㊾ John Cotton Dana, "Misdirection of Effort in Reference Work" Public Libraries 16 (March 1911), p.109.

㊿ William Warnes Bishop, "The Theory of Reference Work", Bulletin of the A.L.A. 9 (July 1915) , p.134.

51 Agnes Van Valkenburg, " How Far Should We Help the Public in Reference Work?", Massachusetts Library Club Bulletin, 5 (July-October, 1915), p.107.

52 William A Katz, "Introduction to Reference Work, Vol.2 : Reference Services and Reference Process" 2nd ed., (New York: McGraw-Hill, 1974), p.60.

53 參見嚴鼎忠著「國立北平圖書館之研究──清宣統元年至民國卅八年」（臺北市：中國文化大學史學研究所碩士論文,民國80年）, 頁22；及嚴文郁著「中國圖書館發展史──自清末至抗戰勝利」（新竹市：楓城出版社,民國72年）,頁21。

54 張白影等編「中國圖書館事業十年」（長沙：湖南大學出版社, 1980年）,頁225。

55 見新教育,5卷12期,民國11年8月。

56 李小緣,「公共圖書館之組織」,圖書館學季刊,1卷4期（民國15

年12月），頁624。

㊼ 李小緣，「全國圖書館計劃書」，圖書館學季刊，2卷2期（民國17年3月），頁289。

㊽ 戚志芬編著，「參考工作與參考工具書」，（北京：書目文獻社，1988），頁6。

㊾ 嚴鼎忠，「國立北平圖書館之研究——清宣統元年至民國卅八年」，（臺北市，中國文化大學碩士論文，民國80年），頁129。

⑥ 同註㊽。

㊱ 同註㊽，頁7。

㊲ 楊寶華、韓德昌同編，「中國省市圖書館概況，1919－1949」，（北京市：書目文獻社，1985），頁22－23。

㊳ 同上，頁91。

㊴ 同上，頁221。

㊵ 同上，頁263。

㊶ 同上，頁282。

㊷ 張錦郎，「哈佛燕京學社引得編纂處的引得叢刊」（臺北市：臺灣學生書局，民國73年），「中國圖書館事業論集」之頁225。

㊸ 同註㊾，頁61－62。

㊹ 張錦郎、黃淵泉合編「中國近六十年來圖書館事業大事記」，中國圖書館學會會報，24期，抽印本，（臺北市：中國圖書館學會，民國61年），頁19。

⑩ 宋雪芳，「我國大學圖書館參考服務發展之研究」（臺北市：中國文化大學史學研究所碩士論文，民國75年），頁51。

⑪ 「大專院校圖書館標準草案」，民國80年，教育部，圖書館事業委員會擬訂。

⑫ 莊道明，「我國臺灣地區國際百科線上資訊檢索服務調查之研究」

（臺北市：臺灣大學圖書館學研究所碩士論文，民國77年），頁51。

第三章 參考服務的組織和人員

第一節 何以須要組織

本書第二章提到著名的參考服務歷史學者羅斯坦（Rothstein, Samuel）認為參考服務的本質特徵之一是圖書館為了提供對讀者的協助及學習參考工作的技術，必須成立特定的組織。的確，早期的參考服務，是館員隨興隨意地幫忙讀者，後來即使有了「協助讀者查檢資料，使用圖書資源」是圖書館不可或缺之責任的觀念，但也經常只是有了專人或成立一間參考室來從事此項服務，尚談不上有什麼特定的組織。然而隨著書刊文獻的日益增多，讀者對參考服務的要求越來越高，館員工作的範圍也愈多樣化，因此不得不開始將參考服務的工作予以組織化、分工化，於是就有參考部門的成立。

參考部門的成立，是近代圖書館事業能夠顯示其發展和進步的里程碑，也是圖書館善盡其社會責任的指標。我國圖書館參考服務理論學者李鍾履於民國二十年在其所編撰之「圖書館參考論」一文中，即已指出：「美國圖書館除規模極小而不便分部者外，概莫不有參考部之設立，亦莫不惟參考部之是重。推其原因，不外參考部之事務較諸其他部多具意義與價值也……」；又云「圖書館各部門與社會有直接關係者，厥惟流通與參考二部；流通部所能貢獻於社會者，無非書本固定明確之需要而機器式的出納書籍而已；至於書籍之隱蓄功用，則無法探索之。若夫參考部則迥異於流通部，其使命即為代閱者解決一切困難；故除供應明確之

需要外，尚須自莫須有中而求獲書籍之功用。由是可見流通部之事務概爲被動的，而參考部之事務爲主動的；因其主動，故書籍之乎隱蓄功用，乃可暴露於人前。換言之，即參考部可擴大書藏之效用也……」。①可見設立參考部對於圖書館功能之發揮，有極大之價值和效用。圖書館參考服務要確立長期的展望和營運方針，也的確須將參考服務工作系統化、組織化，才能有效地永續經營。故美國圖書館協會「參考與成人服務委員會」所訂之「資訊服務宣言」之「範圍」項目即云：「圖書館或資訊中心的參考服務應視之爲滿足讀者或潛在讀者資訊需求的重要職責。它應予組織化，以便適切協調檢索存在於某一地區或一定範疇內的資訊資源。」

參考服務之工作之所以須要組織化、分工化，乃因業務的擴展及讀者和資料的不斷增加。威特（Wight, E.A）認爲參考服務部門組織區分的根據可因各項業務機能（如館際合作、參考諮詢、讀者利用指導……等）或讀者身分（兒童、成人、學生、殘障人士……等）及地理因素（總館、分館等）和主題（如人文、社會、科學技術等學科）之不同來分組設事。②而日本學者澤本孝久則認爲組織化之最大要因是要依據圖書館參考服務的職能。③總之，一個部門組織是由一群有共同目標的工作人員所組成的，組織的管理者則須要考量到圖書館的資料、預算、建築空間和設備以及工作人員的數量與素質等，而將部門工作酌予細分，並製定有關的政策和服務準則等，以確保組織的運作和各部門的分工協調，而完成既定的服務目標。

第二節 組織形態

　　參考服務部門的組織，依圖書館人員、預算、藏書之多寡及其設置之目的和任務而有不同的組織方式，一般而言，有下列幾種形態：

一、沒有專任人員的情況——圖書館因爲本身編製很小，無論工作人員、館舍、經費等均缺乏，故沒有專人擔任參考服務。像國內鄉鎮圖書館及中小學校圖書館即常是此種狀況。圖書館不僅無法設有參考館員，有時連參考室或參考書區都無法區隔出來。對讀者之詢問，通常即由出納、流通人員兼理，故又稱爲兼理型之組織形態。有些稍大一些的圖書館，即使有參考室或諮詢檯的設置，但因無專任人員擔任參考服務工作，只能以任務編組方式來執行各項任務；如由各部門圖書館科系畢業之館員輪流值勤參考諮詢檯，而其他各項間接的參考服務工作，亦分由各部門承擔，如採購部門負責參考書之選訂；編目部門負責各項文獻目錄之編製或目錄指導工作等；而閱覽或流通部門則協助讀者利用指導之工作等。

　　此種型態之缺失自然是工作人員較無歸屬感，組織之間亦缺乏協調性，整個參考服務處於無目標、無計畫的狀態。

二、業務集中的參考部門——再稍大型的圖書館，則設有獨立的參考部門或參考室，也有專門人員負責參考服務各項業務。但若參考人員較少，則這少數的一兩人必須負責所有諮詢檯值班的業務及其他各種間接的參考準備工作等，故此種類型也稱爲綜理型的組織型態。若參考服務館員達四、五人以上，則這些人的業務可予區分，每人除輪值諮詢檯外，其他時間則可擔任一些專責的業務。這樣的組織型態，在中型圖書館（藏書20萬以上至50萬之間）最爲通行。我國各縣市文化中心圖書館及部分學院、專科學校圖書館大都屬於這種類型。「日本國立大學圖書館改善

要項」中對三個學院以上，藏書20萬以上的中型圖書館，即有如
下的組織圖示（圖表一）：

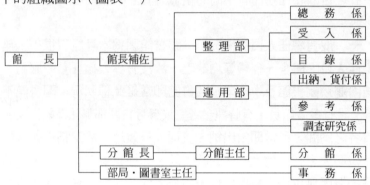

圖表一　藏書20萬冊，3個學院以上的圖書館組織圖

而6個學院以上，藏書50萬冊的圖書館，則有如下的組織圖
示（圖表二）：

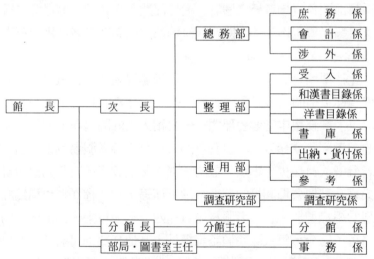

圖表二　藏書50萬冊，6個學院以上的圖書館組織圖

（資料來源：北嶋武彥監修，安藤勝等撰，「參考業務」，p.66）

　　此兩種組織型態之參考部門（參考係）皆在讀者服務部（運用部）下，集中所有參考業務獨立運作。這種組織型態也是較傳統的參考服務，即是將參考館藏滙集於參考室或參考部門，所有參考服務皆集中於此參考室或部門處理。④

　　三、分組型或分科型——更大型的圖書館，因為藏書、人員及業務擴增，參考部門組織必須再區分科組，分別處理專門業務，以利工作之推展。大型參考部門的業務組織，通常可依工作性質來分，如分為電話諮詢組、館際合作組、圖書利用輔導組、資訊檢索組、文獻目錄編輯組……等等；有的則按資料型態來區分，如一般參考書組、地圖組、手稿組、縮影資料組、印刷照片組……等；這兩種區分型式，較適合各學科人才配備較不齊全的圖書館。至於有些大型圖書館，因為隨著參考諮詢專業化的要求，則

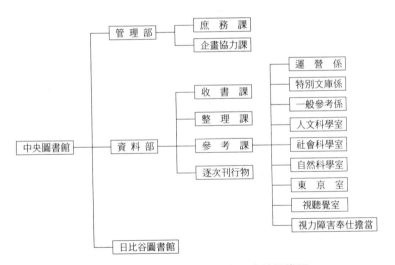

圖表三　東京都中央圖書館組織圖

（資料來源：同前圖，p.67）

將參考部門按學科內容來區分，如一般參考室、人文科學參考室、

社會科學參考室、自然科學參考室……等等，甚至於有更細的學科，如法律室、美術室……等等。上圖（圖表三）即爲東京都中央圖書館組織圖，即爲分科型之一例。⑤

我國較大型的大學圖書館（如臺大等），除總圖書館外，另外在各學院設有學院圖書館，亦有館員從事參考服務，一般來說，也是一種分科別。

分科制組織的特點是各學科參考室必須要聘請具有該學科專長的館員，才有能力爲較專精的讀者或利用者服務；甚至於也可聘請一些高級研究員，有系統地編製一些專題文獻目錄。分科制的另一特色也是打破傳統參考室只擺置參考工具等，以利用參考書爲主，來查詢資料的參考諮詢工作；學科參考室則是講求資料的專精，只要符合學科研究的需求，不管是否參考書，均需納入蒐藏、利用。

然而，由於圖書館資料型態日益繁雜，圖書館的功能、任務也日益增加，許多大型──尤其是國家圖書館，其參考服務部門的組織，已常非單純的分組型或分科型，而是兩者交互摻雜的組織型態；有的甚至沒有一個集權而明顯的參考部門名稱，而參考服務工作則分散在許多各自獨立的部門；這猶如政治體制，有的像「聯邦制」（Federation）──中央與地方均權，有的則像「邦聯」（Confederation）──地方權大而中央權小一樣。以下列舉數個國家圖書館的組織部門之型態，藉供參考比較：

·中國大陸北京圖書館（**The National Library of China**）

北京圖書館的參考部門全稱爲「參考輔導部」，是北京圖書館履行國家圖書館諮詢服務、圖書館學基礎研究及開展輔導工作的業務部門。下分五個科組：

⑴哲學社會科學參考組：其下又設哲學社會科學和法律政策兩個諮詢室。

⑵科學技術參考組：下設科技諮詢室和科技文獻室。

⑶圖書館學研究輔導組：下設圖書館學資料室。

⑷參考工具書組：下設工具書閱覽室和年鑑、名錄閱覽室。

⑸國際組織和外國政府出版物組：下設國際組織和外國政府出版物閱覽室。⑥

此組織是以分科制爲主，但亦含有資料型態之區分（參考工具書組及國際組織和外國政府出版物組）。特別值得一提的是有圖書館學研究輔導組之設；蓋以國家圖書館負有輔導全國圖書館事業之任務，必須有專門之閱覽、研究參考室，供本館館員或其他各地圖書館從業人員進修、參考及研究之用。

・新加坡國家圖書館（National Library of Singapore）—

參考部門稱爲「參考服務部」（Reference Services Division），提供參考、資訊及研究與視聽資料和影印、照相等服務。該部門組織較爲單純，下分：

⑴較大的第一參考室，包括人文社會科學的蒐藏、藝術資源中心、新加坡研究蒐藏、當地及部分外國報紙、百科全書和地圖集、大學概況等。

⑵較小的第二參考室，包括商業、科技館藏、當期雜誌、電話名錄等。

⑶亞洲兒童圖書室（The Asian Children's Collection），主要蒐藏英文、中文、馬來文和錫蘭坦米爾語（Tamil）四種語文的有關亞洲各國兒童圖書，以供研究參考。⑦

另外，除參考諮詢服務，亦設有櫃檯專門提供光碟及視聽資料的使用。

此組織型態亦是分科制中夾有資料型態的區分。

- **韓國國立中央圖書館（National Central Library, Republic of Korea）**——

是在「圖書館服務部」（Library Service Department）下設有「公共服務組」（Public Service Division），其下在各樓層設立各種參考室，提供參考資訊服務，如三樓有期刊室、政府出版品閱覽室、報紙室、商業資訊室、語言文學閱覽室；四樓設有人文科學閱覽室、社會科學閱覽室、自然科學閱覽室；五樓設有學位論文室和特藏室（北韓共黨研究）及非書資料室（視聽資料和電子資料，如LD、CD、CD-I、CD-ROM等）、圖書館學研究室、珍善本書室。至於總參考諮詢則設於一樓，提供電話、傳真、書信和個人的諮詢服務。⑧

此組織型態，以分科制為主，資料型態為副。值得注意的是它亦設有圖書館學研究室。

- **加拿大國家圖書館（The National Library of Canada）**——

「參考資訊服務部」（Reference and Information Services）下分：

(1)一般參考室（二樓）：提供書目查詢、公用目錄查詢（OPAC）及各種光碟和線上系統的使用指導、研究方法的指導、資訊轉介服務等；諮詢服務也可透過書信、電子郵件、傳真及電話等方式為之。

(2)另外在二樓還設有縮影資料閱覽室、圖書館及資訊科學研究室、希伯來及猶太教研究室（Jacob M. Lowy Collection）；四樓有音樂室、珍善本書室、加拿大文學研究室、文獻手稿室、兒童文學室等。⑨

此組織型態亦是包括分科與資料類型之區分。

· 澳洲國家圖書館（National Library of Australia）——

參考服務部門名稱爲「資訊服務組」（Information Services），參考館員稱爲「資訊館員」（Information Officers）。資訊服務組提供到館讀者的詢問協助及電話、書信的諮詢服務等。其下設一主閱覽室（Main Reading Room），蒐藏、陳列一般參考工具書、當期期刊等，並有光碟檢索服務。其他還有各種專門閱覽室，包括報紙／微捲閱覽室、亞洲研究閱覽室、口述歷史閱覽室、地圖閱覽室、圖畫／照片閱覽室、視聽室等。另外亦有一間「佩西里克研究室」（Petherick Reading Room），供長期研究或須大量使用館藏的學者提出申請使用，此閱覽室提供研究者桌椅及電腦等各項設施，並有專門的資訊館員提供服務。⑩

除資訊館員外，亦設有全館性的「學科專家」（Subject Specialisation）隊伍，包括人文科學（含歷史／文學、音樂／表演藝術、家庭、地方志／傳記類）、自然科學（含地圖、科學教育、地球科學、物理、生命科學等）、社會科學（法律、經濟、統計、政治／政府管理、社會問題、社會學、婦女研究）等各種學科。他們除擔任館藏發展、編製澳洲國家書目外，並須支援各種專門學科的參考諮詢。

· 大英圖書館（British Library）——

原先的大英圖書館，「參考部門」（Reference Division）是館裏的三大作業部門之一（其他兩者是文獻供應中心和書目服務部），其下包括圖書組、手稿組、東方手稿暨圖書組、科學參考圖書館、印度圖書館與紀錄室、保存服務處等六個單位。⑪唯80年代中期以後，大英圖書館組織有所變革，已沒有明顯的綱舉目張式的參考服務的名稱和組織型態，參考服務主要分別在各專

門部組及閱覽室實施,而以倫敦地區的「科學參考資訊服務部」(Science Reference and Information Service)、「人文及社會科學部」(Humanities & Social Science)為主力;另外,還有各種不同學科及資料型態的閱覽室,如著名的圓型閱覽室(Round Reading Room──主要陳列參考書)、政府出版品閱覽室、音樂閱覽室、地圖圖書室、手稿室、報紙室、國家有聲檔案室、英國圖書館學及資訊科學閱覽室、東方及印度官方文獻室……等;參考服務的組織相當龐大,在大英圖書館新館尚未啟用前,各閱覽室幾乎散置於不同館舍。⑫至於位在西約克夏郡(W. Yorkshire)波斯頓‧斯巴(Boston Spa)之文獻供應中心(Document Supply Centre),其所提供之國內外館際複印及借閱服務,則早已名聞國際圖書館界。(另據大英圖書館館訊1996年8月號報導,大英圖書館於1997年起將逐漸搬遷至St. Pancras之新館,屆時「科學參考資訊服務部」等將隸屬於「讀者服務和館藏發展」"Reader Services and Collection Development"部門。)

‧日本國立國會圖書館(National Diet Library, Japan)

　　日本國立國會圖書館與美國國會圖書館是世界上相當特殊的兩個國家圖書館,蓋因其不僅對國會議員提供參考諮詢及資料提供之服務,為國會專屬之圖書館;它們也兼負責全國性之國家圖書館的角色和任務。而日本國立國會圖書館之創立是在戰後1947年,日本國會認為為適應新憲法所闡釋的民主原則,應成立一個有效率且具有研究功能的國會圖書館,乃邀請包括當時的美國國會圖書館副館長克拉普(Clapp, Verner W.)及美國圖書館協會東方委員會主席勃朗博士(Dr. Charles H. Brown)等著

名圖書館學家在內組成的「美國圖書館使節團」（U.S. Library Mission）訪問日本。該使節團在日本國會兩議院運營委員會及其他機關充分合作之下，對國會圖書館的成立，提出許多意見。是故，日本國立國會圖書館的組織帶有濃厚的美國國會圖書館之影子。

日本國立國會圖書館的參考服務部門，主要有兩個業務組織：

1. 專門對國會議員服務的「調查及立法考查局」；根據昭和三十年一月廿八日法律第三號修正通過的「日本國立國會圖書館法」第十五條規定：「館長應在國會圖書館設立調查及立法考查局，其職務如下：⑴應兩議院之要求，就兩議院之委員會正審議未決的法案或內閣交付國會的案件，加以分析及評價，並對兩議院之委員會提供補助意見，並提供適當決定所需之依據，以資援助。⑵應兩議院之要求，或預測有此要求，主動進行立法資料及有關資料之蒐集、分類、分析、翻譯及編製索引、摘要、編集、報告及其他準備工作；資料之選擇及供應，應避免黨派和官僚偏見，提供有用資料予兩議院、委員會及議員。⑶在立法準備之際，應協助兩議院、委員會及議員，提供服務，以便起草議案。但此項協助僅限於委員會和議員有所要求時提供之，調查及立法考查局之職員，決不得倡議或催促立法。⑷在不妨礙兩議院、委員會及議員需要範圍內，得提供其蒐藏予行政及司法各部門和一般民眾利用。」⑬可見這項參考服務的功能，即如本書第二章所述之麥卡錫推行的立法參考圖書館之種種措施。

2. 對一般民眾之參考服務，主要由「參考書誌部」負責，其工作要項為幫助讀者使用圖書館、指示特殊文獻、調查書

目資料、編印各學科書目等。民眾可以書信、電話、或口頭等方式提出諮詢。「參考書誌部」下設有一般參考課、人文課、法律政治課、科學技術課、亞非課及索引課。專科閱覽室則有參考圖書室、新聞閱覽室、微影新聞閱覽室、國連（聯合國）官書資料室、音樂資料室、特別室、亞非資料室、圖書館學資料室、貴重書室、新聞剪輯閱覽室、幣原平和文庫、當代政治史資料室、科技資料室、憲政資料室、地圖室、法令議會資料室等，均提供有關各學科或資料型態的參考服務。⑭

3.對政府機構的參考服務，則由國立國會圖書館設在各行政及司法部門的三十幾個支部圖書館負責，這種世界獨一的支部圖書館系統，使得圖書館更能增進對政府機關的服務，國會及政府各部門也能透過本館和支部圖書館的合作而發揮其功能。

美國國會圖書館（Library of Congress）——

美國國會圖書館雖然無較明顯而獨一的總參考服務部門，其業務分散在幾個有關部門，但它的部門之多，組織之龐大，為世界各圖書館所難以匹敵。國會圖書館之參考服務，主要在下列各部門：

1.在「研究服務」部門（Research Services）下有個「地區研究部」（Area Studies），其下轄非洲暨中東組、亞洲組、歐洲組、西班牙組；此部門負責各地區區域研究之參考諮詢業務。另外，研究服務部門還有「一般參考部」（General Reference），轄有一般閱覽室、聯邦研究組、期刊暨政府出版品組、科技資料組等有關參考閱覽之單位。「特殊館藏部」（Special Collections）則轄有地理暨地

圖組、手稿組、音樂組、印畫暨照片組、珍善本暨特藏組、電影、廣播暨錄音資料組等。開放之專科閱覽室則有民俗文化檔案室、亞洲及非洲、中東部門閱覽室、歐洲閱覽室、西班牙閱覽室、地理及地圖閱覽室、方志及家譜閱覽室、手稿閱覽室、縮影資料閱覽室、電影及電視資料閱覽室、視覺及肢體殘障服務中心、報紙及雜誌閱覽室、表演藝術圖書館、畫片及攝影資料閱覽室、善本特藏閱覽室、科學閱覽室、社會科學閱覽室等。⑮

2.國會圖書館在館長之下，還有個獨立的「法律圖書館」（Law Library），其下包括英美法組、歐洲法組、遠東法組、西班牙法組、近東暨非洲法組，並有個法律圖書館閱覽室。此部門為法律學科之專門研究及參考服務單位。

3.對國會議員之參考服務，則由「國會研究服務中心」（Congressional Research Service）專司其責，其下轄有「指定、參考暨專門服務室」、「自動化資訊服務室」、「高級專家室」、「圖書館服務組」、「國會參考組」、「經濟組」、「教育暨公共福利組」、「外交暨國防組」、「政府組」、「美國法組」、「環境暨自然資源政策組」、「科學政策研究組」等，分別對國會議員之法案、預算之審查等提供資料及諮詢之協助，以提高議員之問政品質。

由上可見國會圖書館有關參考服務部門組織之龐雜，工作人員達到800餘人之多⑯，其分組分科之細密自然可與五角大廈或通用汽車公司相比。

・**至若我們國內的國立中央圖書館**，參考服務的工作由閱覽組的參考室負責一般性參考諮詢工作，閱覽組中另有期刊室、法律室、政府出版品閱覽室、美術室、日韓文室、學位論文

室、視聽資料室等專科閱覽室，亦提供諮詢之服務；另外特藏組善本書室、漢學研究中心資料組和大陸資料閱覽室也擔任協助讀者研究、閱覽和參考的工作。民國85年元月，國立中央圖書館經立法院易名爲「國家圖書館」，新的組織條例中設有「參考組」，對參考服務應具有更大的擴展空間。

第三節　業務職掌和工作分配

在一個小圖書館，或許只有一間參考室，一、兩個工作人員能夠提供參考服務，這當然無須談到人員的工作分配問題，參考館員即須負責所有相關業務。然而一個中型或大型的圖書館，參考館員從五、六人到數十人甚至於有數百人的，就免不了有更細的組織區分和業務職掌的分配；例如參考部主任負責行政規劃，館員負責圖書館利用指導、館際互借、館藏發展或電腦資訊檢索……等等。唯參考服務中最主要的任務即是在親身協助讀者查檢資料、解答各種問題、利用圖書館各項資源；此項工作以參考諮詢檯爲主要實施場所，故在參考部館員所組成的參考服務隊伍中，幾乎每個人都須輪值諮詢檯，從事諮詢服務工作，其他時間再分別從事所分配的其他工作。例如下表（圖表四）即爲國立中央圖書館（國家圖書館）在民國85年6月時參考室六位工作人員的工作職掌分配：

參　考　室　工　作　職　掌

館員甲	參考諮詢服務（諮詢檯值班） 參考館藏的選擇，補充與發展 中文書信與公文回覆 國內外大學概況的徵集 剪輯資料的選剪與搜集 實習的安排

	當代文學史料影像全文系統之審表
館員乙	參考諮詢服務（諮詢檯值班） 參考室自動化的規劃與光碟系統的管理 主管〈人文社會科學合作組織〉執行小組秘書工作 當代文學史料影像全文系統之規劃
館員丙	參考諮詢服務（諮詢檯值班） 規畫國際百科業務與服務 〈科技合作組織〉指定代表人業務 西文書信的回覆 光碟系統的服務 當代文學史料影像全文系統、藝術作家系統之規劃
館員丁	參考諮詢服務（諮詢檯值班） 專題文獻的編製 小冊子的管理 文書整理 當代文學史料影像全文系統之執行
館員戊	參考諮詢服務（諮詢檯值班） 〈人文社會科學合作組織〉本館指定代表人業務，館際合作信件處理及資料複印 西文參考書的點收、管理及目錄卡片的建立、管理 剪輯資料的匯整、管理 協助當代文學史料影像全文系統整理
館員己	參考諮詢服務（諮詢檯值班） 中文參考書的點收、管理 叢書區的管理 館際合作複印事宜 協助當代文學史料影像全文系統整理
工讀生助理員	服務台值班 整書上架、退庫圖書之管理 卡片登錄 圖書裝磁帶

⑰

圖表四 我國國家圖書館參考室館員工作職掌表

　　這六位工作人員一週平均在參考室值班的時間約爲兩天（16小時），（但晚上及星期例假日亦需輪值，平均每週約有半天至一天的夜晚或假日輪班諮詢檯工作），其餘時間則從事其他參考服務業務。參考諮詢檯的值勤工作，是一件精神負荷很重的工作，故凡是參考諮詢量較大的中大型圖書館，參考館員都幾乎無法每週、每天上班時間竟日在諮詢檯服務的。沈寶環教授在「有關當前我國公共圖書館參考工作的幾點建議」一文中亦提到：「解答參考問題是參考服務的主要責任，記得我在丹佛市立公共圖書館服務的時候，每一工作天在總參考室值班兩小時（因爲工作負荷太重，館方規定專業館員每天值班時間不得超過兩小時）；兩人同時值班，過於忙碌時，還有不固定工作站（flating）的專業館員幫忙……」。⑱可見參考服務──尤其是諮詢檯工作是無法像採訪或編目各部門的館員，整天擔任同一樣的工作的。這也是參考服務的工作分配，呈現較多樣性的關係。因此參考服務的整體工作分配，常呈穿叉交錯的情況。如下圖（圖表五）是湯瑪斯（Thomas, Diana M.）等所著的「有效率的參考館員」（The Effective Reference Librarian）一書中所揭示的一個中型公共圖書館的組織及工作分配：

　　此圖顯示一個含參考組主任和七名全時館員在內的參考服務組的工作分配。一個全時館員的工作時間 1 fte＝每週40小時。以參考組主任而言，他花費0.70（亦即40小時×0.70＝28小時）在行政及館藏發展工作上，而0.30（亦即40小時×0.30＝12小時）則花在諮詢檯值班。再以期刊股股長而言，他花0.30（亦即12小時）在期刊股行政業務上，另0.50（即20小時）在參考諮詢檯上，而另外的0.2（即8小時）在電話服務上。同樣的，電話服務股股長也分別各花費0.20（8小時）、0.20（8小時）、0.60（24小時）在

電話服務的行政業務、期刊室和參考諮詢檯上。至於5名館員（館員甲—戊）則分別花0.20（8小時）、0.60（24小時）、0.20（8小時）在期刊室、參考諮詢檯上及電話服務上。

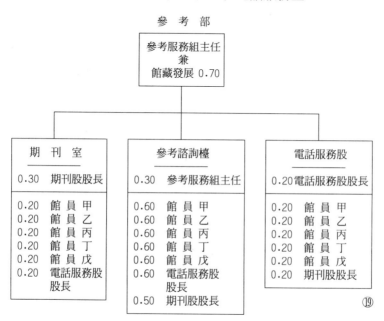

　　參　考　部

　　　參考服務組主任
　　　　　兼
　　　館藏發展 0.70

期　刊　室	參考諮詢檯	電話服務股
0.30　期刊股股長	0.30　參考服務組主任	0.20電話服務股股長
0.20　館　員　甲 0.20　館　員　乙 0.20　館　員　丙 0.20　館　員　丁 0.20　館　員　戊 0.20　電話服務股股長	0.60　館　員　甲 0.60　館　員　乙 0.60　館　員　丙 0.60　館　員　丁 0.60　館　員　戊 0.60　電話服務股股長 0.50　期刊股股長	0.20　館　員　甲 0.20　館　員　乙 0.20　館　員　丙 0.20　館　員　丁 0.20　館　員　戊 0.20　期刊股股長

⑲

圖表五　中型公共圖書館參考服務組織及工作分配圖

　　總時數顯然參考諮詢檯較多，這是因爲每次值班不只一個館員，且晚上、假日亦經常須服務讀者的關係；但每個人每週總工作時間都是40小時。

　　此種分工的優點是館員對參考服務組各部門都能接觸、參與，可以彼此互相支援；缺點則是缺少與圖書館技術部門的連繫。

　　另外一種則爲中型的學術圖書館參考部門組織和工作分配，如下圖（圖表六）：

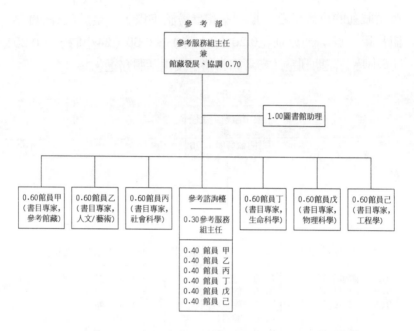

圖表六　中型學術圖書館參考服務組織及工作分配圖⑳

　　此種組織分工爲書目（或學科）專家參與參考服務之類型。
如館員甲、乙、丙、丁、戊、己等均爲圖書館之學科專家，一週
有0.60（亦即24小時）的時間各在採訪或編目部門工作，另有0.
40（16小時）則在參考諮詢檯輪值。而參考組主任亦有0.30（12
小時）在諮詢檯，而0.70（28小時）則負責整個部門之規劃作業。一
位圖書館助理（Library Assistant）則全時（40小時）輔助參考
組主任。

　　此種組織分工的優點爲書目專家均來自其他技術服務部門，
對參考部門與圖書館的互動有良好的關係。而書目或學科專家，
亦可以使學術圖書館的諮詢服務較具深度。唯缺點是沒有預留館

員請假、休假、生病的代理人員。學科或書目專家固然也均受過圖書館及參考服務的訓練，對一般問題的解答、諮詢並無問題，對他所具專長的學科當更能滿足讀者需求，唯若讀者所須深入諮詢的某學科專家恰好沒輪值諮詢檯，則亦爲困擾問題之一，解決之道或許須像醫院門診部一樣掛出專科主治醫師的出診時間表，以便讀者對深入的諮詢可依學科專家輪值時間尋求協助。

當然，更大型的圖書館，有更複雜的組織部門區分和工作人員的分工方式，如分成館藏發展和維護組、電腦資訊檢索組、一般參考服務及指導服務組、館際合作組、自動化網路發展組……等等。此時，參考館員雖然較難以參與所有工作，但最好也能採取部分交叉摻雜工作的方式。事實上，像美國國會圖書館那種龐大的參考服務部門，每個組、科、股都已像一個一般的中、大型圖書館的參考部門，參考館員在自己服務的組、科、股上即可參與多種型式的業務工作。

第四節　參考部門與其他單位的關係

參考部門是圖書館各部門中最能與讀者直接接觸的一個單位，猶如軍隊中的第一線戰鬥部隊一樣，然而第一線部隊如要有旺盛、堅固的戰鬥力，也必須要有完善的後勤部隊之支援。圖書館的後勤單位，主要是技術服務部門，包括採訪、編目等單位；而典藏部門也與參考部門有密切的關係。

一、與採訪部門的關係

大部分的參考部門都負責參考資料、參考圖書的館藏發展工作，因之，協助選擇、評鑑、介紹參考圖書是必然的。然而，殊少參考部門會直接負責訂購參考工具書的，此項購書工作依然由

採訪部門執行。因此，參考服務部必須時常密切注意新出版參考圖書的訊息，將符合本館需求的參考書書單推荐給採訪部門。那些書需要採取長期訂購（ Standing Order）的方式，亦可請採訪部門建檔處理。

讀者推荐的參考書或反映本館較缺乏那些工具書，亦須轉知採訪部門。

參考館員亦須經常巡視書架，發現有破損毀壞而無法裝訂修補之書，亦可請採訪部門補訂或增訂。

而採訪部門如接收到各種出版訊息或新書目錄，其有關參考書者，亦應請參考部門協助評鑑、分析本館是否需要訂購。

二、與編目部門的關係

參考書為圖書館之核心館藏，編目部門對參考書宜盡量優先處理，特別是有時效性之年鑑、指南等工具書，應挑出先予編目，移送參考部。

參考館員在巡視書架時，若發現書籍有分類錯誤或兩種性質相類似的工具書卻分到類號相隔很遠的書架，應通知編目單位訂正或統一合併。對參考書的認定，參考和編目部門常有不同之看法，較有疑義之書籍，應由編目部門邀集參考館員會商決定。

在參考諮詢服務中，亦偶而會有有關分類、編目、標題方面之詢問，此時是否轉介編目部門回答，應由兩部門協商，訂立何種層次之相關問題，可由參考部門直接回答，何種層次之問題，則應由專業之編目人員解答較適宜。

三、與典藏部門之關係

參考部門之參考室或專科閱覽室，通常沒有很大的空間可以永久典藏所有圖書，故舊版或複本及罕用之參考工具書須移交典藏部門。唯讀者有時須使用舊版之年鑑、統計資料等工具書，故

參考部門仍須從典藏部門調出此類圖書；兩部門間仍有密切之關係。

由於參考館員宜對館藏資源有所了解，故典藏部門從編目部門新收到一批圖書，即使是非參考工具書，亦可請參考館員前往過目或翻閱一番，讓館員大致了解館裏有什麼新書了。

參考館員在查檢館藏目錄之電腦系統時，若發現圖書之狀況顯示（如遺失、已借出、可外借等）與實際情況不符，或典藏位置顯示有誤時，須告知典藏部門。

四、與各閱覽室之關係

中大型圖書館之參考部門，除一般參考室及參考業務單位外，亦常設有各學科或不同資料類型的專科閱覽室；專科閱覽室也擔任專門性之參考諮詢服務，故參考室和各專科閱覽室之間須彼此熟知所藏資料範圍，並相互合作、轉介有關諮詢問題及對讀者的服務。

第五節　人員結構

參考服務館員的人數自然會隨著圖書館的組織及空間、藏書量、服務對象的大小多寡而不同，但一所圖書館，尤其是中型以上的圖書館，到底應配置多少館員，似乎並沒有一定的標準可循。我國各級圖書館相關法規及標準中，亦僅對全部館員人數及藏書量有個計算之方式，但並無專門針對參考服務人員者。

唯依據大陸學者劉聖梅、沈固朝所著「參考服務概論」一書中引述陶煉和喬好勤兩人曾提出大學圖書館和公共圖書館參考部人員的計算方式。[21]

陶煉認為大學圖書館參考館員的人數應與全校的教師人數、

研究生人數、本科生人數、大學圖書館的全部工作人員數量及藏書量有關，因此，他列出下列的計算公式：

$$Y = \frac{\frac{1}{50}T + \frac{1}{100}P + \frac{1}{500}S + \frac{1}{5}L + \frac{1}{100,000}B + \cdots\cdots}{X}$$

其中 Y 指參考部門應有的館員人數，T 為全校教師人數，P 為研究生人數，S 為本科生人數，L 為全部圖書館員人數，B 為藏書量，而除數 X 則為上述各項條件之和（亦即被除數有幾項，即除以這個項數，如上面提到被除數有 T、P、S、L、B 等五項，則 X 即等於5）。因此，若某一大學有教師1,300人，研究生400人，本科生3,000人，全部圖書館工作人員有125人，全部藏書有250萬冊，則應有參考館員人數為：

$$Y = \frac{1,300 \times \frac{1}{50} + 400 \times \frac{1}{100} + 3,000 \times \frac{1}{500} + 125 \times \frac{1}{5} + 2,500,000 \times \frac{1}{100,000}}{5}$$

$$= 17人$$

而喬好勤所提出的公共圖書館參考服務部人數計算方法，亦是考慮到其服務人數和館藏情況，其公式如下：

$$Y = \frac{\frac{1}{5,000,000}P + \frac{1}{30,000}S + \frac{1}{10}L + \frac{1}{200,000}B}{X}$$

其中 P 為本地人口數，S 為本地科技人員數，L 為全館人數，B 為全館藏書數量，X 亦為上述條件之項數。

這兩種計算方式都僅能供作參考，蓋人員計算方式是一件複雜的問題，涉及的因素可能不僅這些。例如，上述兩種方式都尚未考慮到開放時間的多寡，以及參考服務的空間（如專科閱覽室、

諮詢服務檯的數量）問題等。而喬好勤的公式中，S代表本地科技人員，也令人難以理解，（為何只算及科技人員？）；又是否每個縣市、鄉鎮都有科技人員的統計，也是一個問題。

而無論如何，參考部須要考量到服務的範圍、對象、時間多寡及讀者的需求量等來決定館員的人數，並要在工作中不斷評鑑、分析、調整，以求達到最適宜的人力結構。

至於參考館員的組成，由於各館組織的大小和方式不同，因此亦難以有一定的標準。唯基本上，公共圖書館由於服務對象遍及一般民眾，但諮詢問題可能較不深入，故除了圖書館專業人員外，學科專家可以較少，且以廣泛學科為主，如僅聘社會科學或自然科學方面的；而專門圖書館或學術圖書館則視需要應聘有更深入訓練及更細分的學科專家，同時也須配合研究人員的需要而開展有關研究主題的文獻探討和分析等。例如美國國立醫學圖書館的參考諮詢人員，既是圖書館學家，又是醫學專家，他們經常隨同主任醫師去查看病房、分析病例，確定研究課題，然後圍繞課題開展參考服務工作。㉒

不管如何，理想的參考服務人員，應是一個工作隊伍（team），猶如一支棒球隊，應備有各種不同專長的投手，如左投手、右投手、善投變化球、曲球、直球者……等等，方能應付各種情況的需要。在國內目前還較缺乏雙學位的圖書館人員之下，參考部門除了聘用圖書館專業人員外，亦宜聘用部分其他各學科碩士以上的人員，並施以圖書館學的訓練及工作的歷練，這樣圖書館對回答較專門學科的問題時，才能提供較深入而精確的服務。

另外，參考館員由於擔任讀者和館藏資源之間的媒介，亦是館藏資料的傳播者，故須對圖書館的運作和藏書相當熟悉，因此，其經驗和知識亦是人員調配宜須考慮的。有人認為參考館員應是

圖書館工作輪調的最後一站，亦即參考館員宜先在採訪、編目、典藏等單位服務過一段時間後，再調到參考服務部門工作，這樣對其工作開展將會順利些，此種說法不無道理。

第六節　參考館員的條件

參考館員的素質是參考服務工作是否完善的最大因素。美國參考服務的先驅，也是著名的 "Guide to Reference Books" 第3－6版的主編墨基女士（Mudge, I. G.）曾總結出參考服務成功的3"M"要素，即「資料」（Materials）、「智能」（Mind）、「方法」（Method）㉓，其中「智能」和「方法」都是針對參考館員而言，足見參考館員在參考服務上有舉足輕重的作用。

而參考館員應具備怎樣的特質？優秀的參考館員又應具有什麼條件？圖書館學者歷年來皆有許多大同小異的說法，其中幾乎把各家要點一網打盡的大概就是1930年魏爾（Wyer, Jame I.）在其「參考工作」（Reference Work）一書中所提到的參考館員二十七項特質。㉔他根據三十八位圖書館學專家和參考部主管人員對參考館員應擁有的重要特質所給予的評分，依得分多寡順序，列了下面二十七項：(1)才智（Intelligence）、(2)精確（Accuracy）、(3)判斷力（Judgement）、(4)專業知識（Professional Knowledge）、(5)可靠性（Dependability）、(6)禮貌（Courtesy）、(7)智謀（Resourcefulness）、(8)圓通（Tact）、(9)機敏（Alertness）、(10)工作熱趣（Interest in Work）、(11)記憶力（Memory）、(12)求知欲（Mental Curiosity）、(13)對人關心（Interest in People）、(14)想像力（Imagination）、(15)適應性（Adaptability）、(16)堅忍（Perseverance）、(17)愉快（

Pleasantness）、⒅合作（Coperativeness）、⒆條理性（System）、⒇健康（Health）、(21)主動性（Initiative）、(22)勤勉（Industriousness）、(23)速度（Speed）、(24)沉著（Poise）、(25)耐心（Patience）、(26)堅強（Forcefulness）、(27)整潔（Neatness）。每項之下，均再有3－5小項的詳細說明，共計有114條項目，薛文郎先生在其「參考服務與參考資料」一書中已有詳細的中譯和介紹。⑤此二十七項，114條，一般認爲是理想的參考館員的條件，唯很難有人具有如此十全十美的特質，只能以此做爲高標準的努力目標。

　　另外，著名的參考書專家蕭爾思（Shores, Louis）在1954年的「基本參考書」（Basic Reference Books）一書中認定參考館員的特質有：

(一)**先天的特性（Inherent Traits）**，包括──

(1)開放的心胸，沒有偏見（Open-mindness）

(2)喜愛人們（Linking for People）

(3)圓通（Tact）

(4)鎮定不浮（Dignity and Poise）

(5)好的記憶力（Good memory）

(6)智謀（Resourcefulness）

(7)敏捷性（Nimblemind）

(8)規律性（Orderliness）

(9)教導能力（Teaching ability）

(10)耐力（Patience）

(二)**後天的特性（Acquired Traits）**，包括──

(1)通識教育（Broad general education）

(2)廣泛的閱讀（Wide reading）

⑶關心時事（Interest in current event）

⑷關心社區、地方事務（Interest in community）

⑸精通各類參考書（Through knowledge of reference books）

⑹熟悉圖書館資源（Knowledge of library's general resources）

⑺熟悉鄉土相關資源（Knowledge of community's resources）

⑻了解圖書館資料處理的過程（Understanding of library technical process）㉖

　　蕭爾思將參考館員應具備的特性，分爲先天和後天兩種條件，似乎較魏爾的二十七項特質具體些。的確，有些人天性脾氣急躁或不善與人交往，則後天無論有如何豐富的學養，皆難以適任參考館員的工作。

　　湯瑪斯等在「有效率的參考館員」一書中，陳義更不高，只認爲參考館員基本上要有與他人陳述和表達的能力（否則何能從事諮詢工作？），就像一個人不是因爲想要威風而當警官一樣，我們也不要只爲了可以展示智慧而成爲參考館員㉗，因爲參考館員除了必須精熟研究方法及參考資料外，也必須有社會工作人員的本質。一個好的參考館員，必須能夠寬容一些無知或特異性質的讀者，他更要能夠審愼區別什麼是對讀者建設性的協助，而什麼則僅是放縱且過度的服務，兩者必須拿捏得當。基本上，保持一貫的服務熱忱和具有輔導人員的談話技巧以及沒有任何偏見（無論是宗教、政治、或道德立場）的工作觀，是參考館員亙古不變的要件；而在資訊爆炸、知識分工極細的現代，吾人已不能，也不必要求館員必須樣樣精通，學富五車；館員的學識技能，可

以由不斷的訓練和進修來培育，但是基本的熟悉參考書和館藏資源、適當的語文能力、適當的電腦知識和檢索能力，還是必須具備的。圖書館也必須聘用一些學科專家，擔任或協助參考服務工作，以提供較深入的諮詢服務。是故，參考館員應是一個團隊的組成，館員之間必須眞誠、親切並具有互助合作、相互學習的精神，這毋寧是現代圖書館參考部門更須重視的。

第七節　訓練和進修

　　無論中外圖書館學者，都認爲圖書館學校對參考服務課程的安排是不足以應付以後實際的工作需要的。如雪比（Sherby, Louise S.）認爲美國的圖書館研究所大都只有三學分的「參考資料」的課程，也無進一步高階的課程，這是無法包含全部的參考資料內容的；而授課的教師亦大都沒有實際的參考工作經驗，上課內容只能偏重於參考資料的認識而已。㉘而高錦雪教授亦認爲國內外圖書資訊學系的參考課程雖大多採用凱茲（William A. Katz）所著的 "Introduction to Reference Work" 做教材，但實際上大概都僅上完第一冊「基本參考資料」而已，第二冊「參考服務過程」則大多因時間不足，或亦因教師無實務經驗而鮮少上到。㉙中文方面的課程亦是如此，較偏重參考資料而少參考服務的實際工作講述。

　　因此，圖書館參考館員必須在工作環境接受許多課本所未提到的實務訓練，這猶如醫學系學生必須到醫院接受實習及住院醫師的洗禮一樣。另外，圖書館是一個不斷變動、成長的有機體，時時都有新的資料、新的軟體、新的設備和使用方法在產生，圖書館員於在職期間，更須要有經常的進修、學習，這樣才能提高

其學識，充實其業務技能。

在我國，各項圖書館法規中，對圖書館人員的任用常訂有各種資格限制或任用標準，但對館員的進修，卻少有明文之規定。日本圖書館協會公共圖書館分會的「參考事務分科」製定的「參考事務規程」中第22－23條則有於關館員進修的敘述；第22條云：「爲謀求參考業務的改善和館員實務知識的提升，應經常在館內舉辦有關下列事項的研討會：㈠諮詢回答業務；㈡參考資料的蒐集和整理；㈢新到資料的內容；㈣紀錄、統計及利用調查；㈤參考服務文獻的研究；㈥有關參考服務營運的全部事項；㈦其他。」又第23條云：「除了館內研討會外，也應參觀考察他館的參考業務、出席他館舉辦的研討會、演講會等。」㉚這已規定了圖書館應鼓勵館員參加館內外的進修、訓練活動。

而在「公立大學圖書館改善要項」中第四條也規定：「大學圖書館的館員應配合職務的特殊性，在工作中應給與再教育和研修的機會，使其提升專門知識和技巧。」㉛「私立大學圖書館改善要項」第5條「研修養成」項也規定㈠大學圖書館的專門館員，爲實行其職務，應不斷謀求知識和技術的提升；因此，必須適當給與館員研究、調查和各種視察、參觀、連絡等的進修機會和時間。㈡爲配合大學圖書館員此種（參考）業務的特殊性，也爲了使他們得到專門館員的資格，應給他們到指定的專門訓練機構講習，或到大學參與圖書館學的研修。㉜可見參考館員的訓練和進修，不僅是館員爲提升工作能力所必須的，也是圖書館對館員應提供的義務和福利。館員應可以在上班時間參與各種進修規劃，其費用也應由館方支付。圖書館對館員的訓練和進修，也應擬訂一套制度，包括進修的目的和進修的體系、方法等。例如昭和46年，東京都中央圖書館所訂的專門職員養成辦法中就規定對中級

的圖書館員（司書）應在三年內給予450小時的有關參考調查法、資訊檢索系統……等專門學科的研習，以達到碩士的程度。而對初級圖書館員，也應在四年內給予200小時以上有關情報學、圖書館史、古文書籍、資料組織法……等執行業務所必須的基礎知識科目的研習。㉝

　　一般而言，參考館員的訓練和進修可分成幾項：

㈠新進人員的訓練

　　新進人員一進入參考服務部門，就應給與部門所訂立的參考服務政策或服務準則，使之了解到參考服務的目標和目的及中長期的工作計畫和工作崗位的責任、制度等。通常可採用下列幾種方式進行：

(1)研讀參考服務準則和館內各項服務指南。

(2)閱讀書架，瀏覽參考書的配置及了解其他各專科閱覽室的館藏資源。

(3)了解參考部門對讀者開放的各種資訊檢索系統，並熟悉檢索技巧。

(4)初期由資深館員帶領在諮詢檯見習一個月左右。

(5)開始與資深館員搭配共同從事諮詢檯服務工作，並隨時由其他館員向其講解各人所負責的工作內容。

㈡在職館員的進修

(1)舉辦講演會或座談會；圖書館可定期或不定期邀請學者專家辦理有關業務的演講會或座談會、研習會等。例如邀請對佛學文獻有研究的學者講解有關各種版本的大藏經內容和其差異等。

(2)派員參加館內外所舉辦的各項大型研討會，以吸收新知。

(3)派員參加長期的研習班，如國內中國圖書館學會每年暑假

均舉辦各種類型及程度的圖書館學研習班。

(4)與大學圖書館系所建教合作，舉辦在職人員到大學或研究所進修相關課程。

(5)與國外圖書館合作，互相交換館員或辦理研習制度（internship）；如民國70年代中期，美國俄亥俄大學圖書館（Ohio University Libraries）與國內中央圖書館、淡江大學圖書館等曾多次簽訂訓練計畫，由國內各館每年派出一、二位館員，以三至六個月為期，前往俄亥俄大學圖書館研習圖書館自動化管理制度，期間並赴美國各大圖書館參觀、考察。

(6)以公費派館員赴國外大學修習圖書館學位。

此外，館員基於職務的要求，也應自我不斷進修。平時除了專業知識的研究外，更應勤於閱讀書報、期刊，以了解新知和時事的發展。館員和館員之間，亦應相互合作，相互教導，例如參考書種類繁多，館員未必有時間和精力去了解、研究每本參考書的內容和使用方法，因此，對較困難使用或較複雜的參考工具書，可由每個館員分擔去研究、分析並輪流向大家報告該書之內容和使用方法，這將可節省館員不少時間和體力，也能增進對參考書的認識。

總之，訓練和進修，猶如一個機構的研究和發展工作，一定是要花費大量預算和時間的，而其回報又常是隱形而難以立竿見影的，但圖書館對參考服務館員，仍必須隨著社會腳步快速的移動，予以訓練再訓練，進修再進修，以提高參考館員的服務能力和資訊服務的品質。

【附　註】

① 李鍾履，「圖書館參考論」，（臺北市，師大講義，民國50年），頁 143－144。（按此篇長文原登載於民國20－22年間之「圖書館學季刊」，5卷2期、6卷2－4期等）。

② Edard A. Wight, "Research in organization and administration ", Library Trends, vol.6, no.2 (1957)，p.142.

③ 澤本孝久，「わが國の大學圖書館組織の比較研究」，Library and Information Science, no.6 (1968)，頁182。

④ 北嶋武彥監修，安藤勝等撰，「參考業務」，（東京：東京書籍株式會社，(1983年)，頁66。

⑤ 同上，頁67。

⑥ 根據北京圖書館參考輔導部焦樹安先生1996年2月29日來函告知。

⑦ 參閱新加坡國家圖書館所印之兩份小冊子簡介："Guide to Reference Division 1996" 及 "the Asian Children's Collection, a Guide."

⑧ The National Central Library, Republic of Korea, "National Central Library, 1994/95", (Seoul: The National Central Library, 1994), p.30-35.

⑨ National Library of Canada, "Guide to Services for Researchs at the National Library of Canada", (Ottawa: National Library of Canada, 1995) p.4－11.

⑩ National Library of Australia, "A User's Guide", (Canberra: National Library of Australia, 1992), p.2－11.

⑪ 李叔玲，「美英兩國國家圖書館體制與功能之比較研究」（臺北市：漢美圖書公司，民國79年），頁142。

⑫ 參見摺頁小冊 "Services from the British Library" 及薛理桂著「

英國圖書館事業綜論」，（臺北市：文華圖書公司，民國82年），頁4－6。

⑬ 王錫璋，「日本國立國會圖書館簡介——其組織、功能及活動」，載於王著「圖書與圖書館論述集續集」，（臺北市，文史哲出版社，民國69年），頁65。

⑭ 同上，頁28－30。

⑮ 參見胡述兆、吳祖善合著「圖書館學導論」，（臺北市：漢美圖書公司，民國78年），頁52。及國立中央圖書館參考室摘譯，「美國國會圖書館讀者指引」，（臺北市：該館，民國79年），頁1－4。

⑯ 劉聖梅，沈固朝同撰，「參考服務概論」，（南京市，南京大學出版社，1993年），頁218－219。

⑰ 國立中央圖書館參考室內部資料，民國85年6月。

⑱ 沈寶環，「有關當前我國公共圖書館參考工作的幾點建議」，載於臺北市立圖書館編「參考問題選粹8」，（民國80年6月），頁14。

⑲ Diana M. Thomas etc. "The Effective Reference Librarian", (New York: Academic Press, 1981), p.148.

⑳ 同上，p.149C

㉑ 同註⑯，頁225－226。

㉒ 盧子博，倪波主編，「參考諮詢基礎知識答問」，（北京市：書目文獻社，1986年），頁19。

㉓ 邵獻圖等，「西文工具書概論」，（北京市：北京大學出版社，1990），頁4。

㉔ James I. Wyer, "Reference Work", (Chicago: A.L.A., 1930), p 233-9.

㉕ 薛文郎，「參考服務與參考資料——圖書館參考服務之理論與實務」，（臺北市：學生書局，民國70年），頁26－36。

㉖　Louis Shores, "Basic Reference Books", (Chicago: A.L.A.,1954), p.393.

㉗　同註⑲，p.162-163.

㉘　Louise S. Sherby, "Educating Reference Librarians : A Basic Course", Reference Librarian, 30, (1990), p.36-38.

㉙　高錦雪，「參考服務人才的培育」，臺北市立圖書館館訊 v.10. no. 3 (民國82年3月)，頁1。

㉚　日本圖書館協會公共圖書館分會參考事務分科，「參考事務規程」，載於木寺清一著「參考事務」，（東京：日本圖書館協會，1972年）頁 100-101。

㉛　日本圖書館協會，「圖書館關係法規集」，（東京：日本圖書館協會，1975年），頁60。

㉜　同上，頁69。

㉝　東京都立日比谷圖書館協議會，「東京都立中央圖書館の專門職員の養成に關する答中」，（東京都立日比谷圖書館，1971年)，　頁 6。

第四章　參考服務的政策或準則

　　圖書館組成了參考服務部門，配置了參考館員，在開展參考服務工作之前，必須如管理學所說的，要確立部門的「目標」（goals）和「目的」（objectives）。所謂「目標」與「目的」稍有區別：「目標」是指組織前進的長期任務或政策的說明，而「目的」則是達成目標所採取的可測量之具體步驟；換言之，「目標」是較基本的、終極的，而「目的」則是特別的，分階段計畫的。斯圖亞特（Stueart, Robert D.）和伊斯特立克（Eastlick，John Taylor）在其合著的「圖書館管理學」（Library Management）一書中，畫了一個部門任務、目標和目的等級圖，讀者可清楚地了解「目標」和「目的」之區別：

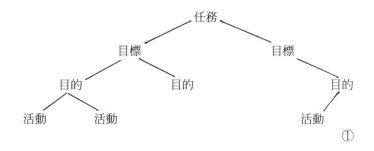

　　由此圖可知，圖書館為達成某些任務，必須確立幾個長遠的目標；而為了達成這些基本的目標，則必須訂立各種特別的「目的」及其實施計畫（活動）。因此，這些等級之間有相聯的關係，且任務高於目標，目標高於目的。

　　舉例而言，若一個公共圖書館的參考服務部門的任務之一是要在一年之內達到實施「資訊轉介服務」（Information and Referral，－ I & R）的「目標」，那麼或許第一個「目的」就是要先向上級機構（市政府或省政府等）擬訂計畫並確定能得到特別的經費，以便從事雇用社區專業人員及建立資源檔等「活動」。第二個「目的」則是要訓練館員或社區專業人員從事此項轉介服務，而訓練即需許多「活動」配合。第三個「目的」則是著手從事一個進展的計畫，如是否在電視、收音機、公車、報刊刊登吸引人的廣告，以使民眾知道圖書館有這項服務。②

　　為了呈現組織部門的目標和目的，參考部門通常要擬訂書面的政策與服務準則，以做為實施參考服務的方針。政策（Policy）兩字似乎較屬長遠的目標，而準則（Guideline）則似乎偏向目的、計畫活動。唯一般而言，此兩名詞已被相互摻雜使用，這可由各個圖書館所擬訂的服務政策或準則中即可看出；蓋政策中免不了宣示各種目的計畫，而準則中亦必先提到服務之目標及理念。故本章中所舉之例，常會因各圖書館所用名詞不同而導致政策、準則，甚至於手冊（Manual）等詞彙相互使用之情形

第一節　參考服務政策或準則的目的

　　參考服務部門擬訂書面的政策或準則，其目的在配合圖書館可利用的資源，提供參考館員整個參考服務之目標和過程概要，以確立一個最高品質的服務標準。此項政策或準則，亦可設計做為在職館員的工作依據及新進館員的訓練手冊，同時，也可提供給讀者參考，使他們對圖書館的服務有所了解。服務政策或準則的內容，則應每隔一段時間修訂，以求運行的正確。③

一、做為服務的「標準」

　　一般而言，參考部門的館員，通常不只一人，每個館員的思想、作風及服務方式等難免不同。此時若無訂立一個基本的服務標準，且以書面行之，則每個人做法相異，服務的層次和方式亦有別，讀者必定難以適應，整個圖書館服務的章法亦將混亂。服務政策或準則的第一個目的就是要確立一個館員彼此之間應共同遵守的基本標準，此標準是較具權威的；例如準則上如登載圖書館無法在電話服務上為讀者唸憲法的全文或為學生解答作業習題等，則館員應彼此遵守此項條文規定，否則讀者會以甲館員為何可做此項服務，而乙館員則否來相質詢，徒增圖書館之困擾。或許有人認為參考服務應以滿足讀者需要為最高目的，唯米勒（Miller, William）曾說：「好的服務像一個黑洞，圖書館提高較好的服務，人們則會要求更好的服務，更多的資源也必須要提供了。」（the more good service a library provides, the more good service people will want, and the more resources will need to be devoted to providing it ），④如此無止盡的需求，若圖書館在人力、經費、資料上無法負擔及提供，服務不能持久，則反會遭到讀者詬病。故不如依據圖書館目前能夠提供何種程度的服務，訂立一個明確的服務準則，不僅可讓組織有可行而齊一的做法，而館員亦可節省許多內部溝通的時間。

二、在職館員的工作依據

　　政策或準則臚列各項工作的內容、做法和程序，使參考館員能夠審視組織全盤的業務和工作過程，並依據此項準則釐清那些工作是重複或缺漏的，那些是無法實施的，並做為爾後改善業務、規程和服務方針的參考。

三、新進館員的訓練手冊

　　對新到參考部門服務的館員而言，除了向資深館員請益之外，對部門的業務要迅速進入了解的狀況，一本有良好組織且條文清楚的準則手冊，無疑地將是很重要的參考指南。

四、對讀者的宣示

　　讀者若對圖書館的服務政策有所疑問的話，則書面的服務準則亦可提供給讀者參考，使其了解圖書館的各種做法均是經過愼重考慮及研擬，方始形成政策的。

　　此外，經由參考服務政策的擬訂，參考館員可藉之溝通其他部門的業務，並對自己部門的工作，開啓了科學分析，有助於業務的深入了解。同時，在準則、手冊擬訂完工時，對自己努力的成果，亦有激勵自我士氣的效果，此亦爲研擬政策、準則之其他效用。⑤

第二節　爲何沒有參考服務政策或準則

　　參考服務政策或準則的重要性概如上節所述，但並不是所有的圖書館都會訂有書面的政策或準則，中小型圖書館甚至幾乎都沒有；即使大型圖書館也有許多付之厥如，更有反對書面政策的。凱茲（Bill Katz）和克莉福特（Anne Clifford）於1982年彙集他們所調查的各圖書館參考及線上服務政策而編成的專集——" Reference and Online Services Handbook " 一書中，便提到他們所發的問卷調查中，有58％的圖書館沒有回音，也就是說這些圖書館大概沒有書面的政策或準則。至於有回覆的42％的圖書館，在33個公共圖書館中有5個，52個學術圖書館中有8個，也表示他們圖書館沒有訂定參考服務政策或準則。⑥此項數據在1992年凱茲（William A. Katz）著名的" Introduction to Reference

Work" 第6版，第2冊中仍被引用，⑦可見圖書館缺乏政策或準則的情況大致不會改變太多。日本專門圖書館協會在1982年的一項調查也顯示在回覆的1,567個圖書館中，有參考服務準則或手冊的僅有9.6%，認為有必要卻還沒有的佔37.3%，而正計畫要研擬的也只有6.8%。⑧至於我們國內，除國立中央圖書館（現國家圖書館）曾於76年編有參考服務準則，並於81年修訂再版外，似尚未見到有公開的書面政策或準則。

圖書館沒有服務政策或準則，大致歸納有幾個理由：

一有的圖書館認為擬訂政策或準則是要花費相當時間和經費的；在人員和預算時感不足的圖書館，常無力去研究、訂定政策或準則。

二有些圖書館認為即使有詳細的條文，也沒辦法應付各式各樣的問題；讀者的問題常是條文所無法涵蓋的。

三政策或準則應該最要講求嚴密、周到的，但參考服務的情況處理，卻常須要講求彈性，兩者不免會有所衝突或矛盾。

四參考服務的項目、程序變動很快，成文的政策或準則常趕不上改變的速度。

五有些圖書館認為即使訂有政策與準則條文，也鮮少有館員會認真地去使用它，他們總只是根據經驗或同事的指導來解決問題。

舉例來說，休斯頓公共圖書館（Houston Public Library）回信給凱茲和克莉福特便說：「我們並沒有訂有書面的服務政策，因為我們並不希望讓我們的參考館員在對讀者服務時受到限制。我們的觀念是公共服務就是盡量滿足讀者資訊的需求。在某種情況下，我們認為書面的政策會讓我們的理念與實際不能調和。」哥倫比亞大學圖書館也表示：「我們沒有任何正式的書面政策條

文……；哥倫比亞有一悠久傳統及富有技巧和可親近的參考服務，我們總是鼓勵參考館員在行政支援下儘量促進參考服務的提升……」。加拿大西渥太華大學圖書館（University of Western Ontario Library）基本上也反對太長及詳細的條文，因爲那容易變成缺乏彈性。有條文也容易造成館員的怠惰，常會以「我只能照著政策或準則處理」來爲自己辯護。同時，政策或準則的擬訂，須要內部長期的協商，不僅花費時間，也免不了形成上下層次的官僚系統關係，對參考服務反造成麻煩。⑨

由此看來，沒有服務政策或準則，不是因爲圖書館規模小，沒有人力或經費去研訂，就是認爲小圖書館館員人數少，業務不多，僅須口頭彼此溝通一下即可。至於大型圖書館不訂立政策或準則，大多是認爲書面政策的條文，會帶來束手束腳的限制，反而會影響到圖書館員對參考服務的發揮。

此種理論固亦有其道理，我們試以棒球情況來分析。有服務政策或準則者，猶如一支棒球隊講求團隊合作，必須聽從教練的指示，該短打時短打，該高飛犧牲打時亦須高飛犧牲打，該四壞球保送也得故意投壞球……，球員打球時，眼光總得時時瞄向教練，尋求指示；跑壘時，亦有指導員在旁協助指揮。因此球賽呈現細膩而富團體戰術性之發揮，——這大約也是東方球隊打球的方式。至於反對訂有服務政策的大型圖書館，大抵猶如歐美球隊，多令球員自由發揮，球員經常揮大棒尋求自我表現機會的長打，少有什麼短打、犧牲觸擊之類的戰術，但一般而言，若球員打擊出色，則球賽亦屬精采。

唯畢竟強打可遇不可求，中大型圖書館若無絕對充裕之參考館員及經費、空間、資源等條件之下，還是以訂立參考服務政策或準則爲宜。

第三節　怎樣開展參考服務政策或準則的研擬工作

計畫要研擬服務政策或準則之前，先要決定要訂立什麼形式的。政策或準則之手冊通常有兩種基本形式，一是詳細全部過程的手冊（detail manual），通常超過12頁至40頁之間；另一種則是按參考服務項目分項編列的手冊或記事（distinguished, separate manual or statement）；例如有將一般參考政策和線上服務政策分別撰寫的；亦有分別以諮詢服務、館際合作、圖書館利用指導、參考館藏發展……等分別編寫的。但不管如何，研擬一個參考服務政策或準則，必須組織一個小型委員會，委員會的成員除參考館員外，並應包括館內其他部門中與參考部門較有關係之館員及館外之圖書館學者等，如有可能，應亦請讀者代表參與。

除了開會共同討論政策或準則的內容大綱外，每個委員最好均須負責某些章節的研究或執筆，於完工後，再於委員會中提出討論、修訂和正稿。

委員在研究和撰寫條文時，須要蒐集各種所需參考的文件，包括圖書館以前的各種規程、標準，各種研究報告，以及其他圖書館所編的相關政策或準則等；甚至於也可參觀或聯繫所在地附近各圖書館，以詢問各種意見和蒐集資料等。

所有條文都經委員會審查後，並須經全館之館務會議通過方得開始實施，委員會並有義務將此政策或服務準則對全體館員或讀者公告周知。如加拿大國家圖書館在1996年有新的參考服務政策，即刊登在1996年3╱4月的該館館訊上。⑩而國內國立中央

圖書館研訂的「參考服務準則」，除印行小冊子寄發各圖書館外，全文亦曾刊登在該館館刊上，以供讀者參閱。⑪

第四節　參考服務政策或準則之內容

　　因爲圖書館之間的個別差異很大，故國內外皆缺乏一致性的參考服務政策或準則的標準，也沒有嚴謹的評價方法。美國圖書館協會「參考與成人服務委員會」於1979年訂定的「資訊服務宣言：發展準則」（A Commitment to Information Services：Development Guidelines）在「緒論」（Introduction）一節中雖然說：「參考政策必須制定是不爭的事實」，而在「發展準則」（Developmental Guidelines）1.2條中也提到「公布載有明文目標的服務規則，以做爲實施資訊服務的依據並以之裨益於讀者。這些規則應詳述提供那些服務及資源，提供到何種程度，有那些限制，以及此種服務由誰提供，提供給那些人等細節。」⑫但其對詳細的內容亦僅能在「附錄A」（Appendix A）刊載一個簡要式的「資訊服務政策手冊草案大綱」（Draft Outline of Information Service Policy Manual）而已，詳細的綱目及內容必須由各圖書館依據自身的情況而撰擬。

　　不過政策或準則的研擬，大致要考慮到必須揭櫫整個服務的目標和目的，而非僅提示服務的過程而已。同時要有較長遠的策略，除了現時的服務項目，也要思慮到未來的活動，並且要定期評量，做爲修正的依據。

　　以下列舉參考服務政策或準則中大致應有的幾個項目：

　　一、提示編製本手冊的基本方針何在。如「國立中央圖書館參考服務準則」在第壹節「總論」項下的「參考服務準則之目的」

即言：「(1)本館為確認參考服務之工作職責及提供一致之服務方式，特訂定本準則；(2)本準則可作為新進館員了解本館參考業務之依據，並使之了解本館參考室及各分科閱覽室參考服務之運作與工作人員之職責……」⑬。加拿大國家圖書館參考服務政策所揭櫫的方針則在於「要反映加拿大全國的文化遺產之館藏，致力於使加拿大民眾能有效地接近和使用加拿大出版資料」。⑭

　　二、提示參考服務的目標：說明本館現行參考服務的目標為何？並敘述為達成此項目標，參考服務工作的範圍應包括那些。又本館參考服務的理念如何？是有求必應的資料型服務呢？或者是以指導讀者利用資料以查檢問題及從事研究為主，而非僅將資料提供給讀者為原則的指引型服務？但通常圖書館很難完全做到絕然的區分，故經常會有類似「館員得斟酌讀者之需求及本身時間之許可，而作適當地處理」等較有彈性的文字。

　　三、服務對象：對參考服務的對象範圍應予說明：除了到館的讀者外，是否包括透過書信、公文、電話、傳真等要求查檢資料的國內外機關、團體及一般民眾？有些大學圖書館是否開放給社區民眾使用資料及享有參考諮詢服務？

　　四、服務項目：在此條目中應臚列圖書館所提供的各種參考服務的項目及其處理原則，通常包括：

　㈠**參考諮詢檯服務**：此項工作為參考服務中最直接與讀者接
　　觸之服務，一般服務政策或準則皆應列為第一優先。在此
　　條款下，可再規定下列幾項細目——

　　1.館員須知，包括：

　　　(1)應製訂諮詢檯值勤簿，內容包括值班輪勤表、諮詢統
　　　　計、值勤守則、留言紀錄、館員家中電話等。館員家
　　　　中電話是為了在夜晚或假日值勤時，假如某項諮詢問

題，只有某位館員能做較完善的回答；或只有某位館員可能知道答案時，可以用來聯絡該館員之用的。

(2)值勤守則應規定館員應準時值勤，值勤時應閱讀值勤簿，看是否有留言紀錄。館員如在用餐時刻必須暫停服務，則應於櫃檯放置暫停服務的時限、何時會返回諮詢檯等之告示牌。若館員必須離開諮詢檯查檢資料，而櫃檯亦無其他館員時，亦應置牌告示。但諮詢檯宜盡量避免館員同時離開，以免影響讀者詢問。非值勤的館員，在尖峰時間讀者眾多時，或急需其專長為讀者解答問題時，亦應規定隨時接受徵召出來協助。

館員在值勤時，得利用讀者較少之離峰時間從事其他參考服務準備工作，唯不能影響正常諮詢檯之服務。有些圖書館會規定館員不能在諮詢檯閱讀自己的書籍，以免讀者怕會干擾到館員而不敢趨前提出詢問。但若某些時刻，讀者諮詢及電話諮詢確定十分清淡，館員在諮詢檯上，除從事其他參考服務工作外，實亦可利用機會研究一些新到參考書的內容或閱讀有關工作之專業書籍，唯最好另有「請不要擔心打擾我」或「歡迎隨時詢問」等類似的牌示，同時，館員不得顯示出忙碌而不願受干擾之態度，以消除讀者之憂慮。而館員確實不宜在諮詢檯上看小說、休閒性報刊等。

館員對讀者的態度，亦應在此說明，而圖書館是否需要館員巡迴參考室或其他閱覽室探視是否有讀者需要協助之處，（尤其是殘障及行動不便之老人，更須有人幫忙其查閱目錄或取書）亦可視館員之人力、館舍空間之大小而決定之；但巡迴參考館員宜注意不得干擾讀者之隱私權。

通常準則手冊亦會規定館員應注意服裝儀容之整潔，並須佩帶服務證等。

2.**服務方式**：在參考諮詢檯，服務方式大致有兩種：

(1)讀者親身的口頭諮詢：這是到館讀者親身實地向館員的詢問。但詳細的諮詢檯答覆讀者的過程，是一種技巧和藝術（本書第七章另有敘述），非能在準則或手冊中規定，不過準則或手冊可大致提到一些處理諮詢問題的重點，如回覆讀者答案時，應審慎使用資料，並告知讀者資料來源、出處，以免自身成爲權威的答案來源。服務層次的問題，亦可在此規定或說明，如是否應儘量教導或鼓勵讀者先利用各種書目、目錄、索引及電腦資料庫自行檢索看看；對需要耗時較久的協助，或初次到館，需要較長時間指導的讀者，是否請非值班館員出來協助；或可與讀者約定於非值勤時間前來，以便有充分時間指導其利用館藏資源等，均可在此訂立原則。

對讀者的服務順序亦應在此說明。原則上諮詢檯如來了超過兩位以上的讀者，自然以先到先服務爲準，唯若先到之讀者問題較爲繁雜，短時間內無法解決，則可請其暫候一下，先服務下一位可迅速處理之讀者。

(2)電話諮詢：參考服務設有電話諮詢，固然是積極服務的象徵，也方便了不能親自到館的讀者。但如果圖書館的參考部門不能單獨設立電話服務之單位、區域及館員，而由參考室諮詢檯館員兼任的話，通常也會造成一些困擾。其一是電話服務常會中斷、打斷對到館讀者的服務，對他們是不禮貌，也是不公平的。其二，電話鈴響，自然也會對參考室造成一定程度的噪音干擾。故有些圖書館拒絕接受任何電話諮詢，有些在諮

詢檯上不設有電話，有的則只有在固定時間（即離峰時間）接受電話諮詢。⑮

但如果因為人力條件及館藏空間不足而必須在參考室提供電話諮詢的話，則館員的回覆，必須簡扼、清楚且有效率地回答或快速查檢問題。因之，準則或手冊應規定電話服務通常要限於即時性或快速查檢（ready reference）且不需要做廣泛搜尋或闡釋的問題，同時也要能方便地透過電話傳遞此項答案。例如讀者想研究某項專題，須要蒐集各類型的資料，館員就必須委婉解釋這樣的問題應親自到館，由館員給予親身的協助比較好。又如讀者在電話中，請求館員將憲法或某篇文章的幾個段落逐字唸給他以便他記錄下來，此種問題，亦不宜以電話服務行之，否則極易妨礙到參考室之安寧。但如詢問憲法增修條文何時通過或「月上柳梢頭，人約黃昏後」出自何處及上下文句為何等，則可以答覆。

若問題不能很快獲得解答，則可請其留下電話號碼，待查到資料後再予回電。有些圖書館若經費有限，則可規定外縣市之電話諮詢，可由館員衡量查尋資料所需時間，請讀者於多少分鐘後再打來，以節省圖書館長途電話的費用。

諮詢檯服務原則上以到館讀者為優先，但如諮詢檯有讀者詢問，而同時有諮詢電話響起，館員應先立刻接電話，記錄下問題（未必立刻查尋），以免電話聲音干擾其他讀者。

其他還可規定電話接聽的禮貌事項及電話接聽時如何報稱自己的單位名稱等事項。電話諮詢的服務層次亦宜考慮規定，如國內有些圖書代理商或書商，代理顧客訂購國內外圖書，有些書目資料（特別是出版社資料）找不到，常會打電話詢問圖書館的參考部門，有時一問就好幾本待查書目資料的書名；圖書館對此類問題，是否應有所規範或限制，以免佔線太久，影響到其他讀者

的權利，在準則式手冊中亦宜有政策性之說明。

回電服務則是必須重視的規定。館員有責任完成電話諮詢，不管問題是否解決，館員均應回電給讀者，除非有特殊原因，應儘可能在當天即能回覆。

㈡**公文及書信服務**：為服務其他機關團體及未能親自到館的讀者，圖書館一般亦提供公文及書信回覆的參考服務。在服務準則裏，應規定是否指定專人從事此項工作；書信或公文發出去是否由主管簽名或蓋館印；至於回覆時間及是否收取費用等亦可在手冊中說明。

關於書信回覆時限，可與須查詢較久的電話諮詢一併考慮。如加拿大國家圖書館的參考服務政策就有針對問題及所需資料的簡繁程度，分為當天、次（工作）日、一週及兩週等幾種層次的回覆時限。⑯

㈢**館際合作服務**：準則中對館際合作的項目，如是否可借閱圖書或僅限於複印；是否開放對國外資料影印的申請等均應有所說明。讀者填寫館際合作申請單後，應儘快寄出，資料到館後，應速以電話通知申請者前來領取；以及收費辦法等亦均應列入準則，使館員得以了解。

外館向本館申請複印，本館有何限制？如影印整本書、影印整本期刊，依據著作權法都是不可以的，本館如何因應、規定？如何決定最多可印多少頁？對外館純以因為原書遺失而要求影印全書的申請在什麼條件下可以應允，以及對複印的處理應在什麼時限下完成，均可依各館情況有所規定。

㈣**轉介服務**：當館員已盡全力協助讀者查尋資料，但因館藏不足或因讀者所需之資料太過專門而非本館館藏重點時，則應考慮以轉介方式服務讀者。

轉介方式在服務準則或手冊可規定：

1. 優先考慮本館學有專長之館員，看其是否能提供讀者更適當的資料或檢索途徑。

2. 圖書館如聘有某些學科專家做為諮詢顧問，則可轉介讀者詢問這些專家學者。

3. 可轉介讀者到其他圖書館或資料中心，唯須確認他館有相關之資料。故館員應熟悉各館之館藏資料及蒐藏重點。如國立中央圖書館臺灣分館為日據時期臺灣總督府圖書館，所蒐藏之日據時期及光復初期之臺灣研究資料甚豐，若讀者欲查詢有關之資料，即可轉介讀者向該館詢問。

有關國內各圖書館蒐藏重點，可參考國立中央圖書館八十三年一月所編印之「圖書館選介」之摺頁小冊。

(五)**資訊檢索**：資訊檢索為現代圖書館參考服務中極為重要的一項服務。參考服務準則或手冊對此項服務可規定下列幾項：

1. 本館提供此項服務的目的為何？

2. 服務的對象為何？有些中學圖書館僅限於對教師提供此項服務，而大學圖書館是否開放給校外人士使用，亦需有所說明。

3. 本館開放的資訊檢索項目包括那些？如國際百科資料庫、光碟檢索、其他線上資料庫或國際網際網路（Internet）查檢等。

4. 開放的時間如何？

5. 是否收費？

6. 服務的方式如何？如國際百科檢索是否須要安排館員與使用者晤談並代為查檢？檢索人員的責任有那些？光碟

及網路查詢是否開放讀者自由查檢？是否需要編印介紹
光碟資料庫及網路之使用手冊……等。

五、特殊需求的服務：參考服務的政策或準則，亦應列出
各種特殊需求的服務，使館員有共同遵守的重點，包括：

㈠讀者若要求使用本館之電話、傳真機、打字機、個人電腦、
翻拍架……等種種館內之設備，是否應允或有所限制？其
原則如何？

㈡參考室內之參考工具書及各種剪輯資料、小冊子等，依規
定不得外借，唯館內同仁若因公務及個人研究所需必須借
閱時，是否可借出？其借閱期限為何？

㈢若讀者以法院需求為理由，要求本館蓋章、證明其所複印
之資料，確為自本館所影印者，則本館之處理原則如何？

㈣讀者如要求館員推荐何種百科全書或字典值得購買，則館
員之處理方式如何？一般而言，館員宜避免主觀之判斷，
而應儘量請其參閱專家所發表之書評，或推荐各種參考書
指南之類的圖書，請其參閱。

㈤限制回答的問題：一般圖書館對某些較會涉及生命或權益
的問題，以及純係個人應自行努力解決的作業、考試題目
和純粹為個人感情的問題，原則上均不予回答；如國立中
央圖書館八十一年第二版之參考服務準則就規定下列六種
問題，應限制回答：

　1.法律與醫藥問題：館員得協助讀者查詢法律與醫藥資料，
　　但不得做詮釋之工作，亦不得透過電話回答法律與醫藥
　　問題。

　2.古書或美術品：館員不代為查詢或鑑定古書、古董及美
　　術品等之市場價格和是否真偽之問題。

3.翻譯：館員不代爲翻譯書信或文件。

4.數學、統計、技術問題：館員不代爲計算或解說有關數學、統計、技術工程之微積分、圖表、表格、方程式、轉換程式等資料。

5.考試、有獎徵答、猜謎：館員不解答讀者考試或作業及有獎徵答、猜謎等問題。

6.人生及個人問題：館員不解答有關人生指南及個人自身感情問題。⑰

除了上述事項外，如日本國立國會圖書館、大阪府立圖書館等限制回答的問題還包括好書的推荐、文獻的解讀注解、有關專利之調查、懸賞的問題、未來假定的問題……等等。⑱

六、値勤時間及其他工作：在正常上班時間、晚上或假日及尖峰時間、離峰時間等，參考諮詢檯各應有幾位館員値勤，服務準則應考慮到本館開放時間、人力、館舍大小等條件予以規定。每一館員每週値勤時間爲多少小時？不値勤時應從事其他何種工作？均可在準則、手冊上予以說明。

其次，館員於値勤時，除答覆諮詢外，尚須從事或注意什麼事？如國立中央圖書館參考服務準則規定館員於値勤時，除服務讀者外，尚須做下列各種工作：

㈠**諮詢紀錄與統計**：便於工作統計及分析參考問題之類型。

㈡**陳報各種問題，包括**：

1.緊急事件──有關安全、停電、火警、停水及其他意外事件，應立刻報請有關單位處理。

2.書籍遺失──報請採訪部門補訂。

3.缺頁──如遇書籍缺頁、裝訂錯誤等，除要求採訪部門向出版社更換外，亦可透過各種管道設法取得或複印。

4.目錄更正──發現電腦及卡片目錄有錯誤之資料，或參考書有分類編目之錯誤與不一致時，應通知編目單位更正。

5.對讀者之意見或批評，除委婉答覆外，亦應陳報主管及有關單位。

㈢讀架：值勤館員應於讀者尚未入館或讀者較少之時間讀架，以檢視書籍是否排列錯誤，並熟悉館藏位置。

㈣巡視：值勤時間，館員應每隔半小時或一小時巡視服務空間，以防讀者有割書或撕毀資料等違規行為，亦可順便探視是否有需要服務之讀者。⑲

此外，參考館員亦常處理贈書問題；此因讀者通常不了解本館採訪政策之贈書處理原則，而將書籍送到參考服務檯，館員此時亦應與採訪部門聯繫，如遇假日或下班，則館員可先代行收書，再於上班時間交採訪部門。

七、其他參考服務準備工作：參考服務準則上對其他的參考服務準備工作，未必能詳細逐項說明，但亦應臚列各大項要目，做為工作開展之依據。

八、其他各專科閱覽室之服務原則：若圖書館除一般參考室外，尚有其他各專科或不同資料型態之閱覽室，且設有館員從事參考諮詢服務，則準則或手冊亦應載明其特殊之服務項目和範圍等。如加拿大國家圖書館的參考服務政策，甚至於列出各專科閱覽室之電話、傳真、網路之位址等，以方便讀者利用。⑳

參考服務政策或準則，完全根據各館不同任務、目標及人力、資源、服務對象等條件而擬訂的，因此難有一致的標準。前面所述凱茲和克莉福特所合編之（Reference and Online Services Handbook）一書，先分學術和公共圖書館兩大類，每類再依據

「導論」、「服務項目」、「諮詢檯服務」、「館際合作」、「書目服務」、「轉介服務」、「線上服務」……等項目，搜集了數十個圖書館所訂的有關此項目之準則、手冊條文；非常方便逐項比較、參考，同時該書亦收錄了萊斯大學圖書館、洛杉磯公共圖書館、休斯頓大學圖書館等三所圖書館參考服務或線上檢索政策之全文，亦可供大家以窺全貌，是值得欲研擬參考服務或線上服務政策或準則之圖書館參閱的專書。

【附註】

① 劉碧如譯「圖書館管理學」（Robert D. Stueart & John Taylor Eastlick, "Library Management"），（臺北市：五洲出版社，民國75年），頁27。

② Diana M. Thomas etc, " The Effective Reference Librarian", （N.Y. : Academic Press, 1981），p.151-152.

③ Bill Katz & Anne Clifford , " Reference and Online Services Handbook", （N.Y. : Neal-Schuman Publishers, Inc., 1982），p.3-4.

④ William Miller , " Cause and Cures for Inaccurate Reference Work", Journal of Academic Librarianship（May 1987），p.72.

⑤ 北嶋武彥監修，安藤勝等著，「參考業務」，（東京：東京書籍，昭和58年），頁97。

⑥ 同註③, p.xxx.

⑦ William A. Katz, " Introduction to Reference Work, Vol. Ⅱ ", 6th ed. , （N.Y. : McGraw-Hill, 1992），p.194.

⑧ （日本）專門圖書館協議會，「專門圖書館にぉけるスタッフ・マニュアルの現狀の問題點」，專門圖書館 no.88（1982年），頁33。

⑨ 同註③, p.xxxi.

⑩ Susan, Haigh, "New Reference Policy" , National Library（of Canada) News, vol.28, no.3-4 (March-April 1996），p.7.

⑪ 國立中央圖書館參考室編訂，「國立中央圖書館參考服務準則」，民國76年初版，17頁；民國81年第2版，16頁。又初版曾刊於國立中央圖書館館刊21卷1期（民國77年6月），頁217—225。

⑫ American Library Association, Reference and Adult Services Division, "A Commitment to Information Services : Develop-

ment Guidelines. in "Reference and Online Services Handbook
" p.8-16.

⑬　國立中央圖書館參考服務準則，（民國81年第2版），頁1。

⑭　同註⑩。

⑮　同註②，p.127.

⑯　同註⑩，p.8.

⑰　同註⑬，頁12。

⑱　同註⑤，頁139-140。

⑲　同註⑬，頁14-15。

⑳　同註⑩，p.8.

第五章　參考服務空間的規劃和設施

第一節　參考服務空間及參考諮詢檯的需要性

　　成立參考服務專區或專室是現代圖書館參考服務的特質之一，而參考館員在參考服務區域──參考室或專科閱覽室等之主要服務據點通常是參考諮詢檯（Reference Desk）。館員在此櫃檯、桌面或附近開展對讀者諮詢解答、書目指導、資訊檢索及其他參考服務工作。

　　然而亦有人認爲參考服務工作的開展，並不需要有參考室、參考諮詢檯。最著名的例子是韓德瑞克森（Hendrickson, Linnea）在1983年即以「無桌的參考服務」（Deskless Reference Services）一文提倡參考館員應廢棄參考諮詢檯，開拓另一境界的參考服務。①

　　他的觀念是由於參考資料及電腦的使用日益多樣化，使得資訊愈精深、密集、專業化；尤其各種類型的電腦資料庫不斷推陳出新，也有更多專門主題的索引、摘要等湧進圖書館，使得現代的參考館員不能只是熟悉參考書的通儒，也要了解各種資訊檢索的技巧，甚至於要會操作、修理各種電腦、儀器、印表機……等等新式的設備，這造成參考服務工作更爲忙碌和繁雜，增加了圖

書館員許多負擔。

　　參考館員自然以服務讀者為主要職責，但只要讀者得到滿意的指導或服務，他們下次將帶來更多、更困難的資源要求。圖書館不斷實施圖書館利用指導及教育計畫，使許多以前不敢請求館員協助的讀者，也開始湧向諮詢檯，圖書館參考服務的份量也就如滾雪球般地愈來愈多。（由本書第二章提過 "American Libraries" 雜誌刊登徵求圖書館參考人員的廣告所列出要求的工作項目來看，證之韓德瑞克森所言亦為確實）。

　　傳統的參考館員通常坐在參考諮詢檯等著讀者上門求助。但有時一下子湧來太多讀者和問題，有時卻門可羅雀，冷冷清清的。參考服務的品質因之常被館員的忙或不忙所影響著。不同層次和廣泛的各種問題，也常造成圖書館員心智的運作經常起伏多變，——有時候館員帶著成就感向讀者指導Social Science Citation Index 的用法，有時候卻老是在回答著那裏有複印機、削鉛筆機的；但下一刻，也許他又要忙著協助讀者蒐集蘇聯解體、獨立國家國協等的資料了。因此，忙碌、壓力及工作常顯示的混亂不清，都使得參考館員無法有組織性地安排各種有效率的方法，來協助讀者使用資料。

　　因此，韓德瑞克森呼籲大學的參考館員應從諮詢檯後面走出來，去與教授和班級的學生共同規劃參考服務的新方式，以館員和使用者多重的互動取代以「諮詢檯」為核心的服務。例如，館員應多與教授聯繫，了解教學進度，適度地為班級提供必須的資料；甚至於能對整個班級發展先導計畫，事先即為教授及班級準備有關的資料等。

　　韓德瑞克森此篇文章引發了十個館員的意見和評論。②贊成其理念者不少，但在實務上卻多持保留態度。其一，他的論點只

是以大學圖書館為模式，公共圖書館可無法像大學一樣另有教室或空間及固定的課程和班級，可供館員有發揮的餘地。其二，他的理念要實施也須要有充裕的館員去參與和投入，而一般圖書館總是人力不足的。

固然，在專門圖書館也可以透過較積極的「資訊選粹服務」（Selective Dissemination of Information）來減少讀者上門，進而發展不需參考室的參考服務。在現今電腦網際網路發達的時代，遠距圖書服務等方式亦有可能使讀者在家即可坐享資料入門。而許多參考問題的解答，也並非一定是從參考室的參考書中查得，一般圖書、報紙、期刊也常都是資料的來源，因此公共圖書館也並非一定得集中所有參考書組成參考室，或許可打破參考書和一般圖書的區分，而參考館員可像博物館設置的解說人員一樣，在一些定點上，甚至於隨時巡迴各地，主動尋求需要協助的讀者；這也是圖書館不需有參考室的假設理論之一。

但是韓德瑞克森的提倡和構想畢竟不容易實現。圖書館無法擁有那麼多人力和學科專家是一回事，我們也無法期待讀者，一一特別是公共圖書館的讀者能依照館員的計畫或預約來使用資料，他們總是隨時來到圖書館，也隨時會尋求協助；圖書館不得不設置參考服務區域和參考館員來服務他們；較為集中的區域空間和人力配置，也是節省圖書館經費的一個辦法；因此，大部分的館員認為參考室或參考諮詢檯的確可以賦予新意，但卻還不能取消。而對參考服務空間若給予妥善的規劃和適當的設施配置，將可讓參考服務開創新的意義並提升其服務水準。

第二節　參考服務空間的規劃

　　圖書館的工作以讀者服務為主，技術服務為輔，故建築規劃
首先要考慮的是讀者的方便性及對資料的親近性，然後再考慮到
館藏空間的擴充性、安全性和經濟性等。讀者服務空間——包括
書目索引區、資訊檢索區、參考服務部門、期刊室、流通部門等，
可說是「圖書館之鑰」（Keys to the Library），③其中又以參
考服務之區域所佔最多、最廣，且又最能親身與讀者接觸，可說
是圖書館中最富人文氣息之所在。

　　對參考服務區域的規劃和設計，皮爾遜（Pierson, Robert
M.）曾提出兩大原則，第一是要利於讀者的發現和使用（ease
in finding and access）；第二是利於館員之管理和監督（ease
of supervision），這又包括四項要素：(1)視覺性（visibility）
良好，館員能看到公共區域的每個角落；(2)親近便利性（acces-
sibility），重要的入口、工作桌、目錄索引區、案夾、檔案櫃、
閱覽桌、書架都儘可能讓館員方便接近；(3)安靜性（mainte-
nance of silence），透過設計良好的地板、天花板、隔牆等維護
參考服務區域的安靜；(4)人員經濟性（economy of personnel），
透過各種服務點和設施的整合，使得人員得以相互支援而節省人
力。④

　　其後，他又在1985年提出對參考服務空間約十三項規劃原
則（13 characteristics every reference service area should
have），厥為相當周延之參考服務空間設計之依據。⑤國內謝寶
煐女士曾以「參考服務空間的規劃與配置」一文闡釋並延伸此十
三項原則之意義及適用性。⑥茲檢具其中重要項目及說明如下：

　　**一、參考服務區應位於圖書館最明顯，且讀者最容易接近的
地方**。這猶如大學圖書館應位於校園的中心點或公共圖書館應位
於市區之通衢要道的道理一樣。故一般圖書館參考服務區最主要

的參考室或資訊檢索、公共目錄等區域均位於主樓層，即讀者一入門，伸眼即可看到之區域。例如澳洲國立圖書館（National Library of Australia）的參考書和參考服務均在主閱覽室（main reading），讀者進入主樓層（Ground Floor）後，在訪客中心即可看到主閱覽室，如圖一所示：

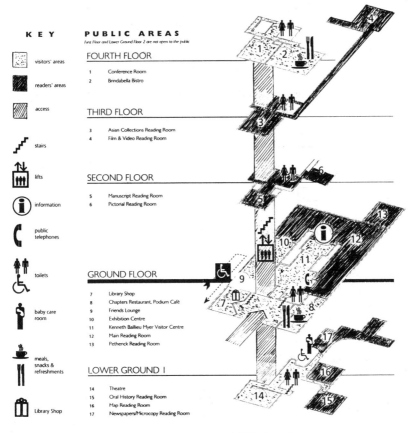

KEY

PUBLIC AREAS
First Floor and Lower Ground Floor 2 are not open to the public

visitors' areas

readers' areas

access

stairs

lifts

information

public telephones

toilets

baby care room

meals, snacks & refreshments

Library Shop

FOURTH FLOOR

1　Conference Room
2　Brindabella Bistro

THIRD FLOOR

3　Asian Collections Reading Room
4　Film & Video Reading Room

SECOND FLOOR

5　Manuscript Reading Room
6　Pictorial Reading Room

GROUND FLOOR

7　Library Shop
8　Chapters Restaurant, Podium Café
9　Friends Lounge
10　Exhibition Centre
11　Kenneth Bailleu Myer Visitor Centre
12　Main Reading Room
13　Petherick Reading Room

LOWER GROUND 1

14　Theatre
15　Oral History Reading Room
16　Map Reading Room
17　Newspapers/Microcopy Reading Room

圖一　澳洲國立圖書館主樓層與主閱覽室

資料來源：National Library of Australia, Vistor Guide.

　　讀者從門口進入，即爲廣闊之大廳，其中8號空間爲餐廳，7號空間爲禮品店，若讀者僅爲進來飲食或購物，即可在此門口附近解決，而不須穿過圖書館其他部門，以免妨礙安寧。在進入11號空間，即訪客中心之前的右側有寄物室可供儲寄東西之用。而11號訪客中心事實上也是參考服務區域之一，因爲它設有詢問檯（Information Desk），這是讀者進入圖書館之後，首先可供他利用的服務檯。詢問檯通常提供三項基本的服務：(1)是指示圖書館資料或各項設施；(2)提供簡易的目錄查詢指導；(3)提供簡易的參考回答。唯此處的詢問檯，恐怕係以第一項任務爲主。而主要的參考服務區域──主閱覽室即位在訪客中心之旁，可說是讀者第一個就接近到的閱覽服務區域。若以平面圖顯示，則如圖二：

GROUND FLOOR

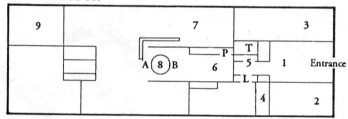

1　Foyer
2　Library Shop
3　*Chapters Cafe* and *Podium Cafe*　(06) 273 2010
4　Friends' Lounge
5　Cloakroom
6　*Visitor Centre*
　　Displays, general information, telephones.
7　*Main Reading Room*　　(06) 262 1450
　　Information Officers, catalogues, reference

collections, current issues of selected periodicals, photocopying, material brought from stacks (takes about 40 minutes).

8A　Information Desk　　(06) 262 1266
　　　　　　　　　　　　　(06) 262 1434
8B　Visitor Centre Desk　(06) 262 1156
9　*Petherick Reading Room*　(06) 262 1354
　　Australian collections, music and rare books.
　　Reader's ticket or day pass required.

圖二　澳洲國立圖書館主樓層與主閱覽室平面圖

　　資料來源：National Library of Australia; A User's Guide.

　　國內的國家圖書館（即前國立中央圖書館）亦有此種規劃原則之呈現。讀者在進入管制口之後，即可看到兼具詢問檯和出納

檯功能的總服務台，其旁即是資訊檢索區和總目錄區，而參考室亦位於總服務台之斜對面，讀者很容易找到。

二、**參考服務區內的讀者服務點應明顯易辨**。讀者如找到了參考服務區，但如果服務點（通常即為參考諮詢檯）及服務人員（參考館員）卻位於隱匿之處，讓讀者不知何處尋求協助，或必須花費口舌詢問再三，則這將不是好的規劃設計。故皮爾遜認為在一廣大的參考服務區內，最好讓一進來的讀者就能看到「一位館員正等著幫忙他」（a person, obviously a staff member, who is ready to help him）⑦；謝寶煖也認為「如果無法從入口一眼看到參考諮詢檯，至少也要見到標示牌，不要被目錄櫃或其他服務設施遮掩了。」⑧

像韓國國立中央圖書館，雖然各專科參考室皆位於各樓層，但Information & Reference Service 卻置於一樓顯眼處。⑨

而（圖三）是加拿大國家圖書館二樓讀者服務區之平面圖，顯示參考室在主樓層右方，讀者一進門口，即可看到參考諮詢檯（Reference Desk）在迎接著他們，左邊並有公用目錄檢索（Public Access Catalogue），諮詢檯斜後方並有光碟檢索工作站，讀者無論要問問題或要資訊檢索，都已一目了然該往何處走了。

三、**參考服務空間與其他讀者服務空間或設施之動線應流暢**。有些讀者或許已是圖書館的常客，他們對圖書館可能只是單純的借書、還書，活動範圍只限於圖書出納檯或普通閱覽室等，並不須詢問館員或尋求協助、指引等；這類讀者也佔了不少比率，因此他們活動路線應儘量與參考服務空間有所區隔，以使整個讀者服務的動線簡捷流暢。如（圖三）加拿大國家圖書館的閱覽室和借還書櫃檯（Circulation Services）在主樓層便和參考室有所區分。讀者一進門口，右轉入參考室，左轉則進入閱覽室（Reading room）；進入閱覽室，如單純只是還書而已，亦不必再往前走，只需在左方還書區（Book Return）辦理即可。這樣的設計，可讓許多人潮不必經過需要寧靜的參考室、閱覽室等。

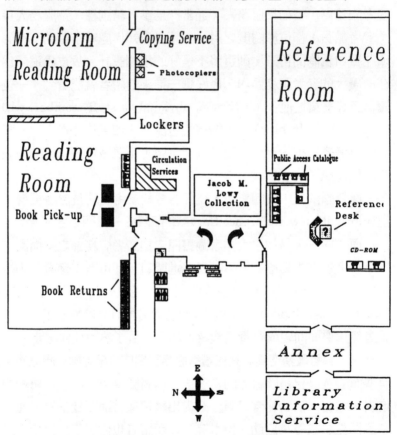

資料來源：Guide to Services for Researchersat the National Library of Canada.

　　四、參考服務空間應便於館員之管理和監督。參考館員須用到各種檢索工具及輔助資料，——如公用卡片目錄、電腦檢索工

作站、剪輯資料檔、目錄索引區……等；故在規劃參考服務空間時，宜使館員很容易使用到或管理這些工具和設施。

　　在空間足夠的圖書館，為了避免國際百科或資訊檢索的晤談及印表機聲音影響到參考室其他讀者，可另設立資訊檢索室，或在參考室內另加隔間，成立資訊檢索區。若無法另外成立資訊檢索區或資訊檢索室，則電腦檢索工作站宜靠近參考諮詢檯，使館員得以就近輔導讀者使用。

　　至於在人力更加缺乏、館舍更加狹小的小型圖書館，如我國的鄉鎮圖書館等，連參考室也無法單獨設立，則可規劃參考書區，而參考諮詢檯則與流通檯或服務檯共用。下圖（圖四）是筆者所編「鄉鎮圖書館參考服務學習手冊」⑩一書中為鄉鎮圖書館規劃的參考書區之圖示：

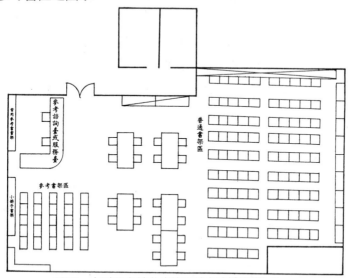

圖四　小型圖書館參考書區之規劃舉例樣式

資料來源：王錫璋著「鄉鎮圖書館參考服務學習手冊」

　　此圖顯示只有兩、三萬藏書，兩三位工作人員的小型圖書館亦可成立參考書區。整個樓層有一半區域設置普通書架區，中間區域爲閱覽桌，入口右邊即爲參考諮詢檯和流通檯兼用的櫃檯，此櫃檯右方即爲幾排專置參考書的書架，靠牆另有小冊子書架。我們可注意到普通書架區的書架和諮詢檯館員坐向皆垂直，而參考書區的書架則和諮詢檯正面平行，這樣可使所有書架都儘可能在館員視線內，減少被書架阻隔，方便館員留意讀者在書架區內的活動。

　　五、資料的互通性。參考服務區內各部門或各閱覽室應考慮到各類型資料的互通性，以方便讀者利用。例如在參考室內查檢期刊論文索引、專科文獻索引或光碟檢索等，其結果常必須到期刊室調借期刊原文閱讀或影印；故參考室和期刊室就宜相鄰近。我國國家圖書館（原國立中央圖書館）參考室位於二樓，期刊室位於三樓，但設計上兩室之間有迴旋梯相通，方便在參考室查得期刊論文索引資料者就近上三樓期刊室調閱期刊。另外，五樓政府出版品閱覽室和法律室亦是資料性質接近的專科參考閱覽室，兩室相鄰接且互通，可方便讀者相互參考使用，理論上亦可節省館員的人力。

　　六、參考服務區也應考慮到相關部門館員的利用。有些參考館藏，如Books in Print（書本式或光碟版）對採訪部門而言也很重要；而「美國國會圖書館主題表」（Library of Congress Subject Headings）編目人員也經常在使用，如果圖書館經費有限，無法購置複本，則應儘量縮短採編部門到參考室的距離和動線，以方便採編館員到參考室查用這些參考工具書。

　　在尚未完成目錄電腦化的圖書館，公用卡片目錄一般是由編目部門維護，但放置地點卻在參考服務區，故卡片目錄櫃亦應適

度考量與編目部門之距離。

　　總之，參考服務空間的規劃，必須考慮到讀者、館員和圖書資料三者的互動關係。基本原則是儘量不交叉、不迂迴、不重疊。對讀者而言，移動的路徑愈短愈好，服務點要明顯易找；對館員而言，要利於管理和工作效率的發揮，對圖書資料而言，要能便於整合和有擴展的空間。福克納—布朗在1986年IFLA大會提出的論文──「圖書館建築的改變」曾提出所謂的「佛克納—布朗十誡」（Faulkner-Brown's Ten Commandments）──包括「融通性」（Flexible）、簡捷性（compact）、親近性（accessible）、擴充性（extensible）、多樣性（varied）、組織性（organised）、舒適性（comfortable）、恆常環境（constant in environment）、安全性（secure）、經濟性（economic）等，⑪作為圖書館建築規劃的基本原則，這些原則事實上也適用於參考服務區之規劃的。

第三節　參考室或專科閱覽室內之設施

　　參考室或專科閱覽室因為是圖書館對讀者進行直接服務的主要區域，因此，其內部之家具或設施，亦會稍異於普通閱覽室。一般而言，參考室或配置有學科專家從事參考資訊服務的專科閱覽室，在設備方面，大致有：

　　一、參考諮詢檯（Reference Desk）：這是參考室內的中樞所在，館員對讀者的親身協助，甚至於電話服務，皆以此為根據地。

　　參考諮詢檯一般皆採用矮櫃（70公分左右），以方便和讀者

晤談。較小的圖書館,諮詢檯可能只是一張方桌而已,但理想的諮詢檯應是馬蹄形或半圓形,以便有較大方向的服務空間。皮爾遜建議的諮詢檯,甚至於要考慮到一位館員要向多位讀者展示或介紹資料,如(圖五);或尖峰時間時可安排多位館員服務的需要,如(圖六);而離峰時間由一位館員服務讀者也同樣親切便利,如(圖七)⑫;可見參考諮詢檯採用半圓形或馬蹄形是考慮到有較多讀者時,讀者可以沿著桌面分散,而不致列隊或相疊於館員之正前方。圖書館讀者若不是很多時,則無論馬蹄形或半圓形之兩翼,即可擺置電腦工作站,供參考館員查詢之用。

諮詢檯桌面應寬大,可以讓館員擺置較多的參考書,以方便館員翻檢或指導讀者使用。小型圖書館如我國之鄉鎮圖書館,尚未發展圖書館自動化系統,唯為因應未來之發展,諮詢檯亦應預留裝置電腦網路之空間及線路。

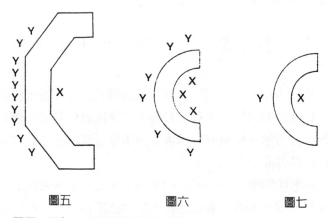

圖五　　　　　　圖六　　　　　　圖七

圖五～圖七　皮爾遜建議的參考諮詢檯,X為參考館員,Y為讀者

資料來源:Pierson, Robert, "Appropriate Settings for Reference Service"

　　參考諮詢檯下，應設置抽屜或檔案櫃，以方便存放參考服務所需各項表格、公文或資料及參考值勤簿等。而參考諮詢檯後面，最好佈置一座書架，一方面做爲區隔作用，一方面可放置比較常用的一些工具書，以應付一些比較被常問到的簡易或快速查檢性參考問題。一般而言，一兩部百科全書（如「簡明大英百科全書」、「大美百科全書」中文版等）、兩、三部字辭典（如「康熙字典」、「遠東英漢大辭典」等）、幾部年鑑（如中央社「世界年鑑」、「中華民國年鑑」、「中華民國英文年鑑」（The Republic of China Yearbook）、兩三部指南、手冊，如英文中國日報社編印的「臺灣指南」（Directory of Taiwan）、外交部編的「世界各國簡介暨政府首長名冊」、研考會編的「中華民國政府組織及工作簡介」等，皆是可以放置的；其他的如「萬年曆」、「中國紀念節日手冊」……等，皆可依圖書館在參考服務中是否使用頻率較高，或書架的大小以及圖書館是否有複本來決定是否擺放。這個諮詢檯後面的常用工具書書架，是爲了方便館員在回覆讀者或電話諮詢時，轉身即可取用查檢，而不必離開座位，走向較遙遠的書架區。昆因（Quinn, Brian）在「增進電話參考服務」（Improving the Quality of Telephone Reference Service）⑬一文中，也提到在諮詢檯內設計一種類似「旋轉木馬」（" Carousel"──在巴爾的摩的伊諾奇‧柏拉特‧費爾圖書館─Enoch Pratt Free Library 使用過）的輪狀器具，這種器具可以容書400～500冊，擺置常用核心參考書，書脊按主題，以有顏色之標誌區分，館員若須取用某書，則旋轉此器具就可方便取得，這樣可增加電話服務的效率。

二、電腦工作站：

　　無論是利用光碟或各種線上資料庫，電腦查詢是現代化參考

服務不可缺少的。但除了較大的圖書館能設有專門的資訊檢索區或資訊檢索室外，一般圖書館大都只能在參考室內擺置電腦工作站供讀者查詢，如（圖八）。電腦工作站最好離諮詢檯不遠，且位於諮詢檯前方，以使人力不多的館員能就近指導讀者使用。工作站上應擺置「資料庫使用手冊」，登載電腦可提供查檢的資料庫名稱、內容及查檢方法、印表機操作方法、使用時間、收費辦法等。使用時間甚至於可以牌示方式置於電腦工作站桌面上，以更明顯。印表機宜採用聲音較小之雷射印表機，以免影響到參考室的安寧。

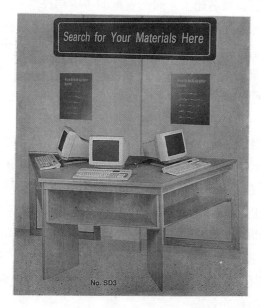

圖八　電腦工作站樣例。

資料來源：Gaylord General Reference Catalog 1994/95。

三、書架

　　參考室因爲大部頭工具書頗多，故購置或訂製之書架，宜能彈性調整各層高度，以便放置大開本圖書。工具書通常也較重，最上層和最下層之書取用不便，宜減少書架層次，並加高書架基座。參考工具書有時也較一般書爲寬，故亦宜增加書架之深度，以免參考書凸出走道或佔用對面書架空間。參考室因係開放空間，讀者可以自由取書，也常停駐書架區翻書，故書架和書架之間的走道宜放寬，才能方便兩人同時容身。

　　參考室的書架，大多在五層以下，而以五層和三層爲最普遍。五層書架約高169公分，對普通人取書，恰是相當的高度；而三層書架約高110公分，兩座背對相連，上層頂蓋爲木質板面，可供讀者站立置書短暫翻閱或寫字。⑭許多參考書都是不須長時間閱讀，僅供查檢或抄錄某部分資料而已，因此這種三層高的矮書架，特別適合參考室需要。

　　至於書架上之側飾板、前緣名牌飾條等，均需貼置圖書分類號或類名標記之名稱（Label Holder），如（圖九、圖十），以方便讀者找書。書架上之書檔（Book Supports），宜採用拔取或移動時，聲音較小之材質及方式，以免影響到參考室內之安靜。

圖九　書架側飾板標示（Section Label Holder）樣式

圖十　書架前緣名牌標示
　　　（Shelf Label Hol-
　　　der）樣式

資料來源：Gaylord General
　　　　Reference Catalog,
　　　　1994/95。

四、其他家具或用品：

參考室一般的閱覽桌椅或家具、用品等與其他閱覽室大致並無不同。唯因部分資料特別，而有下列其他閱覽室較少有的設備：

㈠索引桌：為方便讀者查尋成套或各個年度的期刊論文索引（如中華民國期刊論文索引，Book Review Digest及H. W. Wilson Company發行之各科索引等），參考室總會設置一種有書架的閱覽大桌，書桌上集中置放各種年度索引，此即稱為索引桌（Index Table），如（圖十一），為雙面的索引桌（Double-Faced Index Table）。有些圖書館，亦常將 Books in Print、American Book Publishing Record、Ulrich's International Periodicals Directory 等圖書館學系學生實習、做作業時經常會用到的參考圖書，置於索引桌上，以方便學生集中使用，而不必影響到其他座位的讀者。

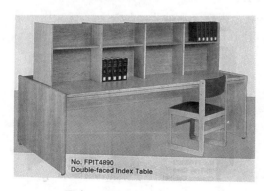

圖十一　雙面索引桌樣式

資料來源：Gaylord General Reference Catalog, 1994/95。

(二)**地圖桌或地圖櫃**：爲擺置地圖集用的。如（圖十二）、（圖十三）。若參考室亦藏有掛圖，則應亦另置掛圖架或地圖筒等設備。

圖十二　地圖櫃樣式

資料來源：慶和圖書館公司綜合目錄 1993年版

圖十三　地圖櫃（Atlas Stand）樣式

資料來源：Gaylord General Reference Catalog, 1994/95。

㈢**字典檯**：重要或大型字典，為免被讀者攜帶至座位長久使用，影響他人利用，可設置字典檯擺放。字典檯有兩種，一是旋轉式字典檯，可放於三層書架上，如（圖十四），一是綜合式字典檯，如（圖十五）可獨立放置於參考室之適當位置。

圖十四　旋轉式字典檯

資料來源：慶和圖書館公司綜合目錄 1993年版

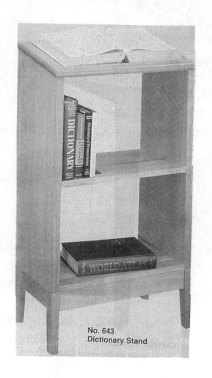

No. 643
Dictionary Stand

圖十五　綜合式字典檯

資料來源：Gaylord General Reference Catalog, 1993/94。

㈣**電腦桌**：除了電腦工作站供讀
　　者查檢光碟資料庫或公用目錄
　　之外，諮詢檯內亦常須要有電
　　腦供館員查檢、使用。館員用
　　之電腦，可置於諮詢檯桌上，
　　若諮詢檯桌面太小或不適於擺
　　置電腦，亦可用組合式之電腦
　　桌，如（圖十六）置於諮詢檯
　　內之工作區。

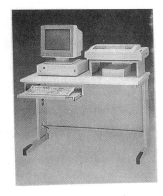

圖十六　組合式電腦桌

資料來源：慶和圖書館
公司綜合目錄1993年版

㈤**小冊子盒（又稱資料盒）**：裝置輔助性資料的小冊子之用，
　　有多種形式，如（圖十七～二十），唯正面皆須有附加標
　　誌插之設計。

圖十七　塑鋼一體成型小冊子盒

資料來源：慶和圖書館公司目錄1993年版

圖十八　卡榫小冊子盒，六種顏色便於分類，前後均附標誌插，不用時可摺疊收藏，不佔空間。

資料來源：慶和圖書館公司目錄1993年版

圖十九　鋼製小冊子盒

資料來源：慶和圖書館公司目錄1993年版

圖二十　標誌插凸出式小冊子盒

資料來源：Gaylord General Reference Catalog, 1993/94。

五、照明設備：

參考閱覽區的照明來源，可分為自然光源和人工光源。自然光源以日光為主，是很理想的光線，唯易受到天候的影響。為節省電力，參考閱覽區的位置如能靠近自然光源當然最佳，設計上可以用高玻璃窗、採光天窗等取得充分且均勻的亮度。如我國國家圖書館（前國立中央圖書館）規劃參考室的位置，特別繞靠中山南路和貴陽街，使得白日光線良好，營造舒適自然的研究環境。

至於人工光源就是以燈光照明為主的光源，包括天花板燈和閱覽桌燈兩種。設計上，天花板燈的燈管走向宜和書架直交，使書架間走道能取得較充足的光源，且燈管投下的光線也較能均勻散佈。⑮至於閱覽桌、索引桌，亦應設計附設燈管，以方便讀者長時間閱讀視力之維護。

六、複印機：

參考閱覽區設置複印機是必須的，唯應儘量予以隔間，以免影印聲音影響到讀者。同時，複印室內應裝置空氣清淨機，以避免空氣之污濁，並維護讀者和館員之健康。為不增加館員之工作負擔，複印機應以自助投幣式為主，並宜由廠商直接經營，免得館員在參考服務中還得經常應付有關影印機缺紙或故障等之問題。

七、裝飾：

參考服務區如範圍較大，亦可以盆栽、擺飾等增加空間的美感。較大的盆栽或植栽可置於四周牆緣或做自然隔間用；三層書架之上，亦可適宜地擺置小盆栽，唯冷氣房中，宜以室內長青性植物為主。適當而有意義的裝飾掛物，有時亦能營造教育讀者的環境，如我國國家圖書館三樓期刊閱覽室，擺掛有多種我國早期期刊創刊號的放大圖樣；二樓參考室電腦檢索區，亦擺掛有「光碟時代」（包括圖書資料種類、裝幀源流、演變及現代電子圖書

種類和光碟製作流程等）的圖表。都是具有教育和裝飾雙重意義的。

八、殘障措施：

參考服務區各閱覽室必須考慮到殘障讀者之利用，閱覽桌椅應有殘障專用的高度；參考室與其他區域之連接，也應佈置無障礙空間之措施。另外，參考室有許多工具書都是密密麻麻的小字體書籍，因此最好備有放大鏡以供老年人或視障讀者使用。

九、指標：

指標的目的在指引讀者方向或辨別目的，以及指引規則等；完善的指標系統可以讓讀者減少尋找方向或資料的時間，也可以避免參考館員花費太多時間和精力在指示讀者的工作上。

指標的基本樣式有幾種，如：

1. 懸吊式：用鍊條或管柱固定，由天花板懸掛下來的標示牌，由遠處看，不易被障礙物阻擋，如（圖二十一）。

2. 貼壁式：平貼在牆上的標示。如（圖二十二）。

3. 懸臂式：與壁面或書架側飾板垂直，由壁面或側飾板突出來的標示，如（圖二十三）。

4. 桌上型：可放置在桌面或矮書架上的標示。如（圖二十四）。

5. 立地式：標示牌的底部直接接觸地面，直立高挺，有時底部也裝置輪子，便於移動。如（圖二十五）。

6. 黏貼式：直接把標式貼於牆面或玻璃窗之標式。如（圖二十六）。⑯

圖二十一　懸吊式指標

圖二十四　桌上型指標

圖二十六　黏貼式指標

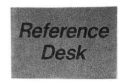

圖二十二　貼壁式指標

圖二十三　懸臂式指標

圖二十五　立地式指標

（圖二十一～二十六）資料來源：Gaylord General Reference
　　　　　　　　　　　　Catalog, 1994/95。

　　各種標示的材質，一般以壓克力和鋁合金兩種較常用。

　　在參考室內，諮詢檯上方最好使用懸吊式指標牌示，讓讀者在遠處即可看到諮詢檯之位置。其他如廁所、寄物處、緊急出口、殘障設施等設施標記，或「請勿攜帶食物」、「請勿吸煙」、「請安靜」等規則標記，則可依情況採用貼壁式、懸臂式或立地式、黏貼式等各種方式。若參考室內的參考書架區，如有明顯的分類區隔，亦可酌用適當的圖書分類標記，此類標記以文字標示，如（圖二十七）或圖案標示，如（圖二十八）均可。

　　各種館內場所標誌（如參考室、資訊檢索室……等）、設施標誌（如男女廁所、緊急出口、電話……等）、使用標誌（借還書處、詢問處……等）、規則標誌（請勿吸煙、請勿入內……等）亦可以圖案做成指標，可參見「鄉鎮圖書館參考服務學習手冊」一書所附各種標記選錄，⑰圖書館亦可自行設計。

圖二十七　文字標示

資料來源：Gaylord General Reference Catalog, 1994/95。

綜合　哲學　歷史
自然科學　科技　工業
語言　文學　畫冊

圖二十八　圖案標示舉例

資料來源：王錫璋編　「鄉鎮圖書館參考服務學習手冊」

　　參考諮詢檯桌面通常會使用桌上型指標，標示館員之職稱、名字等，亦可標示「暫停服務時間」或「暫時離座」等訊息。

　　對整個參考服務區空間，亦可用貼壁式之平面圖顯示之，而參考室或專科閱覽室之圖書資料分佈圖示，則因為經常必須調架，故不須以固定的指標樣式來標明，而可以印刷形式印製參考室資料配置圖等，供讀者取閱，使其很容易知道那幾類工具書或地圖、小冊子等放在那個書架。

　　十、公告欄、佈告牌（Bulletin Boards）：

　　公告欄或佈告欄可分固定式，如（圖二十九），和移動式如
（圖三十）兩種；用來張貼有關休館時間、參考書介紹之文獻或
館務消息、各界演講通告、國內外大學獎助報導、以及各種新知
報導等。

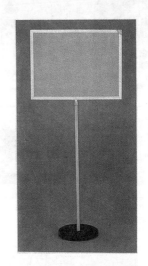

圖二十九　固定式公告欄　　　圖三十　移動式佈告欄

【附註】

① Linnea Hendrickson, "Deskless Reference Services", Catholic Library World 60（September 1983）, p.81-82.

② 同上，p.82-84.

③ Ralph E. Ellsworth, "Academic Library Buildings: A Guide to Architectural Issues and Solution "（Boulder, Colo., The Colorado Associated University Press, 1973）, p.69-71.

④ Robert M. Pierson, "Two Aspects of Readers' Services Areas: Recommendations to Library Planners", College and Research Libraries, 23（September 1962）, p.398-401.

⑤ Robert M. Pierson, "Appropriate Settings for Reference Service", Reference Services Review（Fall 1985）, p.13-29.

⑥ 謝寶煖，「參考服務空間的規劃與配置」，臺北市立圖書館館訊 10卷2期（民國81年12月），頁24-34。

⑦ 同註④，頁399.

⑧ 同註⑥，頁25。

⑨ The National Central Library, Republic of Korea, "National Central Library, 1994/95"（Seoul: The National Central Library, 1994）, p.35.

⑩ 王錫璋，「鄉鎮圖書館參考服務學習手冊」，（臺北市：國立中央圖書館印行，民國82年），頁54。

⑪ 謝寶煖，「大學圖書館內部空間配置之研究」，（臺北市：漢美圖書公司，民國79年），頁66-67。

⑫ 同註⑤，p.21-23.

⑬ Brian Quinn, "Improving the Quality of Telephone Reference Service", Reference Services Review,（Winter 1995）, p.46.

⑭　易明克，「圖書館內部規劃與細部設計經驗談」，臺北市立圖書館館訊 6卷2期（民國77年12月），頁30。

⑮　同上，頁27。

⑯　參見林持平，「公共圖書館的標示系統」一文，臺北市立圖書館館訊　10卷2期（民國82年2月），頁58。唯該文所提指標樣式中，「掛吊式」在圖書館較少使用，故略去。

⑰　同註⑩，頁35-38。

第六章　參考館藏的發展

　　美國著名的「參考書指南」（Guide to Reference Books）第3～6版的主編墨基女士（Mudge, Isadore Gilbert）在其1936年的第六版書前曾有一篇「參考書與參考工作」（Reference Books and Reference Work）的文章，其中提到：「無論參考服務的工作如何多樣化，但其基礎仍在於參考書。參考服務部門最重要的條件是要擁有一批足夠的、有用的參考書，而參考館員最必要的條件則是熟知參考書的知識並能夠有充分的經驗，以恰當的方法，在恰當的時候，使用恰當的參考書。因此，擁有合適的參考書和知道如何利用這些參考書，是參考諮詢服務成功的兩個不可或缺的因素。」[1]墨基女士這篇文章，在1976年希伊女士（Sheehy, Eugene P.）主編的第9版，也仍在書前轉載。即使時隔六十年後的九〇年代，這段話仍不失過時，只不過是由於資訊媒體的發展，一些書本式的參考書，多已電子化；參考館員不僅利用傳統式的參考書籍在解答讀者提出的問題，也利用各種電腦線上資料庫及光碟系統在檢索、查詢資料。因此，對墨基女士的話，我們似乎只要將「參考書」改為「參考館藏」，則應該還是適用的。而事實上，在當今電腦網際網路四通八達的時代，許多參考館員擷取資訊的範圍，也不限於自己圖書館的藏書了，因此說參考館員僅利用自己的圖書館館藏以從事服務，也略嫌保守了，故也有人使用「參考資源」（Reference Sources）或「資訊源」（Information Sources）、或「參考資料」（Reference Material）等名詞來表示內涵更豐富的參考文獻範圍。我國國內各大學圖書館科系，以往（甚至於現在）也都以「中文參考資料」、「西文參考資料」等的名稱來做爲廣義參考文獻的課程名稱，即使教師授課的內容大部分偏重在紙本式的參考工具書而已。

但縱然各種電腦、電子媒體的參考工具書不斷出現，事實上，圖書館的參考館藏在短期內仍將以傳統參考書爲主；藍卡斯特（Lancaster, Frederick W.）所謂的「無紙世界」從1978年喊到現在，短期內也將無法來臨。其原因是紙張製成的書本畢竟已有一千多年的歷史和傳統，它仍有攜帶、移動方便及閱讀舒適的一些優點；試想在參考室內，即使有一套多媒體的百科全書光碟，在終端機上也只能有一個人使用，而一部書本式的百科全書，卻可以多人同時使用（甲查第一冊，乙用第十冊，互不影響），就算買網路版光碟，可以多幾個人使用，卻又需較多的電腦設備，所費增加不少。而某讀者在閱覽桌研讀時，他可能寧可將字典或其他工具書帶至其座位查考資料，而不願拘束於電腦桌前。因此，這大概也是目前製作的線上或光碟資料庫，還是以書目、索引等需要大量累積檢索資料的類型比較受到圖書館的重用，一般的百科全書、字辭典、年鑑、手冊等資料型的電子版參考書，則其普及性及使用率尙未見拉高。

因此，目前在圖書館仍以紙本式參考工具書爲主，電腦媒體的參考書爲輔的局面，我們也仍習以「參考資料」來敘述參考館藏的範圍。

第一節　參考資料的意義和分類

一、廣義的參考資料

　　廣義地說，任何文獻都有參考價值。參考諮詢工作中，所要用到、或據之以答覆讀者的問題，絕對不能只限於參考室的參考書而已。回答國父身高是多少的問題，國父遺教大辭典或百科全書上的「孫中山」條目未必有答案。「國父的生活與風範」這種非參考書或許才能找到解答。因此，就參考諮詢的使用角度而言，任何文獻資料都有查檢價值的。

　　文獻資料有多種，可以從不同角度來分類：

　　㈠按出版型式，可分為善本圖書、普通書籍（包括教科書、專書、叢書、參考工具書、選集、紀念集、回憶錄……等）、期刊、報紙、學位論文、政府出版品、會議文獻、科技報告、剪輯資料之彙編、非書資料等。

　　㈡按媒體型式，則可分為印刷型、微縮型（微片、微捲等）、電腦媒體（磁帶、磁盤、磁片、光碟、多媒體及其他網路電子圖書等）及視聽資料等。

　　㈢若從文獻加工的程度，則可分為一次文獻、二次文獻、三次文獻等，有的還包括零次文獻。——這是大陸或日本經常會用到的文獻區分法。所謂「一次文獻」也稱為原始文獻，就是作者本人的研究成果或著作，如他所寫的一本書或一篇文章，不管撰寫時是否引用、參考了他人的資料，也不論其刊登在何種媒體都是。「二次文獻」則是指對一次文獻進行加工、整理的產物，像書目、索引、文摘等都是。（例如書目即是彙集許多人的論著——即一次文獻，將之分類、整理、彙編等；而索引則是將期刊或報紙的論文篇目加以彙編、整理）因此，二次文獻也大都是檢索性的參考工具書，其作用就是提供一次文獻的檢索與利用。「三次文獻」則是利用二次文獻的基礎上，再對一次文獻的內容進行分析、綜述；如「六十年來的史記研究」，是利用已出版的各種

史記研究書目（二次文獻）來分析、比較六十年來「史記」（一次文獻）的出版或各家研究的情況及其影響等，而總結成比二次文獻更具有參考利用價值的文獻資料。②又如「中國論壇」（半月刊）十週年專輯所出版的「海峽兩岸學術研究的發展」一書，內容包括「一九四九年以後中華民國歷史學研究的發展」、「四十年來臺灣人類學研究的回顧與前瞻」、「四十年來臺灣心理學的發展」、「一九五〇年後中國大陸人類學概況」……等等篇章，亦算是一種三次文獻的整理。③至於「零次文獻」，則指座談會或會議上交流或傳遞的有用資訊，這類文獻通常是未經記載或出版的。國內史學界經常提到的尚未公布的檔案、文書（如大溪檔案）等亦可算是零次文獻。（學者利用此項資料研究而寫成論文或書籍，即成為一次文獻。）

二、狹義的參考資料

圖書館學或參考諮詢工作中所提到的參考資料，常單指參考書（Reference Book）而已，（大陸則習稱工具書），我們有時候也稱之參考工具書，以避免與中小學生所用的輔助教科書用的「參考書」混淆。

㈠參考書的性質與作用

1791年，英格蘭傳記作家包斯威爾（James Boswell）曾為名作家及辭典編纂家約翰生（Samuel Johnson）撰述其傳記——「約翰生傳」（The Life of Samuel Johnson），書中曾提到資料對知識的重要；約翰生說：「知識有兩種，一種是我們自己通達某一事件，要不然就是我們知道如何去獲得有關那件事的資料」（Knowledge is of two kinds; we knew a subject ourselves, or we knew where we can find information upon it）。④我們可說前者是知識的內涵，也就是我們追求知識的目的，而後者是知

識的線索，也就是追求知識的手段。美國圖書館學家蕭爾斯（Louis Shores）也曾闡釋這兩種知識的同等重要性，他認為前者是知識的究竟（what），而後者是知識的來源（where），兩者缺一都不算是完整的知識。事實上，我們認為後者的知識可能還比前者重要，因為前者不知，還可透過後者來查得，況且我們在研究某一項知識或學問時，除了透過師長之指引或自我之領會外，如果能善於利用工具書發現更多的資料，這樣當更能豐富學習效果，開拓新的知識領域。⑤也就是說，知道知識的內涵，是我們求知的目的，但如果在無師、無友之指引、教導下，要探尋某項自己尚不知的知識，通常就必須靠著約翰生所講的第二種知識，而參考工具書就是開啓這第二種知識之鑰。

　　圖書館學所指的參考書，常指的是書目、索引、摘要、字辭典、百科全書、年鑑、名錄、手冊、統計資料、傳記參考資料、地理參考資料……等等，主要是以查詢為目的，而非需要通篇閱讀的書籍。墨基女士即說：「從使用觀點而言，圖書可以分為兩種，一種是通讀性的圖書，既可獲得資訊，也可僅為了娛樂、消遣；另一種則是為了參考或查閱某一特定資訊之用的圖書。第二種圖書，即被稱為『參考書』（Reference Book），它們通常內容廣泛，敘述扼要，有特殊編排體例，以便能方便而準確地找到所需的資訊……。」⑥

　　也有人從參考書編纂的目的來解釋，認為參考書的編纂是為了解決社會因知識、資訊的急劇增長而導致難以尋找所需的特定資料，因此乃對一定範圍的知識進行蒐集、整理，並按規範的符號系統或知識體系編排，使人們能夠便捷地找到精當的特殊需求資料或線索。⑦

　　因此，歸納起來，參考書的特質即可說是為了查尋目的（英

文refer的意義即是爲了獲得協助或資訊而去探詢……的意思，加上後綴詞成爲reference，則表示出處、參考、引用等義），⑧而將廣泛或特定範圍的資料加以匯集、組織、整理，並用特殊安排的知識體例和檢索系統，加以編排，以方便人們能很快在繁多或錯綜複雜的知識、資料中查得所需的資訊。

從內容上看，參考書要盡量蒐集大量範圍內的資料，但因爲記載媒體畢竟有容量的限制，因此也必須以有效的方法從大量的資訊來源中進行選取、濃縮和提煉，並以簡明而精要的方式表現出來。所以參考書無論條目、款項的撰寫，多不加形容或修飾，有的甚至大量使用縮略語或代碼。⑨而爲了因應使用者方便而快速的查檢，參考書在編排上不僅講求系統的排列，也常編有各種索引或其他輔助檢索手段及參照方式；這些也都是參考書的特性。

從歷史的發展來看，參考工具書其實早已在我們生活上出現。古時人類爲記錄通往狩獵或捕魚區域的最佳路線，就產生了「地圖」的雛形；西元前三世紀的希臘哲學家亞里斯多德（Aristotle）的「形而上學」（Metaphysics）、古羅馬學者瓦洛（Marcus Terentius Varro, 116-27 B.C.）的「學問之範疇」（Disciplinae）和普利尼（Pliny, A.D. 23-79）的「博物志」（Historia Naturalis）等都是試圖將當代知識蒐集於一部書的書籍，爲今日百科全書之濫觴；而我國舊日史書中，亦早已可見到整理、排比資料的參考工具書體例的痕跡，如史記中的「表」，可說是今日年表、大事記之類的作用，而「列傳」也相當於今日「名人錄」似的傳記參考資料。因此，不管中外，參考書其實存在許久，只是隨著人類知識及資訊不斷發展和泛濫，導致人們在治學或利用資料中，無法再「以腹爲笥」，單憑記憶已難以找到自己需求的資訊。爲了滿足人們對特定資訊需求持續增加的趨勢，乃開始不斷

有參考工具書的編纂和出版。因此，參考工具書的出現和發展，可說是人類文化演進的一種標誌。

　　雖然參考書在歷史上已編印了不少，但是將它當作獨立的一類圖書來研究的，還是近代圖書館事業發達以後的事。這是因為近年來這種為滿足查詢需要且按特殊方法編排的圖書大量湧現，而且其作為查檢工具的性質又非常鮮明，加以圖書館專為協助讀者查檢資料的參考服務業務的開展，乃有將這類圖書單獨區分，以方便利用的情況。本書第二章提到的1883年波士頓公共圖書館成立開架式的參考室，及1902年克羅格女士（Alice Bertha Kroeger）編印了「參考書學習及使用指南」（Guide to Study and Use of Reference Book，——為今日著名的"Guide to Reference Books" 之第一版），可說已開創了參考書受到重視和獨立研究的里程碑了。

　　(二)**參考書的類型**

　　參考工具書的分類雖然被認為尚未有一致遵循的劃分標準，但大多數人還是以凱茲（William A. Katz）的「參考工作導論」（Introduction to Reference Work）之第1冊「基本資訊源」（Basic Information Sources）所提到的書目、索引、百科全書、字典、年鑑……等大項為依據，各家分類若有不同，大約僅是上下屬層項目有詳略之不同而已。凱茲最近的版本是將書目、索引和摘要歸在名稱為「資訊的控制和存取」（Information：Control and Access）之篇章中，（以前的版本稱之為「指示型資料」—— "Direction Type"，亦稱為「資料的橋樑」——"Bridge to Information"）；而其他百科全書、年鑑、手冊、指南、地理、傳記資料、政府出版品等類型，則併在「資訊源」（Source of Information）篇章中。⑩大陸學者楊祖希在「工具書的類型」

一文裏，則認爲工具書可分爲辭書型的工具書和非辭書型工具書
兩大類。前者可再分爲百科全書和辭典，而辭典又有語言符號辭
典和非語言符號辭典；單語辭典和雙語（多語）辭典；或語文辭
典、專科辭典和綜合性辭典等之分法。非辭書型工具書則包括資
料性工具書（分爲年鑑、手冊和統計提要等）、檢索性工具書（
分爲書目、索引等）、表譜性工具書（分爲年表、曆表、人物表
譜、職官表譜、地理表譜、譯音表譜等）、圖錄型工具書（分爲
地圖、文物圖錄、人物圖錄、歷史圖錄），以及其他工具書（包
括公私機構名錄、電話號碼簿等）。⑪此種分類雖較爲特殊，但
恐較難爲已習慣傳統分類的人所接受。劉聖梅、沈固朝編著的「
參考服務概論」一書中，有一「按類型劃分的檢索工具體系」圖
表，則大致將凱茲的幾個類型項目列出，每項再細分數小項，綱
舉目張，非常清晰，頗值得參考。⑫以下簡介幾種基本的參考書
類型，並闡釋其內涵及外延：

　　1.**書目**：書目是著錄一批相關的文獻，並按照一定的次序編
排而成的一種揭示與報導文獻的工具。書目的基本功能，即是向
讀者提供有關文獻的資訊，使讀者不僅在時間方面可以知道現代
有那些文獻（如國家書目、營業書目等），過去有那些文獻（如
歷代藝文志、經籍志）、未來有那些文獻（如Forthcoming
Books等）；在空間方面，可以知道一館的館藏或數個館藏的聯
合目錄，也可以知道一國的文獻，甚至於國際文獻（如Inter-
national Books in Print 、Cumulative Books Index 等）。因
此，書目可以說能揭示與報導一定歷史時期文獻的出版概況，也
可以反映一定歷史時期的科學發展的概貌，也是人們對浩瀚如海
的文獻，加以控制的有效手段。

　　書目收錄文獻的類型，不僅是圖書，它也可以是期刊（如「

國立中央圖書館期刊目錄」）、政府出版品（如「中華民國政府
出版品目錄」）、視聽資料（如「臺北市立圖書視聽教育資料目
錄」）、光碟或電腦資料（如「臺灣地區各圖書館所藏光碟聯合
目錄」）等。就收錄文獻的範圍而言，它可以是綜合性的學科（
如「中華民國出版圖書目錄彙編」），也可以是專門學科的（如
「臺灣大學舊藏日文臺灣資料目錄」）；它可以呈現整個國家或
只是一個地區甚至於是個人的藏書而已。因此，書目大致可分為
下列幾種：

- 國家書目──是一個國家全部出版品的總紀錄，也是一種登
  記性的書目，如我國國家圖書館的「中華民國出版圖書目錄」、
  日本國立國會圖書館的「全國書誌」等。
- 營業書目──是出版社的出版目錄或其彙集，以營業為目的。
  如美國鮑克公司的"Books in Print"。
- 參考書指南──是介紹參考工具書的目錄，不過帶有註解或
  評介，如"Guide to Reference Books"，「中文參考用書指
  引」等。
- 書目的書目──是蒐集、記載各種書目的書目或目錄；張錦
  郎先生在「中文參考用書指引」中稱之為「書目總錄」，如
  梁子涵編的「中國歷代書目總錄」、錢存訓編的"China; An
  Annotated Bibliography of Bibliographies"（中國書目解題
  彙編）
- 推荐性書目──亦即圖書選目，目的在提供優良圖書之目錄，
  如H. W. Wilson公司的"Public Library Catalog"、鮑克公司
  （R. R. Bowker Company）的"The Reader's Adviser：A
  Layman's Guide to Literature"；明道文藝社的「好書書目」等
  皆是。

- ·私人藏書目——爲個人的藏書或藏書樓目錄，多爲古人所編，如（宋）晁公武「郡齋讀書志」、（清）阮元「天一閣書目」、（清）瞿鏞「鐵琴銅劍樓藏書目錄」、（民國）「梁氏飲冰室藏書目錄」……等。
- ·專題書目——或稱學科目錄，爲各學科或各主題的專門目錄，如張偉仁編「中國法制史書目」、王世慶主編「臺灣研究中文書目」等。
- ·聯合目錄——爲各機構目錄的彙編，以方便讀者查閱某書爲何館所藏，如「中華民國西文科技期刊聯合目錄」、「臺灣公藏善本書書名索引」……等。
- ·館藏目錄——是記載圖書館的藏書記錄，如「臺灣省立臺中圖書館圖書目錄」……等皆是，唯此類書本式的館藏目錄，將逐漸會因電腦的線上查詢及網路的發展而逐漸式微，蓋館藏每日在增加，書本式的目錄一出版即會過時。

　　除了這些細項，張錦郎先生的「中文參考用書指引」還列有史乘目錄（含郡邑藝文志）、僞書書目、禁燬書目、學位論文目錄、特種書目、譯書書目、知見書目、善本書目、兒童圖書書目……等等。

　　至於「書目」和「目錄」兩詞，有時候令人混淆，但在習慣用語上則有一點區別。例如對傳統的書本式圖書目錄，稱爲「書目」，而將卡片式或機讀型的書目稱之爲「目錄」。一本書的篇章、章節，只能稱爲「目錄」或目次，而不能以書目相稱；以許多報刊爲著錄對象也通常稱之爲「報紙目錄」或「期刊目錄」，而不稱爲「書目」。這是因爲傳統的「書目」，習慣上有兩層含義，一是收錄的對象是狹義的「圖書」（不包括報刊），二是書目的載體與裝訂形式是指用紙（含絲、帛、竹簡）並以「書本式」

爲裝訂形式。而「目錄」廣泛地說，並不一定以文獻爲主要對象，例如產品目錄、商品目錄、展覽品目錄……等皆用「目錄」而非書目。⑬

　　2.**索引、摘要**：索引是一種提供線索的工具，它可以指引某一種文獻或事實是在報刊或圖書的某個地方可以找到，但它不提供所要獲得之資料本身。索引經過編排，可以提供人名、主題、書名（篇名）等的多種檢索途徑，並能反映某一主題的文獻內涵以及關於某一學科的最新觀點和發展趨勢。

　　索引大致可分爲下列幾種：

・期刊論文索引——是將期刊上登載的論文，依分類、標題、篇名、作者等方式加以編排，並註明其所刊載期刊之卷期、年月、起訖頁數等，以便讀者查檢到所需的資料。其功用一般認爲有幾項：第一即是其基本的目的——指示讀者資料所在；第二，由索引上的款目和論題，可約略看出學術思潮的演進；第三，可作爲選訂雜誌和了解雜誌內涵的參考。⑭期刊論文索引在我國國內最有名的是國家圖書館所編的「中華民國期刊論文索引」，現在已發行光碟版、線上版及全球資訊網（www）版。西文方面則有H. W. Wilson公司發行的各學科索引，亦多已有電子版。期刊論文索引雖以蒐錄期刊上的論文爲主，但有些論文集雖是以圖書的形式出版，但因爲刊登多篇論文，也常被期刊論文索引蒐錄。有些報紙上每週固定出現的專刊，（如中國時報的開卷周報、資訊專刊；聯合報的讀書人版；中央日報的讀書周刊等），雖是報紙形式，但也被當作期刊，而爲「中華民國期刊論文索引」所收錄。

・報紙索引——收錄報紙上的報導或論文，指示讀者某項消息、

事件或論文刊載在報刊上的年、月、日、版次等。如政大圖書館所編的「中文報紙論文索引」爲查閱中文報紙之論文索引（民國85年起亦發行光碟版）。

· 書籍索引——就一本圖書內容的重要人名、地名、主題詞、事件等，予以挑出，依序排列，列於書後，以方便讀者就某項查詢點找到它是位於書中某幾頁的。書籍索引對學術書籍非常重要，美國律師和政治家賓尼（H. Binney）曾經說過「一本好書如果沒有一個好的索引，會失掉它一半的價值」；英國官員甘貝爾（Campbell）也曾建議應制定法律，規定沒有索引的圖書不得出版。⑮因此，外文書凡是學術書籍大致都會編有索引，即使是已按字典式目錄排列的大英、大美百科全書等，還會將散在各冊的有關連項目，編成相關索引或分析索引，以方便讀者找到更多的相關資料。

· 書評索引——專門彙集有關書評文獻的索引，如H. W. Wilson公司的"Book Review Digest"、Gale公司的"Book Review Index"等；民國77年版的「中華民國出版年鑑」也曾彙集各類之書評而編成索引。

· 引用文獻索引（Citation Index）——是由美國資訊學家加菲爾（Eugene Garfield）在60年代初期所發展而建立的一套理論與方法，目的在使一篇論文（來源文獻）所引用過的參考文獻（引用文獻）之間能互相標引、檢索，並能使這種相互引證關係反映出更多相關的主題文獻。⑯引用文獻目前最有名的即是加菲爾創設的「科學資訊社」（Institute for Scientific Information, －ISI）所發行的三種引用文獻，即「科學引文索引」（Science Citation Index, SCI, 1961- ）、「社會科學引文索引」（Social Science Citation Index,

SSCI, 1972- ）和「藝術與人文科學引文索引」（Arts and Humanities Citation Index, A & HCI,1976- ）。目前我們國內尚未發展出這種引用文獻索引。

· 引用語索引——有的參考書指南把這種索引單獨提出成為一類，因為事實上它不僅是一種索引，也算是一種專門辭典。引用語索引包括兩種，一是「名人語錄索引」（Quotation），即是將名人所講過的名句予以蒐集，按一定的順序排列，（有按主題或按人名的，但多會另編輔助性索引），例如要查詩人雪萊的名句「冬天來了，春天的腳步還會遠嗎？」（If winter come, can spring be far behind？）出自他那首詩或何處，以及查莎士比亞曾說過的「最該殺的是法律人」（The first thing we do , lets kill all the lawer）出自何處，即須查這種名人語錄索引。比較有名的引用語索引，如「巴特列常用名人語錄索引」（Bartlett's Familiar Quotations）及史帝文生（Burton Stevenson）所編的 " The Home Book of Quotation "等；詩句索引亦可查 " The Columbia Granger's Index to Poetry "等。國內類似這種引用語索引的，大概有「唐詩三百首索引」（東海大學圖書館編）、「歷代詩詞名句析賞探源」（呂自揚編），不過後者多附錄了原詩及析賞，已算是專門辭典了。

另外一種引用語索引是「語詞索引」（Concordance），是將專門書籍（通常是古籍）的重要語詞逐字式地編列索引，以方便查檢書中重要辭句或任一句子，如巴特列在1894年也曾編過「莎士比亞戲劇詩歌語詞索引大全」（Complete Concordance to Shakespeare's Dramatic Works and Poems）；又如國內臺灣商務印書館與香港中文大學中國文化研究所合作編印的「先秦

兩漢古籍逐字索引叢刊」（The ICS Ancient Chinese Text Concordance Series）——包括「戰國策逐字索引」、「商君書逐字索引」、「淮南子逐字索引」、「新序逐字索引」……等皆是。

　　至於摘要則是索引的擴展，與索引一樣，具有指明特定資料出處的功能，只是它還更進一步提供相應資料的內容概要，讓讀者可更了解資料的內容是否確爲自己所需。例如師大圖書館編的「教育論文索引」後來即擴編爲「教育論文摘要」。

　　3.**百科全書、類書**：百科全書在今日被認爲是按一定順序（通常是字母順序）排列，而內容包含人類全部知識（或某一學科、專門主題的全部知識）的參考書。其基本目的在於擷取並組織全部知識的精華，供一般讀者查檢或閱覽。百科全書所追求的是 "to be all thing to all users"，因此，它有兩大功能，其一是教育的功能，百科全書常被稱爲「沒有圍牆的大學」，就是指百科全書蒐羅各項知識，並儘量以深入淺出的方式撰寫，供一般讀者閱讀，百科全書文章蒐羅各種「如何做」（how-to-do-it）的論題，供讀者做系統的學習，此種教育的功能，西洋早期或歐洲啓蒙時代所印行的百科全書尤其重視。百科全書另一功能就是查檢的功能，因爲百科全書比其他參考工具書更具完備的參考效用；一部完善的百科全書經常包含有「書目」、「索引」、「辭典」、「手冊」、「傳記性資料」、「地理性資料」以及補充新穎資料的年鑑等，可說是一種綜合性的參考書。許多圖書館的參考諮詢問題，皆可用百科全書解答，可說是參考館員使用的主力參考書，所以它可說是所有參考書中極爲重要的一種。⑰

　　百科全書一般可分爲多卷型的大、中型百科全書——如「大英百科全書」（The New Encyclopaedia of Britannica），「大

美百科全書」（Encyclopedia Americana）、「世界百科全書」
（World Book Encyclopedia）、大陸的「中國大百科全書」或
國內的「環華百科全書」等；及單卷或雙卷型的小型百科全書—
—如「新哥倫比亞百科全書」（New Columbia Encyclopedia）、
「蘭燈書屋百科全書」（Random House Encyclopedia）等；這
些都是綜合性的百科全書，而專科性的百科全書，則幾乎各個學
科皆有，如麥格羅・希爾公司的「科技百科全書」（McGraw-
Hill Encyclopedia of Science & Technology）、「圖書館學與資
訊科學百科全書」（Encyclopedia of Library & Information
Science）……等等。

　　至於類書則是我國古代所專有的參考工具書。它是把許多古
籍中的原文，包括詩賦文章、麗詞駢語或其他資料等，加以摘錄、
彙集，再依其內容性質，予以分類，或按韻排比，爲讀者提供古
代的事物、典故的參考。若以蒐錄內容之包羅萬象和無所不有的
精神而言，它的確類似今日西洋的百科全書，唯它缺乏百科全書
將資料重新撰寫、組織的性質，純粹搜而不述；其次，它的資料
不會隨時代而不斷更新，純是故紙堆裏的整理、排比，只能供查
檢古代的掌故或事物起源及供學子檢查文章詞藻之用；類書最大
的缺失是沒有完善的索引（如有，也是後人編輯的），故使用不
甚便利。因此，著名的「金氏世界紀錄」雖曾一度記載世界最大
的百科全書爲中國的「永樂大典」，後亦覺得「類書」畢竟有別
於現代的百科全書，故後來亦取消此條記載。

　　類書一般可分爲檢查事物掌故事實的，如「藝文類聚」、「
冊府元龜」、「太平御覽」……等；檢查事物起源的，如「事物
紀原」、「小學紺珠」、「事物異名錄」……等；檢查文章詞藻
的，如「淵鑑類函」、「佩文韻府」、「子史精華」……等；檢

查典章制度的，如「十通」、各朝會要、會典等。

4.**字典、辭典**：專以解說單字的形體、聲音、意義及其用法的書，稱爲字典，而解釋兩個字以上之辭者，則稱爲辭（詞）典。但在西方語文中，一般沒有字、詞之分，均稱爲 "dictionary"。我國近年來一般所說的字典，事實上也包括了辭典，因爲現在的字典大都兼收語詞，辭典亦皆以單字爲詞頭，兩者之間有不可分割的關係，故字典、辭典亦常混用。⑱

我國字典以前叫字書，到清朝「康熙字典」才開始有字典的稱謂。中國字書源遠流長，見於記錄的最早一部字書是周宣王時的「史籀」十五篇，現有字書則以講訓詁的「爾雅」爲最古，但第一部有系統的辭典則是東漢許愼的「說文解字」。⑲從六朝到明代，則產生了不少按韻排列的字典，如「廣韻」、「集韻」等；清代著名的辭典則爲「康熙字典」和「經籍纂詁」，前者以部首查檢，共收四萬七千零三十五字，是歷代以來收字最多，篇幅最大的字典。而後者則按水平韻的106韻，統攝所有文字，一韻一卷，共106字，每字之下，羅列唐以前各種經籍注解，旁及諸子的訓釋。民國以後，辭典相當發達，加上專家學者研究各種新的檢字法，用之於辭典，辭典事業乃達到空前的繁榮。自民國初年到政府遷台前，出版有「辭源」、「中華大字典」、「辭通」、「辭海」、「聯緜辭典」等；政府遷台後，則有「中文大辭典」、「正中形音義大字典」等較著名辭典，同時近年來，亦引入大陸版之辭海、辭源等在台發行。

中文字辭典的分類，大致可分爲普通字辭典和專門字辭典。普通字辭典收錄的字辭不限於那一方面，如「康熙字典」、「中華大字典」、「辭海」、「辭源」、……等等；至於專門解釋某方面的字辭典則有甲骨金文字典（如「金文詁文」、「甲骨文字

集釋」……等）、文字形體字典（專門解釋比較特別之文字的形
體的，如「金石大字典」、「中國書法六體大字典」、「中國篆
書大字典」等）、音韻辭典（討論音韻的字書，如「廣韻」、「
集韻」、「中華新韻」、「國語日報破音字典」……等）、虛字
字典（闡釋虛字疑義的，如王引之「經傳釋詞」等）、聯緜字典
（收錄複合詞的字典，如「辭通」、符定一編的「聯緜字典」等）、
成語諺語、歇後語辭典（收錄常用成語，俚俗諺語或歇後語的辭
典，如「故鄉實用成語辭典」、「中國格言大辭典」、「增補中
華諺語」……等）。學科辭典則是專門解釋各學科領域的名詞，
如「中國哲學辭典」、「圖書館學與資訊科學大辭典」……等。

　　而在西洋歷史上，第一本用dictionarium作為書名的是英國
人加蘭德的約翰（John of Garland）於1225年編成的拉丁語詞
表。⑳但直到17、18世紀，西方各種語言文字尚未穩定，人們還
是依照各的方言和習慣用語，嚴重影響人們之間的交流和語言
本身的發展；而後，隨著西歐社會從分裂而漸趨統一，語言乃有
規範的迫切需要，英國作家及辭典編纂家約翰生（Samuel
Johnson 1709-1784）編的「英語辭典」（A Dictionary of En-
glish Language）乃是當時著名的規範性辭典。19世紀以後，西
方辭典的編纂事業大為發展，各種語言的巨型辭典不斷出現，其
中以英國辭典編纂專家默雷（James A. Murray，1837-1915）
主編的「牛津大辭典」（Oxford English Dictionary, OED）和
美國韋伯斯特（Noah Webster, 1758-1843）主編的「美國英語
辭典」（An American Dictionary of the English Language）
是最為劃時代的傑作，被譽為詞典編纂史上的兩塊里程碑，至今
仍屹立不搖。

　　西洋辭典編纂史上，常分為兩大學派，一為規範學派（

Prescriptive School），亦即是文以載道的辭典，主張辭典的編纂要揚棄語言中的不妥和謬誤，以捍衛語言的純潔性，並強調選詞要穩妥，釋義要精當，防止俚語、行話等污染語言；對語詞的定義和用法則以歷史的規範爲標準，保持語言的相對穩定性，反對隨意改變詞義和用法；認爲口語、粗俗的大眾語言是不足取的。約翰生的辭典和「美國傳統英語辭典」（American Heritage Dictionary of the English Language）是規範性辭典的代表作。而描述學派（Descriptive School）的觀點則是認爲語言是社會的產物，經常處在變動中，辭典的編纂者不應充當語言的評判，而只應記錄已約定俗成的語言。此派反對厚古薄今，反對輕視口語及現代用語，認爲辭典的例證不僅應引用名家作品，也應廣泛取自當代的書報雜誌、電視和演講，甚至於廣告和流行歌曲。「哈伯現代用法辭典」（Harper Dictionary of Contemporary Usage）就是典型的描述學派的字典。㉑

　　西方辭典的分類，大約可分爲語文辭典和專門學科辭典兩大類。語文辭典如按收錄詞類的範圍，又可分爲綜合辭典和專門辭典。綜合辭典按收字的數量大小，又可分爲足本（Unabridged，──收詞26萬條以上）、半足本（Semi-abridged,──收詞13─18萬條之間）和袖珍本（Pocket ,──收詞5萬條左右）等幾種類型。

　　專門辭典則只收涉及語言中某些特殊現象的，是綜合辭典的補充，如縮略語辭典──收錄縮寫字、首字母等詞彙，如Gale公司出版的「首字母和縮略語詞典」（Acronyms, Initialisms , and Abbreviations Dictionary ）等；詞源辭典──是追溯詞的淵源，解釋詞的原始意義、形式、用法及其演變的，如「牛津英語詞源辭典」（Oxford Dictionary of English Etymology）等；

其他還有方言、俚語、口語辭典，如「美國俚語辭典」（Dictionary of American Slang）等；同義語和反義語辭典，如「韋氏新編同義語辭典」（Webster's New Dictionary of Synonyms）、「羅傑國際詞庫」（Roget's International Thesaurus）等；讀音辭典，如「英語讀音辭典」（Everyman's English Pronoucing Dictionary 等）。

如果按辭典涉及的語言種類來區分，也可以分為單語辭典（Monolingual）、雙語辭典（Bilingual）和各語辭典（Polyglot）等。而如按使用對象分，則可分為成人、大學生、中學生、兒童辭典等。還有一種分法是以辭典中解釋條項的排列方式來區分，有按歷史順序、按使用頻率順序（最常用的釋項排在最前面），以及無固定方式，由編者自行判斷決定的等幾種；但這種區別，一般較難從外觀區別，大致而言，按歷史順序編纂的，大都是巨型辭典，如OED等，而許多用法辭典，則以常用性的釋義優先出現。

5.**年鑑**（Almanac, Yearbook/Annual）：年鑑是屬於便捷性參考書（ready-reference books）之一。英文Almanac、Yearbook或 Annual，中文皆譯為年鑑；事實上，Almanac原先譯作曆書，它是以曆法知識為經，與我國一年一版的農民曆有點類似，只不過西洋的曆書，從中世紀到18世紀，其內容由天文、氣象、占星術轉向兼容宗教、醫學和實用知識的實務性參考工具書。美國著名的政治家、科學家富蘭克林在1733年就編過 "Poor Richard's Almanac"，且延續了25年，可說是現代 Almanac 形成的起源。1792年，美國又有了「老農年鑑」（The Old Farmer's Almanac）的出版，雖然它也包含了軼事集、幽默小品、祈禱詩篇和警句等，但由書名看，它主要為農民服務的精神仍在。

後來這種蒐錄一些各種事實、雜錄、資料的工具書，相當引起各界的興趣，許多各類型的年鑑乃紛紛出現，在17、18世紀，美國先後約有2000種年鑑出版，爲各商業界、貿易界、宗教團體等服務。㉒由於脫離了原先以氣象、曆法、農務爲主要報導內容，因此名稱也有所改變，有的稱爲Yearbook，有的稱爲Annual；不過有的仍服膺舊有名稱，如著名的「世界年鑑」（World Almanac）即是。但Almanac和Yearbook、Annual因此也常相互混用，沒有嚴格的區分界限；美國圖書館協會的「圖書館學與資訊科學辭彙」（ALA Glossary of Library & Information Science）把Yearbook定義爲「上一年度事實和統計數字的年度彙集，通常限於一個專門領域」；而把Almanac 稱爲「通常是每年出版的統計和事實的彙編，兼有現期性和回溯性的內容，其包含地區和學科領域可能較廣，也可能限於某一特定國家或主題」。㉓另外，概括來說，Almanac中有些基本資料常會每年都出現的，像歷屆諾貝爾獎、歷年重大地震⋯⋯等，幾乎每一版的 "World Almanac"都會收錄；而Yearbook卻主要是以上一年度的各種事實、統計，資料每年不會重複。而按照傳統習慣，Almanac一般指綜合性年鑑，而Yearbook或 Annual則比較指專科性年鑑爲多，但時至今日，也不完全是如此了。

一般言之，「年鑑」是一種蒐集事實與資料，予以爬梳整理，並大量運用統計與圖表的方法，配以文字說明，分析前一年的大事，藉以明瞭以往的措施與發展，而供查檢事實或供將來參考與借鑑的工具書，通常一年刊行一次。

在外文方面，目前仍以美國的「世界年鑑」（World Almanac and Book of Facts）最爲著名，1868年創刊，已有一百多年的歷史，至今每年可銷售數百萬冊，是家庭、學校、圖書館

必備的工具書。其他如英國的「惠特克年鑑」（Whitaker's Almanac）、「加拿大年鑑」（Canadian Almanac）、澳洲年鑑（The Australian Almanac and Book of Facts）等，皆是各國著名的代表性Almanac。

至於以Yearbook或Annual爲名稱的各種專科性年鑑，則繁不勝枚舉。

國內自1994年，由中央社參照 "World Almanac" 的形式而編輯了「中央社世界年鑑」，使我們也有了類似這種簡扼而收錄範圍廣泛的資料性工具書。至於Yearbook，則以官方出版居多，如新聞局的「英文版中華民國年鑑」（Republic of China Yearbook）、交通部的「中華民國交通年鑑」、外交部的「中華民國外交年鑑」、環保署的「環境保護年鑑」……等等，然內容卻常偏向長篇累牘的業務報告，在資料檢索方面，有點失去方便性。㉔至於民間出版的年鑑，則有雄獅圖書公司的「臺灣美術年鑑」、中國新聞學會的「新聞年鑑」、民生報的「職棒年鑑」……等等，不過，許多年鑑常常後繼無力，有些也常好幾年才出版一次，可說不算是年鑑了。

6.**年表**：辭海對年表的定義是「列表以年爲次，分隸史事於各年下，謂之年表」。年表可分爲兩種，一是史日對照表，僅供對照年代紀元的，一是大事年表，除時間外，另加紀事。古代的史書如「春秋」、「竹書紀年」等都是編年體，已有利用譜表繫年以紀事的作用，而「史記」亦有十二諸侯年表，分國分年分月紀事，非常醒目，是我國歷史上第一個年表。爾後司馬光的「資治通鑑目錄」和劉恕的「資治通鑑外紀目錄」也都有年表和大事表的作用。㉕民國以後出版的各種年表，成就更遠超過前期，如「兩千年中西曆對照表」、「中西歷史紀年表」、「近世中西史

日對照表」、「中國歷史年表」、「太平天國史事日誌」、「民國大事日誌」、「中華民國史事紀要」……等等。專科性的大事年表亦不少，如「臺灣經濟日誌」、「中國近七十年來教育紀事」等。許多專科年鑑後面亦常會附有該學科範圍的大事記，如「中華民國圖書館年鑑」附有「圖書館事業大事記」。近年來，錦繡文化公司也採用國外Chronicle（全紀錄）的方式，編印了「臺灣全紀錄」、「廿世紀全紀錄」、「中國全紀錄」等新聞紀要；這種工具書因爲是按年按月編排，也算是一種年表。至於國外類似年表的參考書，則有Book of the Days、 Timetable 、Chronicle等名稱，如 "The Book of Days ; A Miscellany of Popular Antiquities"、 "Day by Day : The Eighties"、"Timetable of History"、"Chronicle of the World"……等。

　　7.**手冊**（Handbook 、 Manual）：手冊也是一種便捷性參考書，英文或爲Handbook ，或爲Manual，其意義是可以方便拿在手裏隨時參考的一種工具書，通常不會是大開本或厚重型圖書。它是彙集某一中心論題或學科領域的各種有關基本資料，其起源可追溯到19世紀。當時由於歐美各國工業開始發達，許多受教育不多的工人希望能迅速找到各種工業或其他方面的可靠資料，乃有這種將重要資料整理而成的便捷性工具書，像彙集了汽車修理的各種知識精要，少掉長篇理論，便成了「汽車修理手冊」等皆是。

　　至於Manual是比較偏重如何去做（how-to-do-it）的某種操作型工具書，它比較偏重一步一步的程序過程。不過， Handbook 和Manual現在也同樣經常在相互混用了。

　　「手冊」種類繁多，幾乎各學科都有不少各種形式的手冊，不過有時書名未必會有Handbook 或Manual的字眼；如「醫生

案頭參考書」（Physicians' Desk Reference）是醫生常用的手冊，Gale公司的「假日與節日」（Holidays and Anniversaries of the World）等，也是圖書館員常用的手冊。紐約公共圖書館參考部館員為了諮詢檯工作方便起見，還彙集了各種常用的快速查檢性參考資料而編成一本 "New York Public Library Desk Reference"，更是一本圖書館參考館員的案頭手冊。

國內手冊出版也不少，像「中國工程師手冊」、「中國紀念節日手冊」……等等，而幾乎全市每家每戶都有一本的「臺北市民手冊」也算是居家生活上一種有用的參考手冊。

8.**名錄、指南**：名錄（Directory）一般指的是介紹各種機構及其負責人和成員概況的一覽表，通常按字順或分類編排。"Directory' 有時也譯作指南，但參考書名稱上如果用 "Directory" 字樣的，並不一定就是本節所謂的「名錄」、「指南」之定義，如 "Ulrich's International Periodical Directory"，事實上它是一種期刊目錄；"Directory of American Scholars"，它是美國學者名人錄。而相反的，有一些參考書，書名雖沒有Directory，事實上卻是一種名錄，如 "World of Learning"，我們譯作「國際學術機構名錄」；"Yearbook of International Organization"，我們譯作「國際組織機構名錄」……等等；而國內教育部編的「大學暨獨立學院概況」事實上也是一種名錄。

由於名錄刊載的資料內容都比較簡明，編排也很整齊、清楚，因此使用上並無困難，唯須注意的是因資料的濃縮，可能會使用一些縮略語，要從序言或編輯大意、使用說明等來了解各縮略語的代表意義。

名錄的種類，大致可分為「政府機構名錄」（Governmental Directory）、「學術機構名錄」（Directories of Ac-

ademic Organizations）、「職業和商業機構名錄」（Profes-
sional and Trade Directories）等類。而有一種參考書專門收錄
各種名錄的，則稱爲名錄指南，也可說是名錄的名錄了，如「美
國名錄指南」（Guide to American Directories）、「科技名錄
指南」（Directory of Technical and Scientific Directories）等。

有些名錄常附在年鑑上，如國內的「出版年鑑」上載有出版
社、雜誌社名錄；圖書館年鑑上刊有圖書館名錄等；而 "Europa
World Yearbook" 登載有國際組織（International Organiza-
tions）名錄等，這是值得留意的。

9.**傳記參考資料**：傳記參考資料若依其圖書類型，其實都可
歸類到前面各節所述的各類參考書，如傳記辭典，可分到辭典類
的專門辭典；人名錄也可分到名錄型參考書，人名索引可分到專
門學科索引等。唯由於人物傳記的問題，一向是參考諮詢上的重
心，傳記和人物的資料也是圖書館參考資料中被用得很頻繁的一
種，因爲人類的世界畢竟是以人爲中心的，因此許多參考工具書
指南，都是把傳記資料單獨成爲一類。

傳記參考資料包括傳記辭典、生卒年表、年譜、別號、人名
錄、姓氏錄及有關傳記的書目、索引等；㉖一般個人傳記或合傳
等，圖書館多歸入普通書籍，而不列入參考書。我國傳記參考資
料類型不少，像「歷代名人年里碑傳總表」、「中國歷代名人年
譜總目」、「古今人物別名索引」、「歷代人物別署居處名通檢」、
「中國歷朝室名別號索引」……等類的工具書，國外甚至於較少
見到，但關於現代大部頭的國家級傳紀辭典，如英國的DNB（
Dictionary of National Biography）及美國的DAB（Dictionary
of American Biography），以及各學科專家辭典等的編纂，則
國內尚無法與英美等相比，我們國內出版的不多，且更新速度緩

慢，資料不夠新穎。

10.**地理參考資料**：地理參考資料是較複雜也較難管理的一種，因為它包括小至一張地圖，大到一座地球儀或立體地形模型，有些圖書館甚至於單獨成立地圖室或輿圖室的，因為地理資料實在形形色色。地理資料依其型式，也大致可分為書目與索引、地名辭典、地圖（又分為單張地圖、地圖集等）、地理沿革志、地理總志、地方志（Local history）、旅遊指南及實體形狀的地球儀、地理模型圖等。但我國地方志數目極多，也常成為叢書，圖書館中除非參考室空間極大，原則上不會當成參考工具書置於參考室，我國國家圖書館（前國立中央圖書館）參考室置有成文出版社之「中國方志叢書」及少數成套方志叢書，其他方志亦無法擺置。

旅遊指南亦為比較含糊性之地理參考資料，有的圖書館將其當成普通書，但有些圖書館將系列性的旅遊指南，如Fodor's Travel Guides 編成參考書，置於參考室。

由於地理資料的特殊，參考室應配合購置專門放地圖集或單張地圖的地圖櫃、地圖架及地圖閱覽桌等，如有掛圖、地球儀、地理模型等，亦須有相關的設施及安排適當的位置。

11.**法規及統計資料、政府出版品**：法規、統計資料及政府出版品三種參考資料有密切的關聯，故我國國家圖書館將法律室與政府出版品閱覽室（以政府法規、公報及統計資料為主）相鄰且互通置於五樓，讓讀者能方便相互利用。法規資料是政府出版物的核心，此因法規具有鮮明的官方性，即使非官方版也以官方公布之資料為基礎。法規資料也經常變動，各種法律工具書對於新資料來不及登載，補助的辦法就是利用政府出版品的公報所刊登的新通過法律條文。

法規包括法律規章，主要也是供查檢而非通篇閱讀的，故列

入參考工具書範圍。法規資料也是法律資訊的核心，通常可分為三部分：⑴原始材料——，如法規彙編和法典、條約、司法判決、行政法規等；⑵查尋的工具——，如書目、指南、引證、摘要、索引、辭典等。唯第⑵項許多參考書指南也列入書目、索引、辭典等章節中敘述，故法規資料主要重點在於各種法規、判例彙編等（如「中華民國法規彙編」、「中華民國民法判解、釋義全書」、「美國法典」——"United States Code"、「美國最高法院判例彙編」——"United States Supreme Court Reporter"……等等）。唯法規資料具有多樣性和複雜性，尤以國外及專類法規資料的查找，更有不少障礙，故宜以有法律學背景之學科專家擔任法律閱覽室之參考館員為宜。

統計資料則是運用統計學的原理和方法，對大量變動現象及其過程的數字或數據進行採集、分析、整理而成的數字資料。這類資料是制訂計畫、政策及學術研究、宣傳及實際進行工作的重要依據。故政府各部會大多會設立統計單位，專門進行各該部會有關的統計工作之執行；而我國行政院的主計處更負責編印全國性的統計資料；故統計資料以政府出版品為多，也較具權威性。不過有一些年鑑、百科全書等附有統計資料，也頗值得參考，如大英百科全書年鑑（Britannica Book of the Year）就有一個「世界資料統計」（World Data），以圖表方式列出世界各國國情、經濟、軍事等的統計資料，頗具參考價值。

統計資料一般分為綜合性統計（如「中華民國統計提要」、「聯合國統計年鑑」——"UN Statistical Yearbook"……等）及專類統計（如「中華民國教育統計」、「進出口貿易統計」、聯合國「人口統計」—"Demographic Yearbook"……等等），種類繁多。

　　至於政府出版品則是由政府機構出版或由政府出資並授權而印製的出版品，在國內或稱「官書」，而外文則分別有 government publication, government information 及 government document 等名稱。⑳

　　目前，在全球上每天都有數百萬件的政府出版品以各種形式產生。這些出版品反映了政府機構每日的運作和施政方針，主題涵蓋範圍非常廣泛，為研究國情的最佳材料，同時由政府頒訂的法令規章也是維護法治社會的重要依據，是非常重要的參考資料。但政府出版品由於許多均屬非賣品，且政府機構多不加宣傳，故一般民眾均不能十分了解及充分利用。目前民眾查閱政府出版品資訊，必須前往政府出版品寄贈資料之各「寄存圖書館」參考，少數政府出版品也公開展售，如國內正中書局印設有政府出版品展售中心。

　　政府出版品包括各級政府的公報、各級議會的公報及議事錄和各部門之統計資料及業務報告等。國外之政府出版品，以美國政府出版品及聯合國、國際組織之出版品等在國內受到較多的利用。我國國家圖書館編有「中華民國政府出版品目錄」、「中華民國政府公報索引」等資料庫，可供電腦線上查尋。

㈢**邊緣性參考書**（Borderland Books）

　　許多書籍，無論在原先的編輯目的及書名方面，均未必符合狹義的參考工具書之定義及範圍，但實際上，它們的參考工具性質也很濃厚，像「二十四史」、「西方偉大經典」（Great Books of the Western World）及 Fodor's Travel Guides……等，既可系統閱讀，也可僅供查閱的書，謂之**邊緣性參考書**。此類圖書是否編入參考書，宜由編目組及參考部門就整體編目方針及參考服務之空間及讀者之需要反映等，予以認定，並訂立標準。

三、資訊時代的參考書——電子版參考書

由於資訊的快速膨脹，使得用傳統人工蒐集資訊和處理、提供資訊的方式（此即編製參考工具書之過程），讓人們捉襟見肘且深感力不從心。因此，藉諸資訊科技的進展，自 1960年代起，美國乃開始利用電腦技術，建立並發展了許多資料庫（database），改變了傳統人工整理資訊的方式。資料庫和傳統印刷品把各種資訊組織成一份文件或一本圖書一樣，但它的特點是可不斷輸入、整理、分析，並可反復使用；一家輸入，也可以多家使用，最重要的是它可無遠弗屆地傳輸各地，讓使用者在電腦線上檢索，故亦稱為線上資料庫（online database），

由於電腦具有處理大量資訊的能力，故資料庫多用來製作須大量累積、彙整的書目、索引、摘要等參考書，以及篇幅較大的百科全書、字典等。使用電腦資料庫來檢索資料，比起人工檢索有下列優點：(1)節省檢索時間。電腦資料庫儲存量大，且可不斷彙編，檢索大量資料時，可大大節省時間和精力。而書本式的書目或索引等，頂多一年、五年彙編為多，若要查檢多年來的資料，常須要翻閱好幾本書。(2)資料內容更新速度快。電腦資料庫隨時可建檔輸入，內容經常保持新穎，而書本式的由人工編製到出版，往往耗費相當長的時間，經常趕不上資料的時效性。(3)檢索較具效率。電腦資料庫通常有較多的檢索功能，使得檢索出來的資料更能符合實際需要。(4)使用方便。透過資料庫經銷商（Database Vendor）的供應，許多線上檢索只要有一台個人電腦就可以檢索到數百個各類型資料庫，其結果亦可由印表機列印出來，甚至於可以線上訂購原件。

線上資料庫如此方便，因此在資訊商業化發展趨勢下，美國開始出現了許多提供各種資料庫的經銷商，如洛克希德公司（

Lockheed Co.）提供的DIALOG系統（DIALOG Interactive Information Retrieval System）──（目前已由Knight-Ridder 公司所收購）、系統發展公司（System Development Corporation）的ORBIT系統（On-line Retrieval of Bibliographic Information Timeshared）等；而許多大型圖書館也發展了自己的資料庫，如美國國家醫學圖書館（The National Library of Medicine）的醫學文獻分析及線上檢索系統、（Medical Literature Analysis and Retrieval System, −MEDLARS，其線上檢索資料庫即是著名的「醫學文獻資料庫」──MEDLINE: MEDLARS On-line）、大英圖書館的「大英圖書館自動化資訊服務系統」（BLAIS: British Library Automated Information Services）……等等。我國自民國68年，經由電信局國際電信網路，透過人造衛星的傳送，可直接與美國境內各種資料庫供應商連線而檢索到他們的資料，因此開放給各機關申請利用。由於此種方式可檢索到美國各式各樣的資料庫，因此，這項服務稱之為「國際百科」資料庫檢索服務（Universal Database Access Service），我國各大學及學術機構亦頗多申請使用。

隨後，我國各界亦自行發展了許多資料庫系統，如師大圖書館的教育論文摘要資料庫、國立中央圖書館（國家圖書館）的「中華民國期刊論文索引資料庫」、國科會的「中華民國科技期刊論文索引」……等等，亦有許多結合多種資料庫而成為線上資訊檢索系統，如國科會的「全國科技資訊網路」（Science and Technology Information Center Network, STICNET）、經濟部的ITIS產業分析資訊系統（Industry & Technology Information Services）、國立中央圖書館（國家圖書館）的「國家圖書館資訊網路系統」……等。

　　唯「國際百科」雖有線上檢索便利之優點，然而資料庫使用費用、衛星通訊費及電信局的服務費等亦是一大筆支出，在國內連線到外國資料庫，短短幾分鐘就常需數百元到上千元不等；即使國內某些資訊網路不須花費這麼多錢，但也因計時算費，使得不熟悉檢索策略和電腦操作的讀者不敢輕易上機；即使資料需求殷切，迫不得已須上線檢索，往往亦要專業館員經過晤談並代為檢索，以節省經費，但這樣也減少了自行尋找資料的訓練和樂趣。因此，「國際百科」引進推出了許久，但讀者使用率一直不高。

　　1980年代中期以後，記載資料庫內容的另一種媒體——光碟（CD-ROM, Compact Disc-Read Only Memory）出現，其突出的優點才使得人們開始普遍利用此新型的電腦檢索工具。

　　光碟是一種採用先進的光學技術來記錄和讀取資料，其外型如一種圓盤唱片的薄片，直徑約為4.72英吋，厚度為 0.05英吋，中心圓孔直徑為0.59英吋，兩面鍍有鋁合金。美國圖書館公司（Library Corporation）於1985年推出第一片光碟片 "Bibliofile" ，接著「美國學術百科全書」（Academic American Encyclopedia）推出其光碟版，從此開展了所謂光碟時代的來臨。㉘

　　光碟的特點是：⑴存儲密度高。一片光碟的最大存儲量可達660MB，相當於A4紙張33萬張的容量，或是1,841片軟式磁碟片，可謂相當驚人的存量。⑵檢索方便。光碟在使用時，只需要一個光碟驅動器與個人電腦相聯，並配以相應的檢索軟體，就可以隨時檢索；若裝置光碟網路系統，並可同時在館內各樓層或校園內不同地點使用；並且它也不需因透過連線使用，而令使用者有計時付費的壓力，可讓使用者以輕鬆的心情檢索利用。⑶成本低。光碟可以大量進行複製，減輕成本，對圖書館經費較無負擔，同時，它的體積小，易於保存管理。⑷存儲壽命長。光碟片不易被磨損，

且具有優異的防塵作用，因此使用上具有持久性，可保持數十年而不毀壞。

隨著資料庫內容由書目性資料（Biblio）演進到全文文字資料（Full Text）、多媒體資料（Multimedia）、全文影像（Image）㉙等，光碟的內容也隨著有各式各樣生動的文字、影像畫面，使得光碟的應用更加廣泛。唯目前應用在參考服務的有(1)書目性光碟；如Bowker公司的"Books in Print Plus"、我國國家圖書館的「中華民國出版圖書目錄光碟系統」（SinoCat）⋯⋯等。(2)索引、摘要光碟；如Silver Platter 公司發行的ERIC（教育學）、LISA（圖書館學）、Sociofile（社會學）⋯⋯等資料庫，我國國家圖書館發展的「中華民國期刊論文索引光碟系統」（Periopath − Index to Chinese Periodical Literature on CD ROM）、漢珍圖書公司之「卓越商情資料庫」、政大圖書館之「中文報紙論文索引」⋯⋯等。(3)字典、辭典；如牛津大辭典（Oxford English Dictionary）、遠東英漢大辭典⋯⋯等。(4)百科全書；如葛羅里多媒體百科全書（Grolier Multimedia Encyclopedia）、康普頓多媒體百科全書（Compton's Multimedia Encyclopedia）⋯⋯等。(5)傳記參考資料；如H. W. Wilson公司的 "Biography Index" ⋯⋯等。(6)地理資料；如 Highlighted Data公司發行的 "Electronic Map Cabinet"⋯⋯等。(7)法規資料；如 Knight Ridder公司之「聯邦政府法規資料庫」（Federal Register）、Silver Platter 公司之"Index to Foreign Legal Periodical" ⋯⋯等。(8)名錄、指南；如 Standard & Poor's 公司發行之"Standard & Poor's Corporations "⋯⋯等。(9)年鑑、年表；如Xiphias公司之 "Time Table of History：Science & Innovation "⋯⋯等。㉚可見許多參考工具書均已朝向光碟邁進。

　　對光碟產品的認識，可參考"CD-ROM Directory"、"CD-ROM in Print"等光碟目錄，國內漢珍圖書公司自1994年印行「光碟資料庫產品指南」（Directory of CD-ROM Database），亦可供選擇、認識國內外出版之光碟及其製造商。

　　九〇年代以後，由於電腦結合電信傳播科技的進展，使得資料庫的內容可以透過各種區域網路、廣域網路及網際網路等傳布得更廣闊，這也增加不少參考服務的便利性。但參考館員亦應考慮到並不是任何資料查詢均非要使用線上檢索或光碟資料庫或上網路不可，除非讀者要檢索的主題相當深入，或對某個主題須全面性查詢，而使用傳統人工方式總是一無所獲，以及某些主題較難歸類的問題，無法由現有的工具書檢索，才用線上資料庫或光碟來查檢。參考館員應依照讀者資訊的需求，適當加以判斷，而毋須事事上電腦查看；莊道明先生即認為線上資料庫或光碟檢索猶如開刀手術對疾病醫療效果很好，但並非每位生病的人都要挨上一刀的，㉛否則有時無法順利解決問題，反而增加讀者時間或金錢之浪費。

第二節　參考館藏發展的程序和工作項目

　　參考服務的基礎，在於擁有一批質、量具備的參考館藏，否則無論參考館員的學識知能多麼優秀，終究難免會有「巧婦難為無米之炊」之嘆。然而伊文斯（Evans, G. Edward）曾言，館藏與讀者之間，存在著三項定律（three law）：(1)圖書館服務對象愈多，則讀者對資料需要的分歧愈大；(2)讀者需要的分歧程度愈大，則圖書館合作採訪的需要愈大；(3)任何一個圖書館皆不能完全滿足所有讀者之需要。㉜此種定律同樣適用於參考館藏，

尤其讀者的諮詢問題種類繁多，而圖書館又不可能完全蒐集到所有能滿足每個人知識需求的工具書，故如何在經費條件限制下，盡力做到參考館藏能符合圖書館服務之社群（Community）的基本需要；即如一所小型圖書館，亦可像 "Seven-Eleven" 之社區超商一樣，麻雀雖小，但生活必需品倒大致可買到一樣；而大型圖書館，自然可像「萬客隆」大型賣場一樣擁有更多的商品，但事實上亦必須對商品之流動採取有效的管理，否則東西堆得太多，即成呆物。此即參考館藏亦須有所組織和發展之原因。伊文斯認為館藏發展有六項循環不已的工作項目：

(1)館藏及讀者分析──→(2)確定選擇政策──→(3)選擇──→(4)採訪──→(5)淘汰不符需要之館藏──→(6)評價──→重回(1)館藏及讀者分析……㉝

參考館藏的發展過程，大致亦是如此，只有第(4)項「採訪」工作可改為「撤除舊版或暫時不用之參考館藏」；這是因為參考室多係開架閱覽室，典藏空間有限，對舊版或不須使用之館藏應從書架上撤下來。「撤架」與第(5)項：「淘汰不符需求之館藏」略有區別，撤架只是暫時由書架移到典藏書庫或預備書庫，若讀者須使用時，還得調出來供其參閱。至於參考館藏發展的程序或過程不包括「採訪」，這是因為一般圖書館，參考部門並不執行參考圖書資料訂購的工作，而係由採訪部門集中所有圖書之訂購工作。

參考館藏的發展工作，在於如何根據圖書館參考服務的性質、任務和服務對象的需要，透過有計畫的蒐集和組織，使參考館藏的結構維持最佳的狀態，並以優良、有效的管理和維護，使參考館藏在參考服務中發揮最大的效用。因此，參考館藏發展的工作，亦包括分析參考館藏的缺失及讀者的需要、確定選擇的政策及維

護、管理館藏，並時時評鑑館藏狀況等。

一、參考館藏發展政策

　　建置參考館藏首先當然得考慮到本館的基本任務及參考服務方針。通常圖書館會有一整體的書面館藏發展政策（主要由採訪部門編寫），其中會包括有關參考館藏之部分，故在大原則方面，參考部門實不必另訂參考館藏之書面政策，唯在參考服務之政策或準則中，可闢專門章節，以呼應全館之館藏發展政策。但誠如本書第四章所言，參考服務政策或準則中，有詳述全部過程的手冊，亦可有按參考服務項目分別編寫的手冊或記事，這當然包括參考館藏之發展這個項目，如此章節內容可較詳細；比諸採訪部門所研訂的整體性館藏政策之有關參考館藏的部分而言，即猶如辦事細則對於母法，可就各類參考館藏之選訂、組織、維護……等分別細述。

　　參考館藏為何須有發展政策？想想看，參考館員面對數以千計、萬計的參考書盈斥於書架，許多參考諮詢問題都要從這些工具中獲得解答，館員心中大概只有「恐慌」或「戰戰兢兢」兩種心情可以表達的。而且只知道目前的館藏還是不夠的，館員還要有充分的知識去選擇、推荐不斷增加及出版的參考書。國內的中文參考工具書或許出版量不算多，但我們只要瞄一眼美國的「鮑克公司」（R. R. Bowker Company）或「蓋爾公司」（Gale Research Company）的出版目錄，當應體會到美國出版參考工具書之多和書價之昂貴。但圖書館總是有預算的問題，經費常常有限；而圖書館參考室的空間也有一定的範圍，因此，對參考書的選擇、補充、組織、維護，甚至於撤架、淘汰等，都需要有一個政策標準以供執行之參考。

　　在經費預算有限的情況下，擬訂政策綱領之前，館員應先認

知到：(1)要強調學習、認識所有的圖書館館藏。參考諮詢服務，從不會只限於使用參考館藏而已，故館員也要了解本館各種館藏資源。(2)要花費更多時間來熟悉現有參考館藏，使它們能發揮最大的效用。(3)只有在確定真正需要時，才考慮到資料的增加，因此，對讀者或諮詢問題的需求，也須有正確的了解後，才予以推荐訂購所需的新資料。(4)選擇參考書不要草率，對新版參考書的補充、續訂也都須考慮其需要性。㉞

　　圖書館如有書面的參考館藏發展政策，第一個幫助是館員比較能對生氣、憤怒的讀者解釋為何某些參考書圖書館沒有訂購；其次，對新的館員而言，也較能認識參考館藏或其與全部館藏之間的關係。

　　當然，政策可以隨著經費的充裕或增加而有所改變，但不管如何，要發展一個大型的參考館藏，從數百種到幾萬種，須要好幾年的時間；訓練圖書館員熟悉，並學習有效地使用這些資料，並能隨時選擇、維護參考館藏才是重要的。不過，這也才是開始，接下去是如何帶領讀者與這些參考資源正確地結合與利用，這才更是參考館藏政策應有的目標。

二、參考館藏的選擇

　　參考部門的館員由於竟日在接觸、使用參考館藏，對其認識當然比採訪館員來得深入，故參考部門應協助或執行參考館藏的選擇工作。

　　圖書之選擇當然首先應蒐集圖書出版之目錄及消息。有關參考書之書目消息，可循下列幾種方式：

(一)認識並蒐集參考書之主要出版社目錄：

　　國內較少看到專門（或主要）以出版參考工具書為主的出版社，但若時時留意各報章及雜誌之出版訊息，亦可大約知道有幾

家歷史較久或比較大型的出版社會經常出版參考工具書，如臺灣
商務印書館（辭源、中華文化研究論文目錄、雲五社會科學大辭
典、中山自然科學大辭典、先秦兩漢古籍逐字索引叢刊……等）、
正中書局（如正中形音義大辭典、正中科技大辭典……等）、遠
流圖書公司（大陸版辭源、中國文化辭典、臺灣話大辭典……等）、
光復書局（大美百科全書中文版、光復科技大辭典、世界地理百
科全書……等）、錦繡出版社（如臺灣全紀錄、廿世紀全紀錄、
中國全紀錄、中國大百科全書……等）；其他如牛頓出版社、聯
經出版社、南天書局、五南圖書公司、三民書局、遠東圖書公司、
旺文社……等之出版目錄，亦值得隨時留意蒐集。此外，政府機
構亦經常出版各種年鑑等參考書，可參閱「中華民國政府出版品
目錄」等之書目工具。㉟

　　國外（主要是美國）則有幾家出版社專門以出版參考工具書
爲主要業務，亦有一些大型出版社會成立參考書部門。我們最熟
悉的參考書出版社有：

　　1.**鮑克公司**（R. R. Bowker Company）──現爲里德─艾
斯菲爾國際出版集團（Reed Elsevier Limited）下之一子公司。
其詳細歷史可參見筆者「美國出版界的書目中心──鮑克公司」
一文。㊱它的出版目錄現多與德國之紹爾公司（K. G. Saur）合
刊而成爲"Bowker-Saur New Title Bulletin" 之形式。鮑克公司
以出版書目，如「在版書書目」 "Books in Print"、「美國出版
圖書紀錄」"American Book Publishing Record"、「烏瑞克國際
期刊指南」（Ulrich's International Periodical Directory）……
等類各學科書目聞名。此外，有關圖書館、目錄學之各類型參考
工具書亦出版很多，鮑克公司可謂執參考書出版之牛耳，全世界
各圖書館的參考室幾乎都充滿了"Bowker"出版之工具書。而與

鮑克同屬里德—艾斯菲爾集團的 K. G. Saur 及 Marquis Who's Who 公司等，亦出版許多學術機構名人錄和傳記類參考書，如" Yearbook of International Organization"……等等。現在 Books in Print 等系列產品亦已電子化，並發行光碟版。

2.**威爾森公司**（H. W. Wilson Company）——爲與鮑克齊名之歷史悠久之參考工具書出版社，其詳細歷史可參見彭歌「愛書的人」一書。㊲威爾森公司以出版各學科書目、索引及圖書館學工具書爲主，如 Cumulative Book Index（C. B. I.）、 Art Index、Biography Index、Book Review Digest 及五大標準圖書選目——（Public Library Catalog、Children's Catalog、Fiction Catalog、Junior High School Library Catalog、Senior High School Library Catalog）和作家傳記系列（The Wilson Author Series）等皆是著名於圖書館界和出版界之工具書。其索引系列產品亦多已成爲線上資料庫系統——Wilsonline Information System，也發行了光碟片通行全世界各圖書館。

3.**蓋爾公司**（Gale Research Company）——以出版名錄、指南的參考書爲主，如 Encyclopedia of Association、Research Centers Directory，Computer Readable Database、The Writers Directory……等，每年資料更新極快，但書價頗昂貴，國內一般圖書館恐無法對其出版品每種、每年均訂購。

4.**歐羅巴公司**（Europa Publication Ltd）——位於倫敦，以出版國情年鑑及學術機構錄、名人錄等快速查檢工具書聞名，如 Europa Yearbook、World of Learning、International Who's Who、The Far East and Australiasia……等等。

其他如麥克米倫公司（Macmillian Publishing）、麥格羅·希爾公司（McGraw-Hill Company）、朗文公司（Longman

Group Ltd. ）、柯林斯公司（Collins Publishers）、綠木出版
社（Greenwood Press,Inc.）及 ABC─Clio 公司、Charles
Scribner's Sons公司……等等亦是參考書出版極多的大出版社。
而有些出版社，以出版專類參考書見長，如專門出版地圖集的
Rand McNally、專門出版法律工具書的West Publishing、專門
出版圖書館學工具書的Libraries Unlimited、Scarecrow Press；
偏向於出版字辭典的Random House，偏向於出版人名錄的
Marquis Who's Who……等等，參考館員不妨多蒐集這些出版社
的出版目錄。

也不要疏忽了美國圖書館協會（A.L.A.）、英國圖書館協會
（L.A.）、美國國會圖書館、大英圖書館、日本國立國會圖書館、日
本圖書館協會的出版訊息，這些單位也經常編印對圖書館員很實
用的專業參考工具書。

大學出版社（University Press）以出版學術圖書見長，其
參考書水準亦高，故館員亦須留意如牛津大學、劍橋大學、哈佛
大學……等著名大學出版社之出版目錄。

至於資料庫或光碟出版社，比較著名的有下列幾家：

1.UMI公司──本來以縮影及博士論文的影印聞名；80年
代後跨入電子出版──光碟資料庫的製作與發行。其重要產品如
企管資料庫（ABI／Inform）、博碩士論文光碟資料庫（Dis-
sertation Abstract Ondisc）……等，亦有一般性期刊全文影像
光碟資料庫（General Periodicals Ondisc，簡稱GPO）……等。

2.Silver Platter公司──是全球最早成立的光碟資訊出版商，
1985年開始推出光碟，至今已有300多種光碟資料庫，包括教育
方面的ERIC、圖書館學方面的Library Literature、社會學方面
的Sociofile、語言文學方面的MLA……等資料庫皆是。

3. Knight—Ridder 公司——原來之 Dialog Information Service，Inc.。1994年爲全球報業巨人Knight-Ridder收購，是美國極具規模之資訊服務公司。1972年迄今已提供450種以上包括各學科領域的資料庫，其所提供的線上檢索服務，多年來已爲全世界各大圖書館及研究機構引爲重要參考資訊。近年來Knight- Ridder亦致力光碟資料庫之開發，已出版70餘種光碟產品，包括「北美商情光碟資料庫」（Thomas Register），「全美商業機構資料庫」（Standard of Poor's Corporations）……等等。

4.H.W.Wilson Company——其著名的各學科索引，大多皆已有光碟產品，且價格低廉，在學術界應用相當普及，如Library Literature、Book Review Digest、Social Science Index、Art Index……等數十種。

5.CIS（Congressional Information Service）公司——以美國官方資料庫爲主，如美國國會報告索引資料庫（Congressional Masterfile），美國官方期刊索引資料庫（US Government Periodicals Index）……等等。

6.Chadwyck-Healey公司——原爲英國出版縮影印資料公司，1986年起亦進軍光碟市場，目前主要產品包括英國國家書目光碟資料庫（British National Bibliography）、大英圖書館圖書目錄及法、德、義、西班牙等歐洲國家之國家書目光碟庫；另外，聯合國及歐盟等官方機構之出版品亦多由此公司製成光碟，而文學類產品亦不少，如「英詩全集全文光碟資料庫」（The English Poetry Full-Text Database），「莎士比亞原作及改寫作品全文光碟資料庫」（Editions and Adaptations of Shakespeare）……等等。㊳

　　若欲知新出版之光碟評介，可參見"Library Journal"每期之「光碟評論」（CD-ROM Review）專欄。

　　國內目前亦有幾家出版社或廠商製造或代理光碟之進口，其較著名的如：

　　1.**漢珍圖書縮影公司**——其產品有政大圖書館之「中文報紙論文索引光碟資料庫」、「臺灣地區中文博碩士論文索引光碟資料庫」以及「卓越商情資料庫」、「中國中藥文獻光盤資料庫」等。

　　2.**飛資得公司**——重要產品有「中華博碩士論文光碟系統」、「中華民國出版圖書目錄光碟系統」（SinoCat）等。

　　3.**五南圖書公司**——重要光碟產品有「六法全書」，及「遷臺前中央日報」光碟版等。

　　上述漢珍及飛資得公司亦代理進口國外光碟產品。其他出版社亦偶會製作參考工具書之光碟版，如遠東圖書公司之「遠東英漢大辭典」等。

　　㈡、**建置參考書基本館藏之選擇工具**

　　若一所圖書館剛成立參考室，或一所原本藏書不豐的圖書館有一筆經費可以建置基本應有的參考館藏，則首先可由「參考書指南」，亦即介紹參考書的參考書中來選擇適合本館的基本藏書。國內的中文參考書指引，如張錦郎先生之「中文參考用書指引」（第二次增訂版，民國72年）、鄭恆雄先生之「中文參考資料」（民國71年），皆已十餘年尚未修訂，新穎資料須另行參考各種新書消息評論，唯此兩書對中文經典參考工具書之選置仍還有參考價值。鄭恆雄、林呈潢、嚴鼎忠三人合編之「參考服務與參考資料」，爲民國85年9月出版，內容偏重中文參考資料之介紹，資料較新穎，可做爲上兩書之補充。謝寶煖於85年10月編有「

中文參考資源」，也是較新的參考資料指南，每章之後更有相關的網路資源介紹，亦頗值得參考。。另外，亦可由大陸出版之多本中文工具書指南，如武漢大學圖書館系編之「中文工具書使用法」、吳小如、莊銘權編之「中國文史工具資料書舉要」等參酌選擇。以中文編寫的介紹西文工具書之參考書，則有沈寶環先生之「參考工作與參考資料──英文一般性參考工具指南」（民國82年）及大陸邵獻圖先生之「西文工具書概論」（1990年）及王秀蘭女士之「英文工具書」（1991年）等。

　　國外之參考書指南，自然以美國圖書館協會所出版之「參考書指南」（Guide to Reference Books）為個中翹楚。此書自1902年克羅格女士（Alice Bertha Kroeger）編輯出版，最早書名為"Guide to Study and Use of Reference Books"，其後從1903—1907年，每年在 "Library Journal" 雜誌刊登年度補編。1908年，克羅格增補修訂為第二版。1910年，協會委請墨基女士（Isadore Gilbert Mudget）繼續此書之編輯，書名從此改為"Guide to Referece Books"。"Guide"的第3—6版，分別在1917、1923、1929、1936年均由她編成。其後3次的六版補編和第7—8版（1951年，1967年）則由溫契爾女士（Mabel Constance Winchell）接編；第9—10版（1976、1986年）則由希伊女士（Eugene P. Sheehy）主編，目前最新的版本為1995年的第11版，由巴列（Robert Balay）主編，共收參考書16,000種，同時這一版開始也推出光碟版。

　　其他較常見的參考書指南，還有英國沃弗（A.J. Walford）之「參考資料指南」（Guide to Reference Material），現已出到第6版（1993年），本書通常分「自然科學及應用科學」、「哲學、宗教、社會、科學、地理、傳記、歷史」、「總類、語言、

藝術、文學」等三冊出版。

　　凱茲（William A. Katz）的「參考工作導論」（Introduction to Reference Work）之第 1 冊「基本參考源」（Basic Information Source）其實也算是一種參考書指引，目前的版本是1992年的第6版。

　　至於專科及專門類型的參考書指南，中文方面有劉葉秋的「中國古代的字典」及其「中國字典史略」等可供選擇古代字典之用；而外文方面，則有基士特（K.F. Kister）之「最佳百科全書購買指南」（Best Encyclopedia : a Guide to Specialized Encyclopedias）及其「字典購買指南」（Dictionary Buying Guide）、「地圖購買指南」（Atlas Buying Guide : General English-Language World Atlas Available in North America）及李志鍾（Tze-Chung Lee）之「社會科學參考資源」（Social Science Reference Source : a Practical Guide）……等可供參考。

　　部分優良圖書選目，如鮑克公司（R.R.Bowker）之「讀者之顧問」（The Reader's Adviser : a Layman's Guide to Literature）或威爾森（H. W. Wilson）公司之「公共圖書館選目」（Public Library Catalog）等亦編有參考書之篇章可供選擇經典之參考工具書。

　　㈢新刊參考書之選擇

　　上述之參考書指南、指引等，對選擇基本參考書雖有權威性，但多係好幾年才會更新、再版；對每年、每月新出版之參考書，則未能及時收錄，因此，館員必須另外參考各種專門報導或評論新出版參考書之年鑑或期刊雜誌等。

　　國內不僅缺乏專門介紹新書或書評之刊物，更少有參考書之評論專欄。讀者僅能由臺灣省教育廳發行之「書評」雜誌、四大

報之讀書專刊（中國時報之開卷周報，聯合報之讀書人版、中央
日報之讀書版、民生報之讀書周刊）、學生書局之「中國書目季
刊」等尋得零星之參考書報導或評論。

　　而在外文圖書方面，關於參考書介紹、評論的專門年鑑有
Libraries Unlimited公司每年印行的「美國參考書年鑑」（
American Reference Books Annual——簡稱ARBA），每年收
錄經過評鑑的參考書二千餘種，是按學科類別排列的重要參考書
書評工具；它還發行適合中小型圖書館用的簡本——"Recom-
mended Reference Books for Small and Medium Sized Libra-
ries and Media Centers"，可供中小型圖書館選購參考。

　　有關定期出版的書評雜誌，亦是選擇新出版參考書的重要資
訊來源，包括：

　　1.「**書單**」（The Booklist）**雜誌**——美國圖書館協會發行，
1905年創刊。每期有「參考書通報」（Reference Books Bulle-
tin）專欄，登有十幾篇參考工具書的長短書評，該刊亦常有新
版百科全書的總評論專題，非常值得參考。

　　2.「**圖書館雜誌**」（Library Journal）——鮑克公司發行，
1876年創刊。是一資格相當老的圖書館學專業雜誌。每期有相
當篇幅的書評專欄，包括參考書評論（Book Reviews－Refer-
ence），另外，在專業圖書評論（Book Reviews－Professional
Reading）中亦會有關於圖書館學或資訊科學之參考書評論。

　　3.「**美國的圖書館**」（American Libraries）——經常刊登
圖書館學專業性參考書書評，每年亦定期刊出美國圖書館協會「
參考及成人服務部」所評審、公布之年度傑出「參考資源」（
Outstanding Reference Source）的書單及評介。

　　4.「**選擇**」（Choice）——以大學圖書館為主要對象的書評

刊物，每年評論參考書約500——600種。

5.「**大學及研究圖書館**」（College and Research Libraries）
——以大學圖書館和學術圖書館為對象的專業雜誌，每年1月及7月有「參考書選介」（Selected Reference Book）的專欄。

此外，參考館員還可翻閱「出版家週刊」（Publishers Weekly）、「英國圖書訊息」（British Book News）、英國「書商雜誌」（Bookseller）及「參考工作季刊」（RQ）等刊物，也可經常看到有關參考書的出版訊息。

三、參考館藏的組織

透過上節所敘述的各種選書工具來組織各種參考資料，應是發展參考館藏的基本方式。但參考館藏到底應該有多少，各類型圖書館卻未見有權威的標準可供評估，僅有若干建議的數字可供參考，如IFLA建議公共圖書館服務人口在3,000人以下的，參考館藏不得少於100冊，而後依人口增加，參考館藏也隨著應提升；服務人口在10萬之圖書館，參考館藏應有 2萬種。㊴而雷頓（Philip D. Leighton）和韋伯（David C. Weber）則對大學圖書館建議應有2萬5千冊參考書才能發揮學術作用，學院圖書館則至少須一萬冊左右。㊵

參考館藏原則上當然是愈多愈好，但參考書每年出版數量不少，更新率又極快，加以圖書館經費畢竟有限，參考室空間也有一定的範圍，圖書館是無法購置所有參考書的。因此，參考館藏特別需要加以有組織地挑選，以構成核心館藏，才能以最少的經費達到最大的利用。這也是為什麼麥卡夫（Keyes D. Metcalf）認為只要大約一萬冊經過良好挑選的參考書，就應能滿足開架式大型圖書館需要的原因。㊶蓋因參考館藏貴在質精而不在量大，因此要組織一個適宜的參考館藏，應考慮到建立一套核心模組，

特別是中小型圖書館更應有計畫性地發展，否則參考書種類繁多，常不知要優先選購那些圖書，也不知那幾種參考書要年年增購新版，那幾種又可以幾年買一次即可。

尼蔻兒絲（Margaret Irby Nichols）教授在1986年曾爲美國德州奧斯汀州立圖書館（Texas State Library）編印了一本薄薄68頁的小書——「選擇和使用核心參考館藏」（Selecting and Using a Core- Reference Collection），可說是協助圖書館選擇並組織核心參考館藏的典範。㊷這本書主要是以小型圖書館爲對象，爲它們建立基本的參考館藏。書中分爲三部分，第一部分是小型圖書館的基本參考館藏書目，（在大型圖書館，這些書或許也是諮詢檯後面必備的應付快速查驗ready reference問題所經常會用到的），她列出了79種小型圖書館主要參考工具書，包括總類、傳記、宗教、語文、文學、藝術、歷史、統計、政治法律、地理、職業教育、商業、社會風俗與家政、運動、科技等類，每類再依參考書類型如百科全書、字典……等略分。由於是適用於小型圖書館，在百科全書方面，她就選了大美百科全書和世界百科全書，而摒棄了大英百科（但註明圖書館如有較多經費，再考慮增購大英或柯里爾等百科全書）。第二部分即是針對參考書購置計畫和優先順序的問題；如果在圖書館經費不足或館藏空間受限的條件下，尼蔻兒絲教授將第一部分所提出的79種參考書分成9個組群（Group），Group 1是每年必須更新的參考書（Purchase annually），包括"Abridge Readers' Guide"、"Consumer Reports Buying Guide"、"World Almanac and Book of Facts"……等10種；這些參考書讀者經常使用，且有時效性，非得每年更新不可。Group 2則是每兩年買一次即可，（Purchase biennually），如"Congressional Directory"，"United

States Government"……等5種。 Group 3則是每兩、三年替換一次即可，如"Stateman's Yearbook"等3種。Group 4則是最昂貴的百科全書，大美及世界百科全書即是，每五年更新一次即可。

其餘的59種參考書，尼蔻兒絲教授猶如廚師之配菜一樣，將它們依優先順序組成Group 5、6、7、8、9等五個組群（每個組群會包括幾種不同的類型參考書），圖書館在經費有限下，至少得購置Group 5的這一組11種參考書（包括Bartlett's Familiar Quotations、Webster's Third New International Dictionary、Oxford Companion to American Literature……等，百科全書、字典、地圖皆有）；若經費充裕些，則再優先購買Group 6的12種參考書（包括Encyclopedia of World History、World Authors、Random House Dictionary of English Language……等）；以下再類推至Group 9。

第三部分則是針對各類型參考書，尼蔻兒絲分別設計了幾個題目，可供館員或讀者了解參考書的功能和使用方法。

這本書因爲要適用於德州的小型圖書館，故所列79種參考書有部分是有關德州地方性的工具書，如 "Texas Almanac and State Industrial Guide"等，其他圖書館參考此書時，應稍加更改。其次，這本書僅以小型圖書館爲對象，僅收錄79本，格局自然太小，但重要的是其組織參考館藏的精神，參考館員日常也應對參考書有這種分析組合的準備，對那些書應是必備的，那些書何時該購置新版，那些書在經費困難下可以兩者選一，甚至於可以將尼蔻兒絲的每個Group的參考書種類擴大，建立各類圖書優先補充購置的順序標準，這好似餐廳爲各種食客準備各種菜式不同、價格有異的各式的菜單一樣，以隨時因應不同的需求。

參考館藏的豐富且適當，自然像羅馬造城，雖非一日可成，

但組織營造計畫倒是可預先準備的。

四、參考館藏的撤架和汰除

參考館藏的撤架是指將使用價值降低或較少使用的圖書自參考區或參考室清出，移入參考部門的預備書庫或典藏部門的普通書庫中，讀者如需調借，仍可再調出。參考館藏的淘汰則是將失去使用價值或已不須本館典藏的圖書，依據報銷法令或原則予以淘汰。參考館藏需要撤架或淘汰的原因，不外是：

1.參考資料不斷在出版，也經常在更新，圖書館的參考館藏自然也不斷增長，然而參考區域空間畢竟有限，為使藏書量不致過度膨脹，以免影響到讀者活動的空間，參考館藏應儘量將少用的圖書移走。

2.參考書折舊性比普通書高，經常一下子就失去時效性；對已不具使用價值的書，可以淘汰，才能再補入新的且有價值的書。

圖書館有兩個方法可以做為觀察參考館藏是否須要撤架或汰除的依據，第一就是研究圖書的使用率；但參考書一般都是開架的，不像普通書可透過借閱或流通紀錄來統計一本書是否不常被借閱使用。參考館員只有經常瀏覽書架，考察那些書有不常被翻閱（像書脊上是否沾滿灰塵，或是在書架上一直沒被移動過的樣子……等等）的蛛絲馬跡，以判斷它們是否該「退休」了；而讀者常常詢問及使用的書籍，自然不列入移架的考慮。第二，研究參考書的時限也是一個可考慮的因素；科學方面的書，只要超過10年，除非它們是講科學史的，否則就可以考慮淘汰了，而人文科學方面的，一般卻可以維持較長久的時限。

然而每個圖書館仍然會有個別的需要和不同的環境，因此，參考館藏的撤架或淘汰無法有一定的標準可循。中小型圖書館一般沒有大型圖書館有較大的空間或預備書庫可供撤架，圖書移出

即等於要淘汰，故標準有時可能要嚴格些，以免有無法挽回之痛。其次，對參考資料的淘汰原則，也宜有全國性的合作計畫，以國內的報紙而言，縣市文化中心圖書館自然沒有空間典藏日積月累的報紙，故一般而言，可由國家圖書館或省級圖書館典藏報紙的合訂本，然而各縣市文化中心圖書館還是應保存自己縣市地方版那一版面才好，因為畢竟國家圖書館位在臺北市，所收到的報紙，不可能包括全省各縣市的地方版的。

雖然撤架或淘汰沒有一定的標準，不過凱茲（William A. Katz）仍然提出幾點可供參考的原則：㊸

1. **時限性（Timeliness）**：大部分快速查檢（ready reference）的參考書都必須時常更新，否則就會過時。

2. **可靠性（Reliability）**：即使不是快速查檢的參考書，但因有些數據或現實的改變而使其不適用於今日者，也必須考慮更新。

3. **可用性（Use）**：有更好用的參考資料出現，則舊的資料可以剔除，例如已有彙編本的期刊論文索引，則季刊本的可以淘汰；又假如已購買光碟版了，則連彙編本亦可淘除。

4. **書籍的情況（Physical Condition）**：參考書籍如已被利用到殘破脫頁而不堪再使用了，自應淘汰；如書籍尚有利用價值，應再申請補購複本。

5. **版本更新（Later Edition）**：如有新增訂或改訂版本的參考書，自然應將舊版移出或剔除。

6. **語文（Language）**：幾乎無人會使用到的某些冷僻外國語文參考書，如在館藏空間不足之下，可優先移架。

然而這些原則，特別是第 5.項版本更新，對某些類型的參考工具書而言，亦有不同的認定，如：

(1)對名錄、機構指南等類的參考書，如電話簿、World of Learning等，通常有了新版，則舊版的效用幾乎沒有了，可以放心地淘汰。

(2)對年鑑而言，各年度之版本包含各年不同的事實概況及統計，資料重複性不大，對研究各學科歷史或必須比較各年度之統計數據者，仍有參考價值，故不宜淘汰；像「中華民國年鑑」、「中華民國經濟年鑑」、「資訊工業年鑑」、「中共年報」……等，書架上甚應放置幾個年度的版本。

(3)書目、索引：有了年彙編本，則月刊、季刊可以淘汰，有了五年彙編本，則年彙編本可以淘汰。而像"Books in Print"，有了新年度版，舊版可以淘汰，否則此類工具書體積龐大，非中小型圖書館之藏書空間可以負擔。

(4)百科全書：圖書館自然不必每年都更新各種西文百科全書的新版，原則是每五年買一次新版即可（其餘可用年鑑補編來代替），但最好維持每年都有一種百科全書是最新版本的。凱茲雖然建議儘可能保留舊版百科全書，但對國內中小型圖書館而言，似乎會有困難；即使大學或學術圖書館，恐怕亦只能以學術性聞名的大英百科全書第7、9、11版等為優先保留對象。

(5)字典：比較沒有新舊版的問題，但如果同一部字典的新版，其功能已超越舊版，則舊版亦可撤架，淘汰則宜再考慮。

(6)傳記資料：較少因參考書的年代而受到剔除，如民國初年出版的傳記辭典，仍有史料價值。

(7)地理資料：廉價地圖如使用5－10年後，撤架及剔除應可行，唯主題性地圖則應另行考慮。

參考館藏的撤架，在空間足夠下，自然較無問題，不過應考

慮到讀者調借是否方便，故參考預備書庫不宜位於冷僻之地點或地下室，最好與一般流通性書庫在一起。另外，國內書籍的淘汰，因為受到財產管理法規的影響，報銷程序較為繁雜，且每年有一定的比率限制，實施起來，較為不便。唯一般認為，淘汰後的參考館藏，儘可能以三種方法處理，可避免資源的浪費：㊹

1. 與別館交換，互通有無。

2. 可無償贈送其他較小之圖書館，如西文百科全書或 Books in Print等，經費較多的大圖書館也許年年更新，舊版即可轉送縣市文化中心圖書館或鄉鎮圖書館。

3. 折價出售給讀者，以充當圖書館另購新書之經費；唯此點在國內，尤其是公立圖書館，實施仍有困難。

五、參考館藏的評鑑

伊文斯（Evans, G. Edward）所說的館藏發展六個循環工作項目，其最後一項是館藏的評鑑；經過評鑑後，再重新回到館藏和讀者需求的分析工作。參考館藏的發展亦是如此。

如何評定參考館藏，不外乎由參考館藏的質、量和讀者使用率來著手。㊺所謂「質」，通常指館藏書籍內容是否夠好，也包括資料的新穎性，以及各學科各類型的參考書是否符合本館的館藏重點。至於「量」方面的評估，則指館藏數量是否足夠？而讀者的使用率則需完全根據本館的讀者群分析及其使用調查，否則如果一所社區型的公共圖書館訂購了品質極高的「化學摘要」，卻乏人使用，則這所圖書館的參考館藏發展工作不理想，也不成功。

其實，參考館員在建置參考館藏之前，就先要考慮到要買那些類型的資料？要研究那些資料適合自己圖書館的主題需求，並且要定期考察整個館藏是否能趕上讀者需求的不斷改變。凱茲也

認爲館員還要考慮到：

　　㈠誰將會使用這些參考館藏？他們需要的量是多少？

　　㈡假如某種資料今年需要，明年是否還會需要？是否會有所改變？

　　㈢附近圖書館有那些資料可供利用？透過圖書館的館際合作是否可使資源充分利用，而減少購買一些本館暫時性的需求資料。

　　㈣假如經費被裁減，那麼那些資料必須優先續訂？（這些也就是館藏較重要的部分）⑯

　　有了這些前置考量，將可減少爾後在評鑑館藏時所會遭到的困擾。

　　從「質」的方面來評鑑參考館藏，其實在選擇個別參考工具書時就應先加以評定了。墨基女士在「參考書和參考工作」一文（見前述）中就有"How to Study Reference Books"這一節，提到評定一本參考書是否優良，可從下列幾項考量：

　　1.仔細考查書名頁，以便了解——
　　　⑴書籍內容的範圍。
　　　⑵作者。
　　　⑶作者以前的學經歷（是否與書籍的內容範圍相關）。
　　　⑷出版社（是否專業或權威）。
　　　⑸出版日期（是否新穎）。

　　2.閱讀前言或導論，以便——
　　　⑴了解更多的書籍內容範疇。
　　　⑵了解書籍有何特點。
　　　⑶了解是否有任何限制。
　　　⑷與其他同主題的書相互比較。

　　3.考察書的本文，以便——

⑴了解編排體例（是否方便查檢）。

⑵了解是否有參照系統（Cross reference）。

⑶是否有附錄？與主文有關聯否？

⑷是否有索引？

⑸條目撰寫的品質如何？是否有署名？有參考書目、附註
等？

4.有可能的話，找幾個自己熟悉的主題，仔細閱讀正文中所
撰寫的相關條目，以便了解其撰寫是否有錯誤或缺失；是
否有偏見之詞？

5.考察其排列順序是否有特殊之處？是否不便利用？（筆者
按，像國內的字典或索引，如用中國字庋擷法或上下形檢
字法Instant Index System，對現代讀者甚至於館員都不
是方便的方法，除非它另編有補助索引系統。）

6.假如參考書有新版或增訂本，應仔細與舊版比較——

⑴新版的確比舊版完整，且可完全替代舊版，則使用新版。

⑵如果舊版還有某些資料仍有可用性，則兩種版本可以並
留。

⑶假如新版只是封面改變或僅是再印而已，則爲節省經費，
可還是使用舊版。⑪

墨基女士這幾種考量個別參考書的方法，事實上即包含了一
般所謂評定參考書的要素，如參考書的編纂目的、收錄範圍、權
威性、客觀性、可靠性、可讀性、易用性、適時性等。如果個別
的參考書在選購之前，就已先經過這些鑑定程序，相信整體的館
藏也能保持一定的水準。不過，一般而言，對整體參考館藏，還
須以下列幾種方式進行了解：

1.以經常瀏覽巡視的方法，來發現書籍是否陳舊了，是否破

損，是否遺失，是否沾滿塵埃無人使用？

2. 邀請專家或學者及他館經驗豐富的參考館員，以客觀的角度來參予鑑定工作；他們由於以旁觀者的身分及經驗的不同，可能會與本館館員自己觀察館藏有不同的見解。

3. 與他館相互比較：經由拜訪、參觀、考察他館的參考館藏，以發現自己館藏的缺失而加以改進。⑱

而由於到底應有多少冊參考書才是理想的參考館藏，並沒有一定的標準，因此，很難從「量」的標準來評鑑。凱茲就說「假如大部分的參考問題，都能很快、很正確地以現有的館藏得到回答，那就是理想的參考館藏量」（If the majority of questions are answered quickly and correctly by the available collection, then it is the optium size）。⑲的確，對一個小型圖書館或專門圖書館而言，或許並不需要太多各式各樣同性質的參考工具書，因此，「量」並不能代表參考服務的成功。但或許基本的數量還是必須的，凱茲也認為參考書如不及500種，休想有效從事參考服務，因此，他覺得也可以根據過去的經驗或前人已建立的標準來發展一個理想大小的館藏；像英國在1969年就公布了一個「公共圖書館參考服務標準」（Standards for Reference Services in Public Libraries），其中建議每一千人口應有一千冊圖書，且其中200冊應是參考書（見該標準3—I條）⑳，故大約參考書可佔全部館藏的十分之二，或許這可作為一種基本的認定。

另外，書目核對法也常是大家使用的評鑑方法，例如大型圖書館可利用幾種大型的參考書指南來核對本館參考書是否齊全，中小型圖書館亦可用幾種標準圖書選目的參考書部分來核對；同時各類型圖書館也要不斷比對各種新刊書評雜誌等刊物，視其所介紹的參考書，有符合本館需要者，而本館是否已訂購。美國圖

書館協會每年所公布的傑出參考工具書或國內的金鼎獎等，也是值得留意的。

至於讀者的使用率或館藏的利用率之評鑑，也是一個不易實施的方法；蓋因參考館藏大多為開架自由取閱，難有出借紀錄可供觀察。不過參考館員應是最能在這方面有觀微知著之效的見證者。當讀者覺得有什麼書應該有而館裏卻沒有，並向館員反映，此種情況，若有兩三人次以上，大概也就是需要補充這些書了。凱茲也說，在某些主題方面，假如讀者沒有館員協助，就難以找到資料，那也表示圖書館是非常欠缺這方面主題的書了。而若本館老是需要向外館館際合作借調某幾類的圖書，也就顯示本館這方面圖書的欠缺。這些都有賴館員細心的觀察各種事實現況。

當然也可以對讀者採取問卷及口頭詢問的方式，或者請讀者合作，將使用過的參考書置於書桌而不上架，以便館員隨時做統計；另外，也可在每本書置放問卷或書卡，請讀者使用這本書時，將問卷或卡片另行繳回館員，以便館員做文獻使用率的調查。但這些方法都各有缺失；如需大量投入時間或人力，以及需要讀者合作等，否則無法進行。

總之，參考館藏評鑑的目的，在於確立一個數量適宜而質量優良的參考館藏，讓參考館藏在經費、空間和時間三大要素考慮下，仍然能如活水流動，維持躍然之生機，每年增加館藏，每年也可以汰除部分不宜的館藏，而支持一個有效率的參考服務。

【附註】

① Isadore Gilbert Mudge, "Reference Books and Reference Work", reprinted in the "Guide to Reference Books", 9th ed., ed. by Eugene P. Sheehy, (Chicago: A. L. A., 1976), p.xiv.

② 參見張潤生等編，「圖書情報工作手冊」，（哈爾濱市：黑龍江人民出版社，1988年），頁284，及盧子博等主編，「參考諮詢基礎知識答問」，（北京市：書目文獻社，1986年），頁56。

③ 中國論壇編輯委員會編，「海峽兩岸學術研究的發展」，（臺北市：中國論壇社，民國74年）。本書為中國論壇半月刊十週年專輯。

④ James Boswell, "The Life of Samuel Johnson", Abridged, with an introduction by Bergen Evans; （New York：Modern Library, 1965），p.258.；中文版見羅珞珈、莫洛夫譯，「約翰生傳」，（臺北市：志文出版社，民國65年），頁175。

⑤ 王振鵠等著，「圖書資料利用」，（臺北縣：空中大學，民國80年），頁8。

⑥ 同註①。

⑦ 袁逸，「給工具書下個定義」，四川圖書館學報，34期（1986年第4期），頁54。

⑧ 劉聖梅，沈固朝，「參考服務概論」，（南京市：南京大學出版社，1993年），頁278。

⑨ 王秀蘭編著，「英文工具書」，（武昌市：武漢大學出版社，1991年），頁5。

⑩ William A. Katz. "Introduction to Reference Work, Vol. 1. Basic Information Sources" 6th ed., （New York：McGraw-Hill,1992）p.ix-xiii.

⑪ 楊祖希，「工具書的類型」，中國圖書館學會會報45期，（民國78

年12月），頁125。

⑫　同註⑧，頁368—369之間的表28。

⑬　盧子博等主編，「參考諮詢基礎知識問答」，（北京市：書目文獻社，1986年），頁69—70。

⑭　王錫璋，「擴大索引效用的中華民國期刊論文索引」，載於王著「圖書與圖書館論述集」，（臺北市：文史哲出版社，民國69年），頁211。

⑮　邵獻圖，「西文工具書概論」，（北京市：北京大學出版社，1990年），頁56。

⑯　同上，頁88。

⑰　王錫璋，「百科全書——沒有圍牆的大學」，載於王著「圖書與圖書館論述集續集」（臺北市：文史哲出版社，民國74年），頁163—164。

⑱　劉葉秋著，「中國字典史略」，（臺北市：源流文化公司，民國73年），頁1—2。

⑲林慶彰，「中文辭典的源流與發展」，書評書目，81期（民國69年1月），頁14—15。

⑳　同註15，頁223。

㉑　同上。

㉒　同上，頁188。

㉓　Heartsill Young ed., "The ALA Glossary of Library and Information Science", （Chicago：American Library Association, 1983），p.6，p.244.

㉔　董成瑜，「鑑往知來，年度大事，條條在目」，中國時報開卷周報，（85年2月8日），38版。

㉕　吳小如，莊銘權編，「中國文史工具書舉要」，（臺北市：明倫出

版社，民國？年），頁121。

㉖ 張錦郎編，「中文參考用書指引，第二次增訂本」，（臺北市：文史哲出版社，民國72年），頁634—636。

㉗ 參見沈寶環著「西文參考資料中政府出版品的管理及使用問題研究」，中國圖書館學會會報，43期（民國77年12月），及芭芭拉·凱爾（Barbara Kile）主講，劉春銀評，「政府出版品之管理與利用」，國立中央圖書館館刊，23卷2期（民國79年12月）兩篇文獻所述。

㉘ 薛理桂著，「現代科技與圖書館」，（臺北市：學生書局，民國81年），頁55。

㉙ 朱小瑄，「學術性資料庫之建置與應用」，載於「光碟資料庫產品指南1996—1997」，（臺北市：漢珍圖書公司，民國85年），頁5。

㉚ 參見陳敏珍「光碟資料庫系統在參考服務之應用」，臺北市立圖書館館訊，5卷4期（民國77年6月），頁59—63，及漢珍公司編「光碟資料庫產品指南，1996—1997」。

㉛ 莊道明，「公共圖書館提供線上檢索服務可行性之考量」，臺北市立圖書館館訊，5卷4期（民國77年6月），頁59—63。

㉜ Edward G. Evans, "Developing Library Collections"，（Colorado：Libraries Unlimited，1979），p.25.

㉝ 同上，p.28.

㉞ Diana M. Thomas. "Effective Reference Librarian", （New York：Academic Press, 1981），p.29.

㉟ 參見王錫璋著，「體檢中文參考書的出版」，聯合報84年7月13日，讀書人版。

㊱ 王錫璋，「美國出版界的書目中心──鮑克公司」，載於王著「知識的門徑──圖書館·圖書與出版」，（臺北市：文史哲出版社，民國85年），頁139—152。

㊲　彭歌著，「愛書的人」，（臺北市：純文學出版社，民國63年）。

㊳　參見漢珍圖書公司編，「1996─1997光碟資料庫指南」，（臺北市：漢珍圖書公司，民國85年），頁I～1──I～21。

㊴　Godfrey Thompson, "Planning and Design of Library Buildings ", 3rd ed., （London：Butterworth Architecture, 1989），p.204.

㊵　Philip D. Leighton and David C. Weber, "Planning Academic and Research Library Building", 2nd ed., （Chicago：American Library Association, 1986），p.202.

㊶　Keyes D. Metcalf, "Planning Academic and Research Library Buildings, （New York：McGraw-Hill, 1965），p.202.

㊷　Margaret Irby Nichols, "Selecting and Using Core-Reference Collection", （Austin：Texas State Library, 1986）.

㊸　William A. Katz, "Introduction to Reference Work" Vol.2, 6th ed., （New York：McGraw-Hill, 1992），p.209─210.

㊹　同註㊳，p.325.

㊺　曾化雨，「談如何評鑑參考館藏」，輔大圖書館學刊16期（民國76年5月），頁97。

㊻　同註㊸，p.203─204.

㊼　同註①，p.xiv─xv.

㊽　同註㊳，頁374─375。

㊾　同註㊸，頁205。

㊿　同註㊳，頁412。

第七章　參考諮詢的過程與參考諮詢檯服務

　　圖書館所有的採訪、分類編目及上架、典藏等工作，都是為了使讀者很方便地利用到他們所需要的各種資料。假如一所圖書館擁有豐富的館藏，卻無法使讀者滿意地得到及利用資料，那麼前面所用的那些工夫幾乎可以說是全部白費了。因此，圖書館提供參考服務，即在於對尋求資料的讀者予以協助。依據羅斯坦的看法，參考服務必須成立特定的組織——參考服務部門，以便提供此種協助，並使館員學習這種協助讀者的技術並展開各種有關協助讀者的作業。（參見本書第二章）

　　參考服務的各項工作中，自然以對讀者的親身協助最為直接且最為重要。圖書館為方便此項工作的開展，通常於參考室或各專科閱覽室設立參考諮詢檯，做為從事此項工作的基地。事實上，在讀者眼中，它幾乎也就是整個參考服務工作的指標；所以圖書館的設計，首先就應該使讀者一進入館裏，就知道何處可以獲得協助（Where to ask for help）。

　　參考諮詢檯對讀者提供的是直接的服務（Direct Service），在範圍上，它包括對親自到館的讀者之問題解答或資料查詢和蒐集的協助，以及接受電話諮詢服務；在電腦發展普及後，資訊檢索也成為參考諮詢檯一項重要的工作，參考館員必須熟悉各種資料庫或網路資源等，做為自己工作上的利器。

　　而就參考館員而言，不管是對親身到館的讀者之問題解答，

或接受電話諮詢、或協助讀者做電腦上的資訊檢索，這些都是一種參考問題的處理（Reference Transaction）。館員在參考問題的處理過程中，是否能對讀者有較完善的服務，必須有外在環境及自身條件的配合。外在環境如圖書館藏書資源是否豐富、建築及設備之規劃是否妥適……等等，這些在本書前幾章均已論述；至於自身條件是指館員在從事各項諮詢服務，須要結合兩項要件：——第一是「智能」（intellectual component），這包括館員對全館藏書資源有深厚的認識，亦即如班森（James Benson）和穆蕊（Ruth Kay Murray）所說的「館藏知識之觀念」（Knowledge-of-Collection Concept）①；以及能夠了解什麼是讀者問題的核心，什麼才是一個讀者滿意的答案？應該使用什麼資源和檢索策略……等等的知識。但不管館員如何精通這些知識，如果不能與讀者有效溝通，引出其真正的資訊需求（information need），那麼這些知識也將無著力之處；因此，第二項要件就是「人際關係」的因素（interpersonal component）。此兩項要件即是參考諮詢過程中的基礎內涵。

第一節　參考諮詢的過程

　　參考諮詢的整個過程，可說是讀者（詢問者）和參考館員以及資訊源（包括館藏或館外各種資訊來源）等三者之間相互作用的關係。這之中，包含了讀者問題的種類和其思維模式，也包括參考館員的回應問題和其思維模式，以及兩者為了達到共同契合的觀念以得到正確的資訊所做的各種溝通；此即沈寶環教授所說的「三連環」關係。②讀者經由參考館員的支援，而能與資源結合，即是參考諮詢的終極目的，而館員為達到此目的，在此過程

中要儘可能掌握資源，才能對讀者做有效的服務；同時，館員也必須接近讀者，才能了解讀者的需求。

　　參考諮詢的過程，可以用流程圖表示，讓人清楚地了解其處理步驟；如傑霍達（Gernald Jahoda）和布拉納琪（Judith Schiek Braunagel）所著的「參考館員與參考問題」（The Librarian and Reference Queries, A Systematic Approach）一書的第一章導論中，即有一個諮詢過程的模型圖：

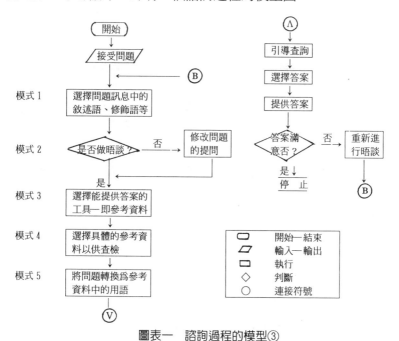

圖表一　諮詢過程的模型③

　　此模型圖示，於今日而言，當然須將模式 3 至模式 5 中所提的「工具」或參考資料，擴大為包含各種電腦資訊系統等的資源，不過其流程大致不變。

　　如果圖書館有幸，規模大到足以聘請到一些圖書館助理員（

Library/Media Technical Assistant，簡稱LMTA或 LTA），那
麼布露柏格（Marty Bloomberg）在其所著「圖書館技術助理人
員的公共服務導論」（Introduction to Public Services for Libr-
ary Technicians）一書中，也有以下以助理員爲主的諮詢流程：

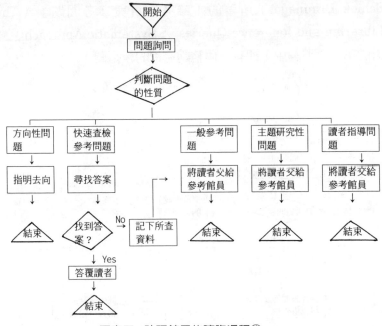

圖表二　助理館員的諮詢過程④

　　由此圖示，可知方向性問題（Directional question）和快速
查檢參考問題（Ready reference question），都可由圖書館助
理員答覆，參考館員只承接助理員所未能解決之問題及一般參考
問題（General reference question）、主題研究性問題（Rese-
arch question）和讀者指導問題（Reader's advisory question—
—如書目指導等）等。

　　但如果我們稍微將過程簡化，也不考慮是否有圖書館助理員的問題（因為讀者是分不清楚那些問題該問助理員，那些問題可以問參考館員的），則參考諮詢可以用下列的流程表示：

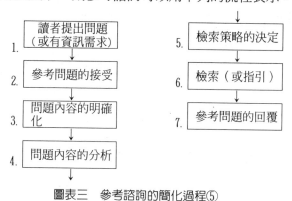

圖表三　參考諮詢的簡化過程⑤

　　如果讀者提出的問題，僅是簡單的方向、館藏指示或快速查檢參考問題，則第 3 — 5 項皆可省略；如果第 7 項參考問題的回答，尚未能滿足讀者的需要，則可重回第 3 項再次實施。而 3 — 5 項之間，館員與讀者即需不斷地溝通，以求各項過程更精確；以下簡述各項過程：

一、諮詢問題的種類

　　參考諮詢之產生，是由於讀者有資訊的需求，亦即讀者有諮詢的問題（reference queries）。依據美國圖書館協會圖書館行政分會的參考服務統計委員會（Committee on Statistics for Reference Services of the American Library Association's Library Administration Division）的分類標準，是將讀者的問題分為兩類，一種是僅需指引性處理（direction transaction）的問題，一種則是需要做查檢處理的「參考問題」（reference transaction）；前者僅是指示館藏資源或設施之所在，問題很

快即可解決或結束。而「參考問題」則又可分爲快速查檢參考問題（ready reference）或簡短回答問題（short-answer），以及須要充分研究（full-blown-research）甚至於要建立方法論來調查的檢索問題。⑥林區（M. J. Lynch）則在「公共圖書館與參考晤談」（Reference Interview in Public Libraries）一文中提到四種處理讀者問題的種類，包括指引性問題（direction），圖書館館藏的問題（library holding），必須實質檢索的參考問題（substantive）及必須轉介的問題（moving from one kind of question to another）。⑦

其他的分類方法，還有⑴依據參考問題的主題來分類，如按圖書分類法或按自己製定的項目分別歸類；⑵依照被利用到的參考資源的類型來分，如百科全書型的問題、年鑑型的問題……等等；⑶依詢問者的身分來區分，如成人、學生、研究者或兒童讀者的問題；⑷依照處理時間來區分，如急件問題、普通問題，可暫緩處理問題等。

類似這樣的區分，大部分僅用於參考服務的統計上而已。我們最常用到，還是如前述布露柏格參考諮詢流程圖（圖二）所分類的五種：

㈠**指示性的問題**（direction question）──只是詢問圖書館的設施、資料何在的問題，如期刊室在那裏？那裏可以買到影印卡……等等。

㈡**快速查檢的問題**（ready reference question）──使用一種基本的參考書即可容易回答的簡單事實性問題，如問民國39年10月1日的陽曆，換算爲陰曆是幾月幾日？臺灣的面積和人口各有多少？……等等問題皆是。

㈢**一般參考問題**（general reference question）──比快速

查檢，須要多花費一些時間查尋，也或許必須使用到兩種以上的參考書或其他資源才能找到答案的問題，如讀者問三國演義中諸葛亮使用的「木牛流馬」是否有圖可供參考？或者是二次大戰時，所謂「東京玫瑰」是指何人……等的問題皆是。

㈣**主題研究型問題**（research question）──環繞某一主題所需要的各種相關文獻，如讀者須要搜集有關「環保」或「勞工」、「AIDS」等的資料，即是此類問題，它可能是學生寫報告或學者做研究所引發的，對此類型，館員不是「回答」答案，而是「提供」及「指引」相關參考文獻。

㈤**讀者指導型問題**（reader's advisory question）──此類問題是讀者尋求某項特殊論題的文獻，並期望能獲得館員的建議或推荐之協助。如有沒有科幻小說的書目？想到京都做深度旅遊，可否推荐幾本較好的知性旅遊書籍？此類問題在國外大型圖書館或許有獨立的讀者指導部門，或有學科專家可以提供服務，而一般圖書館，有時參考館員也必須擔任此項工作，唯回答此類問題，頗需要技巧，也需要經驗，故必須要有熟練的館員才能進行。⑧

上述五種問題類型中，指示性的問題不須再有與讀者溝通之程序，至於快速查檢問題，因爲簡短、明確，亦少有須與讀者深入晤談之需要，其他問題，則較須與讀者進行晤談及溝通。

二、諮詢問題的受理

圖書館接受讀者的諮詢問題，亦即讀者有資訊需求而向圖書館請求協助，通常有四種方式，一是讀者親自到圖書館，直接向館員洽談，二是利用打電話的方式詢問，三是利用書信或傳眞的方式，第四則是因爲電腦網路普及後，採用電子郵件（E-mail）的方式。

利用書信或傳眞以及電子郵件的詢問，通常詢問者已經過比

較愼密的考慮，問題的提述也比較完整，館員也比較有充足的時間尋找資料，爲其解答。而經由口頭或電話而來的詢問，則比較容易流於散漫或不中肯，因此常常需要館員與讀者溝通或晤談。

三、館員與讀者溝通的開始——參考晤談的產生

「參考晤談」（reference interview）或「諮詢對話」（Query Negotiation）、「問題商談」（Question Negotiation）或其他「參考接談」甚至於日文裏所謂的「參考相談」等名詞，都是指館員和讀者之間的一種人際溝通過程，其目的在了解讀者到圖書館的眞正需求，以協助其找到其眞正需要的資料或能夠適當地利用圖書館之館藏資源。

諮詢過程中之所以需要參考晤談，可追溯至讀者利用圖書館的動機。一般讀者到圖書館尋找資料或提出詢問，總不是他最優先的考量；凱茲（William A. Katz）曾說：「大部分的美國民衆，有了問題，總不是先想到圖書館，而是向朋友或機關裏的同事請教，圖書館在他們眼中，只是一個看小說或休閒的地方」；即使知道要上圖書館去尋找資料，對許多人來說，「圖書館也經常是令人沮喪的地方，面對浩瀚書海，他們無從得知如何找到他們所需要的資料或解答，如果館員也不了解他們的眞正需求的話，那麼他們下次將更不會到圖書館來了」。⑨

泰勒（Robert S. Taylor）也曾認爲讀者到圖書館提出諮詢，往往是他們一系列尋找資料活動中的最後行爲，如下圖（圖表四）就顯示他們寧可先問同事或觀察四周環境是否有可以得到的資訊，即使這樣還沒有得到解答，他們在開始尋找文獻，也要先從個人擁有的資料先行找起，如果無法獲得圓滿結果，才會想到圖書館；到圖書館後，他們也希望能先憑自己的知識找到資料，如果自己確實無法找到，他們才會去詢問館員。

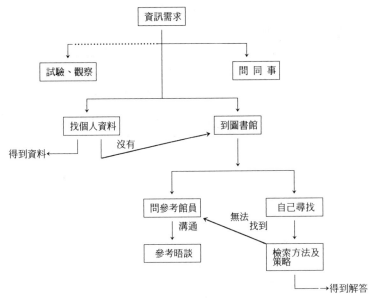

圖表四　讀者找資料或提出諮詢的過程⑩

　　此固然是如凱茲所講的，圖書館的組織或資料的組織方法，是一般讀者所未能了解的，而人性中「沒有必要，不想太麻煩別人」的心理，可能也是一個原因。

　　另外，一般參考文獻中，經常認爲即使讀者向館員提出諮詢要求，但讀者在此情況中總是害羞、困惑或不能陳述自己眞正需求的。泰勒曾提出讀者資訊需求的四個層次理論，就是最常被引用的一個文獻；他認爲讀者問題的需求，會經過四個層次：Q 1.--是潛在的需求（Visceral need）──亦即讀者碰到問題，感到迷惑、苦惱，卻又無法表達。Q 2.--是意識需求（Conscious need）──對需求內容可以用語言表達，然描述仍然模糊不清，但讀者希望對方能理解這種描述，或在對話中，模糊性會逐漸消

失。Q 3.--是形式化的需求（Formalized need）——讀者已可對
其問題做較適當的陳述，但這是他自己對自己需求的理解而已，
圖書館的「系統」（包括館員或電腦系統及圖書資料的組織方法）
可能仍然不能接受其理解的陳述或語彙。Q 4.--妥協性需求（
Compromised need）——這是讀者摒棄自己眞實中的需求細節，
或簡化問題，或採用易於被他人理解的語言，或根據自己對系統
的理解來提出問題。⑪

　　舉例來說，某讀者被教師指定（或受人委託）蒐集有關特殊
行銷管道方面的資料，若此讀者對這個問題的內容不甚了解，到
圖書館就不容易對館員表達其眞正的需求，此爲　Q1之層次；若
讀者已被老師或朋友告知所謂特殊行銷管道是像看電視就可以買
東西或是不必透過商店來購物……等等的方式；讀者轉而向館員
陳述，但敘述得很不精確，因爲他自己還是無法弄清楚應該用什
麼語詞來形容或描述，但希望館員能幫助他思考，——這是Q2
的階層。至於Q3—Q4則是讀者已知道應該用直銷、電視購物、
網路購物、郵購等名詞向館員陳述，而館員若指導讀者使用商業
或企管、管理學辭典或有關企管、商情的資訊系統（如卓越商情
資料庫、政大企管文獻——MARS等）查尋，讀者會發現，參考
工具書或資訊系統中，或許採用的名詞不是他原先所認同的這些
名詞，於是他必須妥協性地配合工具書或資訊系統，試查一些其
他意義相近的名詞用法，或用「電視」·AND·「購物」等布
林邏輯的方式來查看看。——這些過程，也有可能是在館員的指
導下完成的，因爲畢竟館員比較了解參考書的參照系統及資訊系
統中的關鍵詞索引詞彙及用法等。

　　泰勒認爲如果圖書館不能在讀者資訊的需求過程中，以良好
的溝通方式，了解讀者的需求，並協助他們獲得滿意的資料，則

圖書館的地位將會被外來的機構所取代，圖書館的功能也會逐漸萎縮。⑫因此，他希望在圖書館員與讀者之間，能藉著溝通互動的過程，來使讀者的需求更明確化。他建議參考館員在晤談過程中要利用五種過濾器（Filter）來分析讀者的需求，也就是館員在晤談過程中，要了解下列五項內容，才能掌握問題與解答讀者的需求，即(1)要了解讀者需求的主題（determination of subject），(2)要了解讀者的動機和目的（object and motivation）；(3)要了解讀者個人的特質（personal characterics of inquirer）；(4)要了解讀者的問題與資料組織之間的關係（relationship of inquiry description to file organization）；(5)要掌握讀者的預期（anticipated or acceptable answer）。⑬

　　泰勒的五種過濾器理論，的確詳密周延，但在實務上，我們可以發現讀者的問題並非經常是複雜到如他所說的四個層次。有些問題的內涵，甚至是讀者知道的比館員還多、還清楚，他們只是不了解館藏的組織方式，而無法獲得資料的所在而已。而參考晤談也並非如一些參考文獻所說的是人類溝通中最複雜的行為，大多數的讀者當可明確表達自己的想法，因此太過冗長的晤談並不是經常會發生。何況參考諮詢檯的環境，是一個開放的空間，讀者及電話的諮詢頻繁，也不甚容許館員與每個讀者皆有像心理諮商那樣冗長而又耗時的分析問題和了解動機、特質……等等過程。⑭但是，畢竟泰勒的複雜理論，其目的是藉以了解讀者真正問題所在，同時由此決定應提供何種資料以滿足讀者需求的概念，因此，還是被奉為參考晤談準則中的圭臬，而其詳細的五種過濾器晤談過程，雖然在真正的參考諮詢中會遇到或必須使用全部過程的情況，或許不是很多，但如同籃球比賽，「灌籃」的機會或許不多，但球員還是不可不練習此種高超技術，機會有了，球員

亦不可放棄，畢竟這是得分，也是表現球技的時刻。

四、參考問題內容的明確化

　　參考館員在接受讀者的問題之後，首先要先確認問題的內容性質是什麼，因爲讀者——尤其是對圖書館還不是很熟悉的人，在最初的階段，常常會問一些不適切的問題；也有可能他們以爲圖書館員應該無所不知或者以爲電腦一敲，所有的資料就會呈現出來。而館員若是態度較消極些，不肯就讀者的問題予以深入了解，僅就讀者所提，隨便查幾種工具書，便很容易無所收穫。舉例而言，若讀者詢問"Agribition"這個英文字是什麼意思，他在家中的英漢字典都沒有查到；館員若只是想到讀者家中的字典太小了，也不問這個字是什麼學科或是從那裏看到的，而只是去查大一點的字典如遠東英漢大辭典，甚至於二十大冊的牛津大辭典，但卻都查不到。如果是積極的館員，則會詳細的問他這個字是在什麼地方看到？有沒有前後文？後來讀者告訴他說這是在一枚加拿大的徽章中看到的，館員這時或許想到這可能會跟加拿大有關，於是試查館藏中的一套三大冊的「加拿大百科全書」（Canadian Encyclopedia），結果果眞從書後的索引中找到，原來"Agribition"是Agricultural Exhibition（農業展覽）的合稱。又如有讀者問何謂「貢高我慢」，這時館員一定須要詳細詢問此句是什麼學科或是從什麼書中看來的。即使讀者僅告知這可能與佛教有關，但館員終究使問題明確化一些了；因此試查「佛光大辭典」，終於查得其意義是指「與他人比較而產生自負、傲慢之心，即增上慢」。

　　因此，把讀者的問題明確化，是參考晤談的第一步。傑霍達（G. Jahoda）認爲要把問題明確化，要考慮到下列幾項因素：

　　1.這個問題是讀者眞正所需求的嗎？因爲讀者有時在提問題

時尚未考慮好，或者尚未釐清問題的重點，因此沒有點出
問題的確切所在。如讀者問有沒有鐵路方面的資料，館員
若不問是什麼樣的鐵路資料，恐怕難以得知讀者其實是要
阿里山森林鐵路的歷史沿革資料。

2. 讀者需求資訊的類型是什麼？是書本式的，還是期刊論文？
抑或報紙剪輯？

3. 讀者詢問的主題已完全清楚了嗎？讀者所需要的主題範圍
是否已確定？

4. 讀者詢問的態度表現是否含糊不清？如館員已詢問了問題
內容了，而讀者仍有模糊不確定的態度。

5. 被要求的資料數量是否清楚？

6. 被要求的答案程度是否明確？如讀者需要米開蘭基羅的資
料，到底是簡單的生平事蹟即可，（查韋氏傳記辭典即可），
還是要稍微有一點簡介的呢？（查一般中小型百科全書），
或是需要更詳細的傳記資料？（查大型的百科全書），若
是需要研究型的資料，則要查各種專書及藝術百科全書等。

7. 這些問題的解答是否有時間限制呢？如果讀者時間匆促，
則只能提供簡要的資料，這也是館員要先清楚的狀況。⑮

五、問題內容分析

將讀者的問題明確化，表示在諮詢過程中，館員已釐清了檢
索方向，不致於誤入歧途，多走一些冤枉路。接下來的是如何找
出讀者提問的重點所在，以便針對真正所要的資料做檢索。有時
讀者敘述了一大堆話語，但關鍵的訊息卻只有一兩個語彙。掌控
到關鍵訊息，才能幫我們找到讀者真正所要的資訊，它也有助於
我們確定要使用什麼檢索策略或檢索工具。

對參考問題的分析，以傑霍達（Gerald Jahoda）和布拉納

琪（Judith Schiek Braunagel）的「參考館員和參考問題」一
書中最具有系統性。⑯他們在此書的第二章，「訊息的選擇」（
Message Selection）中指出，任何讀者提出的問題，不管是簡
單或複雜的，經過分析後，都是由兩個因素組成的，──所提出
的問題主題稱爲「已知項」（given），而要知道的訊息，則稱
爲「欲知項」（wanted）；例如「臺灣最高的山──玉山高多
少公尺？」這個問題，「已知項」是玉山，欲知項是求其高度。
當然，比較複雜的問題，已知項當然不只一個，還會有一些補充
的訊息，例如某出版社負責人在"Library Journal" 雜誌上看到
一項"Kiriyama Pacific Book Prize" 的圖書獎廣告，他打電話問
參考館員Kiriyama 這個人的背景，他並提供補充訊息說，根據
廣告文字所示，Kiriyama是日本人，也可能是宗教家，那麼這
「日本人」、「宗教家」便是補充訊息，有助館員利用這些訊息
多開拓一點查尋方向。

　　傑霍達也認爲任何問題的「已知項」和「未知項」都可劃分、
歸納爲下列幾種敘述詞（descriptors）：（見圖表五）

　　例如，以「中部橫貫公路完工於何時？全長是多少？」這個
問題而言，「已知項」──「中部橫貫公路」可說是地名敘述詞，
而「欲知項」問何時完工，即屬於「時間（日期）」的敘述詞，
全長多少則是屬於「數據資料」。又如問「安妮的日記」出版於
何時？館內是否蒐藏？「已知項」──「安妮的日記」即是特定
出版物，而「欲知項」則是時間（日期），及出版物的文獻藏置
所。

已　知　項　(given)	欲　知　項　(wanted)
縮寫詞(Abbreviation) 機構、組織(Organization) 人物(Person) 地名(Place) 術語或主題詞(Term or 　Subject) 特定出版物(Specific 　Publication)	日期、時間(Date) 圖表(Illustration) 數據資料(Numeric information) 　性質（科學測量Scientifically 　measured) 　統計(Statistics，含計算） 組織(Organization) 人物(Person) 地址或地理位置(Address or 　general location) 出版物(Publication) 　書目(Bibliography) 　文獻藏置所(Document location) 　書目資料的核對或查全(Verifi- 　　cation orcompletion of 　　bibliographic data) 正文資訊(Textual information) 　定義—符號(Definition-Symbol) 　評論(Recommendation) 　一般背景資料(General back- 　　groundinformation)

圖表五　已知項和欲知項的敘述詞⑰

　　傑霍達設定此表項（Checklist）的目的，在於欲歸納什麼
樣的已知項配合什麼樣的欲知項，則適合採用什麼檢索策略或選
擇什麼類型的工具書。（見下節）。但此表項中也並非沒有缺漏，
例如問題「臺灣最高的山在那裏？」，我們或許可以說「已知項」
──「臺灣」是地名，「欲知項」是要知道地址或地理位置，但
如果問「臺灣最高的山是什麼山？」，則欲知項似乎缺少適當的

敘述詞可歸入，或許應像已知項中，也再加上一個「術語或主題詞」罷！又如「王陽明的學說是什麼？」，已知項是人物，但欲知項也勢必歸入表項中尚沒有的「術語或主題詞」。當然，這猶如分類法的類表一樣，總無法完全達到周延的嚴密，我們不必苛求，而且傑霍達這套分析理論，對學習中或新進的參考館員，的確可以提供系統化的思考，協助館員從冗雜的問題去理出一點頭緒，分清那些是檢索目標，那些是檢索條件，如果已知項和欲知項兩者之中，有一個不明確，皆表示館員應與讀者須再進行晤談、溝通。

當然，也有人將讀者欲知的問題，做其他類型的分析。例如日人安藤勝等著的「參考業務」一書中，將讀者欲知的問題，先分析成(1)有關資料、書目的詢問；(2)有關語言的詢問；(3)有關事物的詢問；(4)有關人名、機關的詢問；(5)有關歷史的詢問；(6)有關地理的詢問；(7)有關最新時事消息的詢問；(8)有關各種統計數據的詢問；每大項之下，再分述各相關小項，並歸納出適合使用或查檢的工具書。⑱而神戶市立圖書館也曾試過將問題種類分析為A（總類）、B（人事、人名類）、C（地理類）、D（語言、用語類）、E（書目、書誌類）、F（統計、數字類）、G（圖譜、照片類）、H（資料集）、I（年表、年譜）、J（其他類），並把這些當作縱軸各點，而把日本十進分類法 100個類號當作橫軸各點，兩軸相交對應的則是適於使用的參考工具書，例如讀者問有關圖書館歷史、年代的問題，在橫軸020（圖書館學）和縱軸I（年表、年譜）相交點之下，有一本「世界圖書館年表，古代—1970年」（佐野捨一編，岡山理科大學昭和52年出版）可用。⑲不過，這樣的處置，將是龐大而繁雜的過程，館員對全部的參考館藏，必須有很精確的認識和熟悉。

六、檢索策略的決定

對讀者提出的問題予以分析後，其次就要擬定各種檢索的策略，以尋求各種解答問題的參考工具書。在決定檢索策略之前，首先要鎖定諮詢問題中的關鍵訊息，然後才能就此關鍵訊息選擇特定化的檢索語，例如要查美國水門案件中三位入獄人物的全名，其檢索語應就是水門案或水門事件（Watergate affair）；其次，為了查尋的精確性，也要先確定所要的資料是否有時間的限制，如讀者需要有關核四廠是否應興建的言論比較，則十年以前的期刊論文可以確定不必查了，甚至於把檢索重點放在最近兩、三年即可。當然，讀者所需資料的語文問題也要考慮的，如他想搜集有關日本水銀中毒的水俁病事件的資料，但表明他不懂日文，因此即使這方面的資料以日文較多，但館員的檢索方向還是朝向看看有沒有中文文獻為宜。又如外國讀者想研究太極拳，但他又不會閱讀中文，館員當然也應以英文資料的檢索為原則。另外，詢問的方式也會影響到檢索的策略，對親自到館的讀者，館員或許可在檢索中帶有教育的作用，因此檢索過程可以較詳細，並有程序地告訴讀者各種檢索途徑；至於電話諮詢，遠方的讀者大致只要獲得答案即可，檢索策略可以朝向簡化而迅速為原則。

上一節提到傑霍達將諮詢問題分為「已知項」和「欲知項」，並且各再歸納為數個敘述詞（見圖表五），每個已知項的敘述詞和欲知項的敘述詞配合起來，傑霍達都會為其整理出可以滿足這種組合的參考資料，也就是說，這些參考資料（以參考書為主）可以用來檢索這種組合的問題。例如以已知項國會圖書館（組織）為例，可衍生如下的各種欲知項的問題：（見圖表六）

已知項：國會圖書館

欲 知 項	問 題 實 例	適合檢索利用的參考書類型
時間	「國會圖書館建於何時？」	百科全書、名錄、專著、教科書
圖表	「我想看看國會圖書館的照片」？	百科全書、專著、教科書、一次文獻
數據資料	「國會圖書館有多少藏書？」	百科全書、指南
組織	「國會圖書館要向那個政府部門報告？」	名錄、指南、手冊
人物	「國會圖書館現任館長是誰？他的背景爲何？」	百科全書、專著、傳記資料
書目	「你這裏有國會圖書館出版品的目錄嗎？」	卡片目錄或電腦檢索
……	…………………	…………………
……	…………………	…………………

圖表六 已知項和欲知項的組合⑳

　　傑霍達在其「參考館員和參考問題」一書中就如此表列了各
種已知項配對欲知項敍述詞的問題實例，並列出各種可以查檢的
工具書類型。當然，他列的也只是提供我們決定檢索策略的參考
而已，一個問題的查檢，可能不會只有他在表中所列出的幾種工
具書類型可以解決問題或找到答案的，以（圖表六）舉的已知項
爲國會圖書館的問題，如果有一本專門介紹國會圖書館的小冊子，
則幾乎各欲知項的問題，都可獲得解答了。當然，可以解答問題
的資料類型有許多種，館員決定檢索策略，就是要去發現那種工
具書比較能迅速找到較多的資料。要將各種參考工具書或資料排

定檢索的優先順序或許有點困難，不過，基本上有兩點是可以做
到的；第一，參考館員大都身處參考室，當然以利用參考工具書
為優先，普通書或教科書等列為其次。第二，以自己比較熟悉或
認為較好用的參考書為優先；例如讀者查國曆、農曆對照的問題，
只要不是古代的年月，查一般的「萬年曆」一定比用「兩千年中
西曆對照表」好用；只要不是太冷僻的字，查一般的中型字典即
可，就不一定非要去動用康熙字典不可。

　　總之，傑霍達自己也認為他所列出的各種適合查檢的參考資
料類型，只是建議性而非硬性規定的，這種對應性的列表方式，
旨在給館員作為一種學習的訓練，以體會一種問題和檢索工具之
間匹配的程序，做為決定檢索策略之序曲，並不自覺地養成諮詢
問題一出現，即會聯想到應該使用什麼參考資料，這也才是參考
館員累積經驗，成為一個敏捷有效率之工作人員的基礎。

七、檢索的實施

　　在確定檢索策略後，即大致已決定該利用何種參考工具書或
其他參考資料來查檢。在特定的參考資料中要查到答案所在，有
四種途徑，第(1)是按照參考工具書編排的體例，如字典、百科全
書等，其正文都已按一定的筆劃、部首、英文字母順序、或分類
等排列，只要把問題的關鍵款目，按照工具書的編排方式去翻查
即可。第(2)，查閱書後索引，如果要檢索利用的不是參考書而是
教科書或專書，當然非得利用書後所附的索引不可；即使是參考
書，如果要查條目較細小的語詞，因為其不被列為正文中的標目
或款目，也必須在書後索引找看看，例如本節第四小節（參考問
題內容的明確化）中提到的"Agribition"一詞是在加拿大百科全
書的書後索引中才會找到它是在書中第幾頁的指引，蓋這個字並
不是被列為正文中的條目之一。其次，許多書後索引，是採用相

關索引方式排列的，不僅指示出一個條目在書的正文所在頁數，也把與這個條目相關的其他條目列在一起，並指出這些條目的頁數，這樣可找出更多的相關資料，館員如能告訴讀者此種用法，將可幫助他們拓展更多的相關資料。第(3)，查閱目次；這通常指比較大範圍的找尋，而且所使用的參考資料又沒有完善的索引，例如讀者需要了解「說文解字」的來源及其影響等資料，館員相信「中國字典史略」一書，應該會有這種資料，而國內一般學術圖書以前通常沒有編索引的習慣，館員當然只能從書前的目次中尋找。有些照分類排列的參考工具書，查目次找大一點的款目，有時的確比翻索引還快，尤其是中文字筆劃算法，常常教人算錯筆劃數，找按筆劃排列的書後索引反而花費時間。第(4)，逐頁瀏覽；這當然是最沒有效率的一種方法，也是館員最頭疼的一種情況，但在查檢古書時卻常發生。例如讀者來電，希望館員代查古代某文人文集內之某一句子或詩詞，出自何處？或其上下文為何？但又不知其在第幾卷或第幾章，而此文人之文集並未編有索引出版，館員只有將其文集調出，逐頁閱覽。不過在古書、古人文集等尚未全面編成索引或以電腦製作全文檢索系統之前，館員是否必須為讀者從事此種有時像是海底撈針似的服務，倒是值得探討的問題。

檢索參考書，最重要的是要了解其使用方法，例如薛仲三、歐陽頤合編的「兩千年中西曆對照表」，有一套特別的換算方法，對各日子之星期數及干支，也必須再計算，參考館員必須先詳細研究凡例之說明；而「說文解字詁林」正編合編索引，所採用的中國通用檢字號碼表，亦是較少用到的查檢方式，館員亦須事先了解其用法。西文工具書一般較易查尋，但查世界兩個城市之間的直線距離的工具書——"Direct-Line Distance"，其編排繁雜，

列表瑣細，也得事先花費一番功夫了解，眞正用時才能迅速找到答案。

八、答案的選擇和回答

對讀者的詢問，館員提供回答的方式，常依參考問題的種類和圖書館的方針而有不同。日本圖書館學家長澤雅男認爲，回答讀者的方式有下列幾種：(1)直接提供資訊本身的答案；(2)提供答案，並告知其來源；(3)僅明確告訴讀者答案所在的資料，由讀者自行去找出；(4)僅指導讀者圖書館的利用方法；(5)僅指導讀者利用各種參考資料的使用方法；(6)提供編製的二次文獻資料。㉑通常第1和第2種適合於快速查檢或是電話的諮詢問題，第3種則適合於館員較忙碌時，而讀者是常來圖書館且比較熟悉圖書館館藏資源的讀者。第4—6種則是適合提供給主題檢索及研究型的讀者。

在選擇或提供答案之前，館員應先特別注意關鍵訊息或語彙是否錯誤，在選擇之後，也應與讀者確認一下；尤其是電話諮詢或一些容易混淆的詞彙，常會造成錯誤的選擇，如讀者要「地政」方面的資料，館員卻查了不少「地震」的論文；讀者問何謂「三通」（兩岸的三通——通商、通郵、通航），館員卻答以通志、通典、文獻通考的。

即使館員已查得資料或答案——特別是統計數據方面的，亦應審慎評估此項解答是否適宜？如所依據的參考書已過時太久，此項答案就不適宜告訴讀者。又如兩種以上的工具書所提供的答案如不相同，就應進一步查證。

有經驗的館員在爲讀者查出某項解答後，通常也會預估讀者下一步會有什麼需求而預作準備的。例如讀者電話詢問某本書是那家出版社出版的，參考館員查出後，順便會另外查出此出版社之電話、地址，以便應付讀者接下來可能會問到該出版社的資訊，

此種情況在參考實務上是很多的，館員預作準備，是可免去讀者
再一次等候的時間。

　　給予讀者答案，最好也能告訴讀者資料來源所自，如此不僅
讓讀者認爲館員是有依據的解答，也順便可提示讀者一些參考資
源的知識，具有教育的意義和作用。

　　參考服務政策或準則中都會對某些問題有回答的限制（見第
四章），像法律和醫藥問題，身爲參考館員，不可能給讀者提供
法律或醫學方面的闡釋或建議，只能告訴讀者如何使用相關的參
考文獻資料。

　　有些問題無法找到答案或提供資料，其主要原因有三：(1)圖
書館員忽略了可能有的參考資源；(2)答案的資料不存在於本館；
(3)問題本身即沒有特定的答案。⑫

　　對於第一項原因，館員可請教資深同事，尋求支援；對於第
二項原因，應迅速請採訪單位採購或徵集此類圖書，並積極發現
另外一些可以取代的相關資料，以解答此項問題；或將可能可以
提供此項答案或資料的圖書館介紹給讀者，包括其名稱、地址、
電話及服務時間等。

　　對於第三項原因，正確的答案就是「查無答案」，這也可能
是某些研究人員所期待的，證明他所要研究的課題是還沒有人做
的。⑬也有些出版社要將某外文圖書或文獻譯成中文，他先來電
要查明此書是否已有中譯本，以免已有其他業者已出版中譯本了，
會侵犯到別人的版權。然此種查檢對館員將十分困擾，蓋館員一
般無法得到一些進行中的翻譯版權交易訊息，故即使在參考書或
電腦中查不到某本外文書是否已有中譯版了，對此「查無」之解
答，館員宜須愼重告訴詢問者應另外向有關翻譯中介團體尋問看
看。

館員對查不到答案的問題，應做一個查檢過程紀錄，如已用過什麼工具書，使用過什麼方式……等，這樣如果別的館員繼續查尋，或轉介到其他單位，均可告知他們，以免重覆以前做過的查檢工作。

第二節　參考晤談的技巧

在前一節提到的參考諮詢的整個過程中，從問題內容的明確化到分析問題的內容、檢索策略的決定，均須與讀者不斷的溝通，甚至於回答讀者答案或提供讀者資料時，如果讀者覺得尚不滿意或資料不甚正確時，也須再與讀者重新溝通。在參考諮詢的服務中，館員與讀者溝通的過程，一般稱之為參考晤談（reference interview），其目的是欲藉著館員與讀者雙方之間的對談，來傳遞彼此的訊息，並藉對方的反應逐步修正本身的思考、言語及態度，以達到雙方均能正確了解諮詢問題的真正意義或範圍，並決定正確的檢索方向。

當然，參考晤談另一個目的也是要藉著館員親善的態度，來贏得讀者對圖書館的好感和信任，這是圖書館宣傳公眾關係（Public Relation）的良好機會；故吾人可說，圖書館經營之良窳，首重參考服務的辦理，而參考服務是否有成效，則參考諮詢中之參考晤談是一項重要的因素。

其實，參考晤談的觀念，早在參考服務的首倡者葛林（Samuel Green）就已表達了他的論點了（見本書第二章）。葛林認為圖書館員應促使他自己成為可親近的，並對讀者擴大友善、真誠的接待服務；館員也應鼓勵讀者將其困難告訴他，並協助他們解決問題；這種鼓勵讀者將困難提出來，就是溝通，晤談的第

一步。

1930年，魏爾（James Ingersoll Wyer）在其所著的「參考工作」（Reference Work）一書中也提到「圖書館讀心術」（Library Mindreading）這個名詞，其意義是館員為了解不確定自己需求的讀者，而與其進行的「交叉詢問」（Cross Examination），㉔這就是參考晤談的基本模式。

但後來許多有關參考晤談的文獻中，似乎都過度把參考晤談複雜化和深層化。其陷入迷思的大致有兩點，一是認為晤談之由來，大多是因為讀者不清楚自己的資訊需求；故莫斯（Karen Moss）和泰勒（Robert S. Taylor）都一致認為參考晤談是人類溝通中最複雜的活動之一，因為讀者連自己也不確定自己需要的是什麼，卻又要向參考館員描述其不明確的需求是很困難的。㉕其次，是把參考晤談的溝通模式帶上太多其他心理諮商和傳播學的色彩，以致於參考晤談似乎變得很深奧。但如本章第一節第三小節──「館員與讀者溝通的開始──參考晤談的產生」中已談到的，在實務上，讀者並非經常是不能明確表達自己的想法，問題本身也非我們想像中那麼深奧複雜。㉖事實上，館員也無暇去了解讀者的心理特質是屬於膽汁質、多血質、粘液質或抑鬱質等之類的學理，而讀者也有隱私權，他也不須像心理諮詢一樣傾巢而出似地把所有不相干的其他歷史背景告訴館員。館員和讀者的確需要對談，但那是在讀者提供的問題不明確或訊息不足之下才必須進行的。而根據林區（Mary Jo Lynch）的一項調查研究，讀者提出的問題，有52%只問了一個主要問題（Primary），24%問了兩個，13%問了三個；且只有13%的讀者首次問的不是他們真正想要的。㉗可見參考晤談並非總是必須的，也不能總是歸之於讀者不了解自己的需求；而且有些晤談的原因，反而是館

員不清楚讀者的闡釋，因爲在某些領域方面，讀者比館員還要專業，他所講的術語，有時還須轉化爲比較平易或通俗的說法，館員才會聽得懂呢！因此，在晤談中，館員也應時時以請益的態度去了解問題，這樣，晤談雙方就比較能基於平等的基礎，讀者不必有「自卑」的情結，館員不能有「在上」的氣勢，而應和朋友聊談一樣，這樣其實更能使讀者暢言其問題。因此，打破「讀者總是不清楚自己的資訊需求」這種迷思，是在談論晤談技巧之前必須先有的態度。

　　當然，讀者的確會因爲比較不了解館藏資料的利用方法或館藏資源的分析，而可能顯得較無知些，但這也不是晤談會顯得複雜的原因。日人森睦彥等著的「改訂參考業務及び演習」一書中引用岡野弘的「面談——その心理之理論」一文說面談的種類只要簡化成三種即可，(1)是給與型，亦即G（ive）型：讀者表達得很清楚，館員將其所需資料給他即可。(2)引出型，亦即T（ake）型：館員要從讀者引出他查尋所需的資訊，「引出」即須藉著雙方的溝通。(3)是兩者混合的TG型；這是資料給與（G型）後，讀者認爲尚缺完整，或尚未滿意，館員必須再藉著（T型）導引出讀者的眞正需求。㉘

　　所以，參考館員對參考晤談應不必認爲它都是一種複雜而深奧的過程，倒是應注意一些基本技巧以營造雙方晤談中的良好溝通模式或愉快氣氛。參考晤談可以說是一種科學，因爲它是可以透過學習而得來的；它也可以說是一種藝術，因爲溝通有時不能只講求死硬的原則。因此，參考晤談可以說既是科學，也是藝術，也有人認爲它是一種「表演藝術」（Performing art）。㉙

　　態度親切永遠是參考晤談的首要條件。米契爾（Gillian Michell）和哈里斯（Roma M. Harris）認爲只要參考館員的態

度親切有禮，並對讀者所提出的問題充滿興趣，即使讀者沒有得到答案，也會對館員有很高的滿意度。㉚一般而言，態度親切表現在口頭語言和肢體語言（body language）兩方面。口頭語言包括音調、音量、聲音的變化、說話的頻率和速度，以及持續時間的長短等；只要內心維持著愉快的精神和敬業的體認，相信言語自然會平和而親善。館員在交談中，甚至還可適當地發出「嗯」、「喔」、「哦」等輔助語氣，有時重複一下讀者的關鍵詞語（key word）等，均可對讀者有鼓勵作用，表示館員認真在聽，且認同他的傾訴或問題的陳述。㉛

至於肢體語言，則包括微笑、點頭、或眼神的專注。微笑或許難予持久，事實上也不可能在晤談過程中永遠微笑，但開頭的歡迎式微笑是必須的。館員要注意的倒是不能有皺眉頭的表情，因為這表示不耐煩或不希望被打擾。點頭和眼神的專注，也是一種鼓勵的表示，它可緩和個性較內向之讀者的緊張，而能促使他適當而持續地談論自己的需求問題。

「傾聽」（listening）也是參考晤談中，館員必須認知的一種技巧。沒有比停下一切工作，然後專心聆聽並表現出對讀者問題的關注還重要的了。凱茲認為「傾聽」還分為「被動的傾聽」（passive listening）和「積極主動的傾聽」（active listening）兩種。前者不須技巧，館員僅需讓讀者談論，而在合理時段以各種肢體語言表示自己的確在聽；後者則不僅聽讀者在講，而且還會適時歸納和評論一下讀者的觀點。㉜館員自然以採用積極的傾聽較易獲得讀者的信任和認同。

而在正式開始晤談的過程中，一般均建議館員多採用開放式（或非限定性）的問話（open question），而少採用封閉性（或限定性）的問話（closed question）。所謂開放性的問話是不

提供預設性的選擇，由讀者自己決定回答的方向；這類問題多半以「什麼」（what）、「什麼時候」（when）、「怎樣」（how）、「誰」（who）、「什麼地方」（where）等問起。這樣的詢問，是要留有足夠的餘地，來進行討論，其目的是爲了能有更多的提問和回答，以便準確地了解讀者所需的資料。例如讀者問：「我想要找一些有關飛行器方面的資料」，而館員如詢問：「你想找什麼樣的的飛行器呢？」——這便是一種開放式的問話，如此，讀者便不能不延續下來的對話：「我要找的是有關幽浮的相關資料」。至於封閉式的問話，則是希望讀者在可能的回答中選擇一種，他的回答不是「對」就是「否」；或在兩者中選擇一樣，這樣就使對話受到相當大的限制。如前例，館員如反問，「你是要書本上或期刊上的報導文章呢？」，這時讀者不得不說是要書本或期刊上的資料。這樣會導致館員只往飛行器方向查檢，而沒有追尋出讀者的眞正需求是「幽浮」。當然，館員在查出資料時，還會再度與讀者晤談並做修正，但卻已浪費了許多時間和精力了。

雖然並非所有問題皆要用開放性問話不可，但是傑拉爾丁・金（Geraldine B. King）建議第一階段中應儘量利用開放式問話，以鼓勵讀者充分表達自己的資訊需求，到第二階段，當館員要將諮詢問題和館藏資源聯繫起來考慮時，才利用封閉性問話。㉝在比較冗長的問題對話中，兩種方法甚至經常要交替使用多次，才能得到較正確的資訊需求。

總之，參考晤談並非那麼複雜，但成功的晤談，除了館員和藹可親的態度外，也要靠著館員的機智和合理應用對話的交流技巧。傑霍達在「參考館員與參考問題」一書中，曾歸納一個「諮詢對話評量表」（Checklist for evaluating negotiation），對好

的和不好的對話有個比較，或許可增進大家對參考晤談應有的技巧有個總結性的了解：

好的對話（good negotiation）	不好的對話(poor negotiation)
·在對話開始階段，館員採用開放性的問話。 ·鼓勵讀者多談他的資訊需求。 ·歸納或闡釋讀者的問題，以確定彼此相互了解。 ·與讀者進行目光的交流。 ·全心關注讀者。 ·對問題內容抱持客觀的態度。 ·讓讀者感到輕鬆。 ·緊跟著讀者的思維進行。 ·表現對讀者的同情心。 ·能以非語言的動作表現親切。	·讀者在談論資訊需求時，時常被館員打斷。 ·館員在對話中過早使用封閉式問話。 ·沒有全心關注讀者。 ·對內容做主觀的判斷。 ·太早下「沒有答案」的判斷。 ·未經過充分考慮，即提供不成熟的答案 ·將讀者置於被動的態勢上。 ·和讀者一起表現不安的情緒。

圖表七　諮詢對話評量表㉞

第三節　電話諮詢服務

電話諮詢是重要的參考服務項目之一，但卻常常被圖書館忽略或不在乎，也常被認為只是附帶的服務而已；有關參考服務的文獻，也較少專門討論電話服務的，總只是把其與一般參考諮詢歸在一起探討而已。

有的參考館員也認為電話服務是一件討厭或麻煩的事，因為對親自到館的讀者，不僅在溝通、晤談方面較無困難，而且有時只須指示資料所在或告訴他們如何使用參考書即可；而電話來的詢問，卻常就是要答案本身，非得館員親自去查尋找出答案不可。

有時讀者鄉音或口音太重，館員接聽電話，總覺不甚其苦。除非圖書館另設有隔間的電話服務，否則通常在參考諮詢檯兼辦電話諮詢，電話鈴聲及館員回答的聲音，也常會影響到參考室的安靜和招致讀者的抱怨。

但電話服務是為了擴大讀者服務的空間，延伸參考諮詢的範圍到全國各地，使民眾不須到圖書館，即可獲得所需的資訊，的確也是一項應有的服務。因此，雖然一般學術圖書館對電話服務抱著不拒絕，也不鼓勵的消極態度（因為他們認為電話諮詢只是在獲得資料而已，不能訓練讀者如何利用圖書館資源），但在公共圖書館，卻是館員負擔很大的一種諮詢服務方式。[35]本書第一章已約略提到加拿大國家圖書館和紐約公共圖書館每日回答電話諮詢的繁忙，而館員必須儘量不離開諮詢檯以回答大部分的問題。在國內，國家圖書館每天電話諮詢的次數，有時經常會超過到館讀者口頭的詢問，而兩支電話經常同時作響，頗令為應付眾多到館諮詢讀者已忙得焦頭爛額之館員，有一支蠟燭兩頭燒之感，可見圖書館——尤其對一般公眾開放的國家圖書館或公共圖書館，電話諮詢也是一項重大的服務項目。

一、電話服務的品質

一般評鑑電話服務的品質，常常只以回答問題的正確率為依據，其實這是不夠的，其它可考慮的項目還包括：

㈠速度（Speed）：為了能夠節省讀者的電話費用或等待時間，館員答覆的速度是很重要的一項因素。大部分的電話諮詢，通常是快速查檢的問題，館員如果能即時查檢回答，可不必請讀者留下電話號碼，再由館員回電；如此也可省一點圖書館電話費用。速度當然有賴於館員對參考工具書和各種查檢方法的熟練，但基本上，如果問題較複雜些，還是應以審慎的態度請讀者留下

電話，待查得正確答案後再回電。有些圖書館對外縣市的來電，在館員記下問題後，會請讀者在某段時間後再打來，館員再給予答覆，這樣一方面讓讀者不用等候館員的查檢，一方面圖書館不用打長途電話，對兩者的電話費都可節省些。

㈡**禮貌**（Etiqutte）：電話服務雖是雙方看不見面的溝通和晤談，但參考晤談的親切態度還是必須的。電話交談，少了肢體語言的輔助，館員只能以語調來表示願意協助的熱心，同時在言語的交流中也要時時不忘向讀者表示正在檢索中，請稍待的訊息；假如離座查檢資料太久了，回來後，也該不忘向讀者說聲「抱歉！讓您久等了！」這些話語，這樣將使讀者感覺窩心不少，減輕久等的不耐或不悅。

㈢**機智、圓通**（Versatility）：電話服務另一個會考驗館員的是機智和圓通。館員經常會面臨兩支電話同時響起，或者是正與讀者晤談時，電話的諮詢亦已到臨，此種手忙腳亂的情況，如何應對，須要館員有智慧地分別處置，而不讓任何一方的讀者感到受忽視。此外，由於電話諮詢，因為彼此見不到面，溝通上的障礙也較多，如何因應各種不同脾氣類型的讀者，各種難以掌控的案件，也是有待館員以經驗或智慧、融通分別處置的。

㈣**宣傳、促銷**（Promotion）：另外一個決定電話服務品質的因素是這項服務是否為大眾所知並且能充分利用。美國圖書館協會在1980年代就曾發起了促進民眾利用電話服務以求知的活動，此活動名稱即訂為「打電話給你的圖書館」"call your library"，㊱並在電視、收音機和印刷媒體展開宣傳活動。紐約公共圖書館隨即響應此項活動，並散發書寫著 "call the library for fast facts" 字樣的卡片給市民，鼓勵民眾一有問題，即可打電話問圖書館。㊲因此，圖書館如果沒能展開宣傳，讓多數民眾知道

利用電話諮詢的方便,則此項服務功能將減低不少。

二、館員的電話服務訓練

許多私人商業資料庫公司都非常重視員工使用電話的訓練,因為他們業務的成功,通常有賴於能以電話支援客戶查詢,並利用其資料庫。因此,像MDC(Mead Data Control)公司,就雇用了64個員工,對客戶提供一天24小時,一星期七天的全天候電話服務;而這些員工在從事這項工作——亦即被認定可以從事這項專業技術之前,必須完成一段時間的訓練。㊳

但大部分的圖書館學系的參考服務課程,都沒有教導學生電話服務的技巧和方法,因此,大部分電話服務的訓練工作,只有在圖書館工作時,以實務來「以戰練兵」了。

館員在電話服務的訓練工作,可包括:(1)基本的學識訓練,加強對快速查檢參考工具書及館藏資源的認識,並熟悉各種電腦檢索工具的利用。(2)由資深或有經驗的館員帶領,實際體會一些較困難問題的檢索策略及方法。(3)訓練積極傾聽的技巧,並由溝通專家訓練如何以聲調、語氣來鼓勵讀者談論自己的資訊需求。(4)電話禮儀的訓練,如開頭問候語、結尾致意語及轉接電話的方法,雖是小事,卻也不應疏忽。

三、輔助電話服務成效的工具

電話服務是否有良好成效,最主要的因素當然要靠訓練有素的館員,然而也可以靠一些工具來增進一點效率:

㈠諮詢檯桌子四周最好設置多部電腦及終端機,分別提供各種不同資訊系統的查檢。圖書館當然可以設計一部個人電腦可以查尋許多資料庫,但這必須時常切換進出不同資訊系統,增加不少館員操作時間;尤其尖峰時間,有時等待網路接通更常感緩不濟急。因此,參考諮詢檯如果能設計大一些,可以放置較多部的

電腦，各部電腦隨時開啓著不同資料庫查檢系統──如查館藏目錄的、查期刊論文索引光碟的、查剪報系統的、查網路資源的……，如此，館員一接到諮詢電話，須使用到某種資料庫查尋，即可利用桌上某部適宜的電腦，將可節省一些電腦轉換系統的時間。

㈡在諮詢檯設置書架，陳列常用參考工具書或快速查檢型工具書，便利館員隨時接到電話諮詢，不須離座，即可取用參考書回答讀者。像本書第五章就曾提過巴爾的摩（Baltimore）市的伊諾奇・柏拉特・費爾圖書館（Enoch Pratt Free Library）更設計一種類似旋轉木馬（Carousel）的輪狀（wheel）器具，可放置四至五座書架，容納400─500冊之核心參考館藏，這些常用參考書按不同主題，分別在書脊貼以不同顏色標記，館員可以在接到電話時，迅速轉動輪盤，找到他必須用到的參考工具書。㊴因此，不僅參考諮詢檯桌面要能多放幾部電腦，在桌子後面最好亦有較大的空間可以容納常用工具書。

㈢在諮詢檯後面設置佈告欄，張貼本社區或本縣市重要機關團體、組織、協會等之電話或地址，以及各種經常會利用到的資訊消息，以方便館員迅速查檢。

㈣自動電話系統的改進，如增加可以轉接到各樓層及其他閱覽室之分機轉接設施，使問題的轉介較爲容易，而不須請讀者重撥總機再轉接。有可能的話，亦可以使用無線電行動電話，使館員離開諮詢檯到其他書架查檢資料時，不必搬著圖書回到諮詢檯的電話機旁回答問題；或是館員離座到參考室較遠書架時，諮詢檯電話響起，館員即可就地用行動電話搶接，而無須迅速奔回諮詢檯，這些都可節省館員來回奔波時間。但宜注意的是，館員的聲音宜儘量放小，以免干擾到其他區域的讀者。

至於傳眞的方式，在工具的利用上雖是以電話來傳遞諮詢問

題，但在處理上，除非是急件，否則傾向於類似書信方式的服務，可於諮詢檯值班之外的時間處理。（見本書第八章）

第四節　電腦資訊檢索

電腦的發展，應用到圖書館，主要可分爲資料處理（Data Processing）、資訊儲存（Information Storage）和資訊檢索（Information retrieval）三方面，但實際上，前二者是爲第三者而準備的。⑩而電腦資訊檢索主要應用在讀者服務或參考服務方面；近數十年來，利用電腦技術製作的各種線上資料庫、光碟系統及目前盛行的網際網路，帶給館員在參考服務工作的許多方便，也擴展他們的服務空間；但節省了館員一些查檢時間，卻也必須面對要了解許多電腦系統的使用方法，以及增加他們協助讀者查檢資料的工作，因此參考館員並沒有輕鬆下來。

除非圖書館另設有資訊室及有專門爲讀者從事檢索服務工作的「資訊專家」（information specialist），否則人力、經費經常面臨不足的圖書館，電腦資訊檢索總是設在參考部門爲主，（包括公共服務區、參考室、各專科閱覽室等），而由參考館員爲讀者提供檢索上的協助。此項資訊檢索系統服務的方式，在二、三十年來，也有不少的變遷和沿革。

一、電腦資訊檢索在參考服務的演進和發展

電腦資訊檢索在參考服務上的演進，約可分爲三個時代：

㈠**線上書目資訊檢索時代**——這是1970年代初期，美國推出了許多商業化的線上資料庫系統，如DIALOG、 ORBIT 、 BRS等，它們都擁有儲存量大，檢索速度快的優點；我國也在1979年12月由國際電信局引進國際百科資料庫檢索服務（Univ-

ersal Database Access Service），使各圖書館及研究單位蒐集
資料時，可透過電信網路向國外線上資料庫檢索參考資料。但早
期此種線上資料庫係由專屬的通訊網路連線，檢索指令較難，操
作不易，通訊及資料庫使用費，均按連線時間計算；為使不熟悉
操作過程的讀者減少花費，通常由館員代為檢索。在檢索之前，
館員亦須先與讀者商談需求，以節省上線時間。

這種檢索方式，稱為委任檢索（Delegated Searches）；在
檢索過程中，館員介入讀者與資料之間，他是讀者和資料庫的重
要仲介者（intermediary）。此種檢索過程，與一般的參考諮詢
過程類似；首先讀者有資訊的需求，然後展開檢索的準備項目（
包括檢索主題的詳細討論、決定是否適合用線上檢索來獲得資料、
選擇適當的資料庫、檢索主題的分析、檢索語彙的選定、終端機
使用策略的鎖定等），而後開始上機檢索；查得結果後，必須再
與讀者晤談，決定檢索資料是否合宜，是否必須再檢索。亨瑞（
W. M. Henry）等曾將此過程繪表如（圖表八）。

因此，此種資訊檢索也必須實施參考晤談，其目的亦在了解
讀者的資訊需求和需求的程度……等等。唯與一般參考諮詢不同
的是線上檢索的過程，是由讀者，即詢問者（requester）、館
員、問題及資訊系統四個要素組成，也就是資訊系統取代了書本
式的參考工具書——特別是書目、索引、摘要方面的工具書。而
在線上檢索晤談方面，通常會多了一道填寫檢索表格（Search
Request Form）的程序，此份表格除了讀者的需求外，尚須包
括個人背景資料、個人檢索限制，如年代、語言、文獻類型的限
制，以及過去的檢索經驗……等，以幫助讀者釐清自己的問題所
在，亦可以此為依據，來進行檢索晤談。㊷

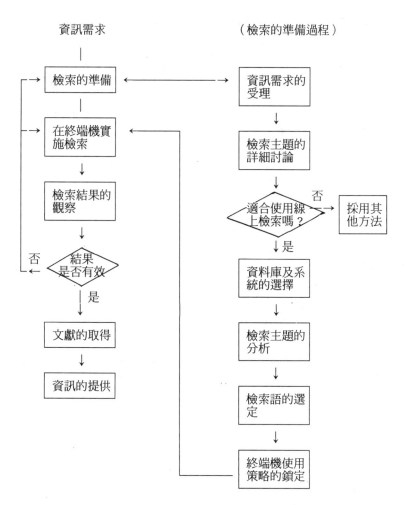

圖表八 線上資訊檢索的過程④

　　此種線上檢索，館員幾乎主導著整個檢索過程的進行，亦即館員的專業訓練、對該主題的認識與線上檢索的臨場應變力等，

均對讀者所得的檢索結果有很大的影響力。㊸因此,館員的責任重大。然此亦爲其缺點,因讀者缺乏自己親自檢索上機的機會,使讀者無法將其專業知識領域(特別是圖書館員所不熟悉的部分)配合電腦的操作,發揮較大的效果。最大的缺失則是其通訊及資料庫使用的費率較高,國人一般還不能適應這種高價取得資訊的檢索方式,因此在費用較低的光碟資料庫或功能更廣大的網際網路出現後,不僅各線上資料庫廠商紛紛改弦易轍,國內各圖書館的國際百科資料庫業務也大爲萎縮。

　　㈡**光碟資料庫檢索時代**──1980年代中期以後,光碟資料庫開始盛行;由於其所需費用,在購買時就一次付清,不必隨著檢索逐次支付,亦不必再負擔任何通訊費用,因此使用時,沒有時間的壓力。一般圖書館於開放光碟檢索,除了列印或儲存於磁片,須收取少許工本費外,一般檢索均不再計費,因此也爲讀者節省不少費用。光碟資料庫的指令較簡單,操作容易,因此檢索工作多由讀者自行處理,此即與委任檢索相對之「使用者自行檢索」(End-user Searches)。這種方式,改變了館員的角色,參考館員已從主導的身分,變成輔導的角色;他不再是資訊的提供者,而是教育者而已。因此,資訊檢索的過程可大大縮短,館員僅在讀者查檢有困難時,適時加以說明或指導即可。

　　光碟發展至今雖已十餘年,但因其低廉的價格及較方便的使用方法,目前仍是參考服務裏資訊檢索工具的主力。

　　㈢**電腦網路的時代**──1990年代以後,由於結合電腦和通訊最新科技而發展出來的網際網路日益普及,更帶給圖書館資訊檢索更大的衝擊。

　　網際網路除了對單獨使用者具有彼此通訊和資訊取得的功能外,由於其亦包含有各式各樣新的資訊及學術資源──舉凡人文

科學、社會科學、自然科學以及其他商業、旅遊、運動、娛樂等各類資訊，都可透過網路而取得，特別是有許多均是可以提供免費查詢和利用的，因此，對圖書館參考服務有很大的助益。

陳雪華教授在「圖書館與網路資源」一書中，認爲參考部門利用網際網路，可以歸納爲三種方式：

第一是利用網際網路做爲溝通的媒介，如透過電子郵件接受讀者之諮詢或館際借閱等；同時，館員也可以在網路上回答讀者問題及提供各種有關圖書館的訊息等。館員之間也可透過電子論壇等與其他圖書館同道交換或討論有關參考服務的經驗或訊息。

第二是參考部門爲網路的接受者，亦即利用網路中龐大的資訊，做爲檢索對象。但館員必須熟悉各種網路資源指南及檢索工具，才能迅速找到資料。

第三是參考部門成爲網路資源的提供者。圖書館可以提供本館之導覽、簡訊、線上公用目錄查詢及本館建置的資料庫查詢等，使遠地的讀者也可以透過網路查到本館的一些資料，這樣可減輕圖書館員的一些電話諮詢的負擔。㊹

第二、三項是互爲因果的關係，也是互相提供資料，互相共享資源的合作關係。

二、參考諮詢檯各種資訊檢索的應用

電腦資訊檢索工具種類極多，發展又極爲迅速，約在十幾年前，國內各圖書館的參考館員，大部分還在使用卡片目錄或人工編製的書目、索引、摘要等，曾幾何時，許多圖書館的卡片目錄已停止印製，一台一台的電腦或終端機也搬到參考服務區，供館員或讀者使用，約有一半以上的查詢，須用到電腦了。

在現代化的參考室裏，提供給館員或讀者檢索使用的資訊系統，通常可包括：

㈠連接圖書館本身的自動化系統。如線上公用目錄檢索（Online Public Access Catalog──簡稱OPAC）或館裏自行發展的其他資料庫系統。OPAC就是將館藏目錄轉成電腦可閱讀的方式，並提供線上方式的檢索，它如同卡片目錄一樣，不過檢索功能更多，也能讓讀者看到館藏資訊的實際地點。它也必須易於使用，使讀者儘量不須館員的協助，便可完成檢索。因此，無論是參考室或各服務點、各閱覽室的櫃檯及開放空間等，都應普遍放置OPAC查詢的終端機，讓讀者可以隨時隨地查檢；諮詢檯的參考館員當然也須時常查用。

對於OPAC，希崔斯（Charles R. Hildreth）在1991年曾提倡所謂的E³OPAC，以擴大OPAC的功能。㊺所謂E³是指"Enhance"、"Expanded"、和"Extend"。

"Enhance"就是要使OPAC的檢索功能和檢索介面更加改善，使其更具親和性和好用性。

"Expanded"則是要使檢索OPAC的對象能夠擴大，因此許多圖書館的OPAC系統都已掛在網路上，使館外更多的遠地讀者皆可以透過網路來查本館的OPAC系統；如日本許多大學圖書館便有所謂的telnet（遠程載入）版的OPAC、WWW（全球資訊網）版的OPAC或 Gopher （地鼠資訊服務系統）版的OPAC等。㊻

而"Extend"就是要使OPAC上能看到的目錄系統或資料庫增加，便於讀者選用不同的資訊系統，如我國國家圖書館在83年10月啓用的供讀者檢索的OPAC系統──「國立中央圖書館資訊網路系統」（現改名爲「國家圖書館資訊網路系統」），便包含有 1.本館館藏目錄查詢系統； 2.中華民國期刊論文索引系統； 3.中華民國政府公報索引系統； 4.中華民國政府出版品目錄系統；

5.行政院所屬各機關人員因公出國報告書光碟影像系統； 6.當代文學史料影像全文系統； 7.當代藝術作家系統等，使OPAC系統所能查到的館藏資源擴展不少。

　　參考館員在諮詢檯，經常要查檢全館館藏資源，當然也要對OPAC所包含各種系統的資料範圍和使用方法加以熟悉。

　　㈡**光碟網路系統**。如前一節所述，目前光碟系統的查檢是以讀者自行檢索為主，館員僅居於輔導、協助的角色。但由於光碟系統的規格與檢索介面並不統一，使得各種光碟系統的查檢方法及畫面設計等均不同，有時連參考館員都未必記得清楚各種光碟的檢索方法或程序，何況一般讀者。事實上也不是每位讀者都對電腦具有操作的基礎能力，因此，館員對不同系統的光碟資料庫，均應分別編寫簡單易懂的操作說明，置於光碟桌上。此份說明或手冊，應包括怎樣進入系統，各功能鍵的作用如何？怎樣顯示資料？怎樣列印、轉錄資料等；最好並列舉幾個檢索實例，讓讀者能依照步驟檢索。列印或轉錄磁片，通常會收取成本費，因此，收費標準及每人每次檢索時間等均應在說明手冊上註明。

　　除了諮詢檯前供讀者檢索用的光碟桌外，諮詢檯上亦應架設各種光碟系統供館員查用。現在許多圖書館多已採用光碟網路，使全館各服務定點均能同時使用各種光碟資料庫。但各諮詢檯畢竟空間也會有限，故每一部PC或終端機要能同時容納一些光碟資料庫，如國家圖書館參考室的光碟網路系統，兩個畫面的選單，就包含了多種中文光碟資料（如中華民國期刊論文索引光碟、中華博碩士論文、中華民國企業管理文獻）及西文光碟資料庫（如ERIC、Psyclit.、Sociofile、PAIS、MLA、RGA、Library Lit.、LISA、ABI/Inform.、American Company、International Company）等十餘種光碟，館員或讀者可以從選單上選擇所需

的資料庫使用。

㈢**其他資料庫**。有時參考諮詢檯及供讀者查檢的工作站，亦可以引進一些非光碟版但具有實用性的資料庫，這些資料庫有些是供免費使用的，只要將其載入電腦即可利用；如經濟部國際貿易局規劃、行政院農委會與資訊工業策進會開發設計的GATT資料查詢系統，可供檢索GATT之原始資料、次項資料及GATT秘書處出版品等。國家圖書館參考室亦自行開發設計「參考諮詢系統」軟體，可提供各圖書館建立參考諮詢問題之紀錄。參考館員可利用此項系統，將本館曾經回答的具有留存價值，且比較會有讀者經常問到的一些參考問題，如黨禁、報禁何時解除？中美斷交於何年何月何日？……等等問題及答案，鍵入電腦，形成一個參考諮詢資料庫，下次如有讀者再查詢同樣問題，即可很快在資料庫找到答案。此種系統在諮詢檯對館員檢索一些經常會被問到的快速查檢問題，幫助甚大。⑪下圖（圖表九—1至九—3）即為該系統之建檔及檢索畫面顯示舉例。

有些資料庫則須訂購，如中央社剪報資料庫查詢系統，其編目型式資料，是由該社每個星期將新增資料以磁片寄至訂購單位再載入使用之電腦即可。

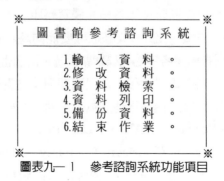

　※　　　　　　　　　　　　　※
　圖 書 館 參 考 諮 詢 系 統
　　　1.輸　入　　資　　料　。
　　　2.修　改　　資　　料　。
　　　3.資　料　　檢　　索　。
　　　4.資　料　　列　　印　。
　　　5.備　份　　資　　料　。
　　　6.結　束　　作　　業　。
　※　　　　　　　　　　　　　※

圖表九— 1　　參考諮詢系統功能項目

```
　　圖 書 館 參 考 諮 詢 系 統
系統號碼：10　　　　【資料新增】
諮詢問題：＿＿＿＿＿＿＿＿＿
答　　案：＿＿＿＿＿＿＿＿＿
　　　　：＿＿＿＿＿＿＿＿＿
出　　處：＿＿＿＿＿＿＿＿＿
　　　　：＿＿＿＿＿＿＿＿＿
關 鍵 詞：＿＿＿＿＿＿＿＿＿
```

圖表九—2　參考諮詢系統建檔（新增資料）畫面

```
　　圖 書 館 參 考 諮 詢 系 統
系統號碼：1604　　　　【資料修改】
諮詢問題：社會大學之電話與地址？
答　　案：臺北市南京東路三段303巷8弄4號
　　　　　（02）7182000
出　　處：財團法人社會大學文教基金會簡
　　　　　介小冊子528.44
關 鍵 詞：社會大學
```

圖表九—3　參考諮詢系統檢索畫面顯示

　　㈣**網路資源**。網路上的參考資源相當豐富，已如前一小節中敘述過，但因為網際網路中的資源大多是由各單位自發性的提供，且缺乏良好的組織和管理，因此太龐大的資料中，有時反而難予迅速查檢到適當而又合用的資訊；加以近年來，網際網路猶如我們的高速公路上已湧入太多的汽車一樣，在傳輸上經常發生嚴重堵塞的現象，有時要查檢資料相當費時；黃鴻珠教授即比較網路系統雖然在檢索功能的改革、檢索結果及資訊內容等，都優於以

往,但在檢索回應時間,卻「今不如昔」。[48]因此,在極須快速查檢到資料的參考諮詢檯上,館員利用網際網路查檢資料,有時不免會有「急驚風偏又遇上慢郎中」之無奈,這是網路在參考諮詢檯應用的缺點之一。也因此,目前各圖書館也尚少開放能任意遨遊網路世界的全球資訊網(WWW)供讀者自行查檢,因為如果任由讀者自行使用網路資源查詢,而不加任何限制的話,將相當耗費時間,而圖書館也無法提供太多的電腦供眾多的讀者使用耗時的網路資源。因此,在現行網路資源組織架構散漫及不易檢索的條件下,網際網路尚未在參考諮詢檯的查檢上成為館員主力的查檢工具,(不過,在諮詢檯值班之外,或讀者及電話諮詢較少時,也逐漸被館員普遍使用了。)許多圖書館也尚未全面開放供讀者使用全球資訊網路,大部分的讀者還須以家中或服務單位的電腦來查檢網路資源。

不過,畢竟WWW在世界先進國家已是風起雲湧,可以傳送文字、聲音、影像等多媒體資訊,加以其網路化超文件、超連結的呈現資料方式,已成為目前資訊提供的最新利器,許多單位已紛紛就原已發展的資料庫在此建立新的據點並擴張其使用功能;如國家圖書館85年完成開發之「遠距圖書服務系統」,就是在WWW上將原有自己館內資訊網路系統中的各大資料庫重新呈現,並可以用「資料庫整合查詢(Z39.50)」系統對所有資料庫做多重或一次全選的查詢;有些系統並可呈現全文、影像,使讀者在電腦上即可看到資料的原貌,此系統並已延伸至「新到期刊目次服務」、「期刊指南系統」等之開發,[49]對參考館員而言,均是重要的參考利器。故參考諮詢檯上亦應裝置網際網路的系統,館員在有空時,可多加使用,以熟悉各種資源的查檢。

第五節　參考諮詢檯導覽

對新進參考館員的訓練，一般文獻大多偏重在專業學養的提升或對參考工具資源的認識，較少提及在參考諮詢檯的實際訓練。但參考諮詢檯是參考館員最重要的工作場所，而參考服務工作又是著重在「從做中學，及觀察有經驗的人的做法」（Learned very much by doing and by observing experienced personnel）。⑤對新進館員，參考部門應對其實施所謂的「參考諮詢檯導覽」（Orientation for the Reference Desk）的工作，以培育優秀而能勝任參考諮詢檯服務的館員。

對館員實施參考諮詢檯導覽的目的，在於使其認識、學習此種未經預約即需面對的口頭或電話諮詢之基本哲學及實務技術。同時，也要使其增加爾後對擔任此項工作的信心，並促進他與同事間融洽的合作關係。

參考諮詢檯的導覽工作，在新進館員進行完對全館的認識並獲得一些書面介紹資料後，要到參考服務部門工作時即可展開。這種導覽或實習工作要花費多少時間，則視圖書館的大小、組織的複雜性、藏書的多寡及新館員的吸收能力而定，但如要確實了解參考諮詢檯的業務，的確需要一週至一個月的時間。

此種導覽工作，通常由參考部門的主任或資訊館員負責，他會事先發給新館員多種相關書面資料或文件，如參考服務政策或準則、參考館藏資料配置圖、參考室值班表、各同仁專長簡介……等。

實際執行的步驟可依下列程序施行：

一、新進館員可先做讀架、排架的工作，以了解館藏位置；

時間為三天至一週左右。

　　*相關閱讀資料：本館及參考服務區、參考室、各閱覽室平面圖、參考室資料配置圖等。

　　二、參考服務理念的理解：第1步驟由新進館員在參考諮詢檯觀察，並請其由觀察中了解下列的問題：

　　1.參考諮詢檯要儘量快速回答讀者問題嗎？

　　2.參考諮詢的主要目的是不是要教導讀者如何發現資料？

　　3.本館服務對象的性質如何？

　　4.館員如何合作提供參考服務？（如怎樣排定諮詢檯值班？各專長同仁如何分別負責相關工作？）

　　5.館員處理口頭及電話諮詢和綜合性研究問題的優先順序如何？

　　第2步驟則讓其觀察值勤館員之參考晤談技巧，如：

　　1.口頭或肢體語言之溝通。

　　2.可親性的態度。

　　3.積極及開放性的談話方式。

　　4.對讀者的問題客觀而不評論。

　　在此兩步驟進行當中，資深館員或參考部主任應隨時對其展開鼓勵性的慰談（pep talk），諸如參考服務工作可因協助讀者，並因見到讀者獲得答案或找到資料而獲得工作的滿足感；並告訴他與其他館員共同合作，彼此互享專長、觀念及工作經驗的重要性。

　　*相關閱讀資料：本館閱覽規則、參考服務政策或準則。

　　三、由資深館員指導、了解諮詢檯及各服務定點所使用的各種資訊檢索系統及其操作方法。

　　*相關閱讀資料：各系統之使用說明書。

四、協助諮詢檯值班館員填寫各種館際合作申請表格、推荐書單、參考諮詢紀錄表單等。

*相關閱讀資料：各種表格說明書或使用辦法。

五、與資深館員一起值班，試著開始接一些電話諮詢，並協助查詢一些快速查檢參考問題，同時了解參考室內各項設備、設施等。

*相關閱讀資料：參考服務政策或準則、有關電話機、傳眞機、印表機之使用說明。

這些工作完成後，大致可以提供新進館員一個參考諮詢檯工作上必須具有的基本認識。這些認識，會隨著以後的實際工作而繼續增加。在上面的程序中，隨時給予新館員有關的閱讀資料，是要增加他這方面的所見體驗。在整個導覽工作中，可由不同的資深館員帶領，使其吸收各個館員不同的專長和經驗。

江山代有才人出，館員經常在新陳代謝或輪調工作中，因此對於訓練新進人員，也應成爲參考部門及諮詢檯常態的業務之一，「諮詢檯導覽」就是此項業務中最具實務性的工作。

【附 註】

① James Benson & Ruth Kay Murray, "Principles of Searching", RQ, vol.14, no.4,（1975）, p.316-320.

② 沈寶環，「聽，仔細的聽：圖書館員與讀者之間如何溝通問題之研究」，中國圖書館學會會報，41期（民國76年12月），頁37─38。

③ Gerald Jahoda/Judith Schiek Braunagel, "The Librarian and Reference Queries",（New York: Academic Press, 1980）, p.2.

④ Marty Bloomberg, "Introduction to Public Services for Library Technicians", Reprinted by (Taipei : Student Books Co., 1976), p.83.

⑤ 參見森睦彥等著，「改訂參考業務及び演習」，（東京：樹村房，平成2年），頁80。

⑥ Diana M. Thomas, "The Effective Reference Librarian",（New York : Academic Press, 1981）, p.98.

⑦ M. J. Lynch, "Reference Interview in Public Libraries", Library Quarterly, 48（April 1978）, p.126.

⑧ 同註④，p.78-79.

⑨ William A. Katz, "Introduction to Reference Work, Vol.2", 6th ed.,（New York : McGraw-Hill, 1992）, p.5 and p.46.

⑩ Robert S. Taylor, "Question-negotiation and information seeking in libraries", College and Research Libraries, vol. 29, no.3（1968）, p.181.

⑪ 參見蘇玉慧，「參考晤談的省思」，政大圖書與資訊學刊，12期（民國84年8月），頁59；及劉聖梅、沈固朝編著，「參考服務導論」，（南京市：南京大學出版社，1993年），頁76。

⑫ 謝焰盛，「羅伯・撒克頓・泰勒特寫」，臺北市立圖書館館訊，11

卷4期（民國83年6月），頁82。

⑬　同註⑩，p.183-184.

⑭　同註⑪，蘇玉慧，「參考晤談的省思」一文，頁65。

⑮　參見Gerald Jahoda et al., "Instruction in negotiating the reference query, (ERIC Report), ED 111,421.

⑯　同註③，p.8-9.

⑰　同上，p.11.

⑱　安藤勝等著，「參考業務」，（東京：東京書籍，昭和58年），頁141—143。

⑲　同註⑤，頁89。

⑳　同註③，p.30.

㉑　同註⑱，頁96。

㉒　同註⑥，p.124.

㉓　同註③，p.94.

㉔　Mary Jo Lynch, "Reference Interviews in Public Libraries", The Library Quarterly, 48 (April 1978), p.119.

㉕　Errol Lam, "The Reference Interview: Some Intercultural Consideration" RQ, 27 (Spring 1988), p.390.

㉖　蘇玉慧，「參考晤談之省思」，政大圖書與資訊學刊，12期（民國84年8月），頁64。

㉗　同上。

㉘　同註⑤，頁90。

㉙　同註⑨，p.55.

㉚　汪莉先，「參考館員表現態度對讀者的影響」，書苑季刊，24期（84年4月），頁18。

㉛　謝焰盛，「參考晤談中非語言溝通之分析」，臺北市立圖書館館訊

10卷3期（民國82年3月），頁38。

㉜ 同註⑨，p.56.

㉝ Geraldine B. King, "The Reference interview: open & closed questions", RQ 12（1972），p.157-160.

㉞ 同註③，p.130.

㉟ Brian Quinn , "Improving the quality of telephone referecnce service", Reference Service Review,（Winter 1995），p.39.

㊱ "Telephone Reference Promoted in National Campaign", Library Journal, 106（March 1, 1981），p.492.

㊲ Susan Vaugh, "Libraries give delegates a taste of the Big Apple: Ready Answer on Short Notice ., "NYLA Bulletin" , 28:6（1980）, P.6.

㊳ 同註㉟，p.44.

㊴ Kathleen M. Neumann & Gerald D. Weeks, "Reference Materials in a Telephone Reference Service : A Model for Telereference.", RQ, 20:4（Summer 1981），p.394.

㊵ 許素梅，「圖書館的公共檢索電腦系統淺談」，書香，7期（民國79年12月），頁76。

㊶ W. M. Henry et al., "Online Searching; an introduction",（London:Butterworths, 1980），p.76-77.

㊷ 黃雪玲，「線上檢索晤談——從讀者的資訊需求談起」，國立中央圖書館臺灣分館館刊，3卷1期（民國85年9月），頁35。

㊸ 李素蘭，「電腦資料庫之讀者使用指導：技術層面的探討」，國立中央圖書館臺灣分館館刊，1卷3期（民國84年3月），頁9。

㊹ 陳雪華，「圖書館與網路資源」，（臺北市：文華圖書館管理公司，民國85年），頁122—123。

㊺　Charles R. Hildreth, "Advancing toward the E [3] OPAC: the imperative and path. Think Tank on the present and future of the Online Catalog: Proceeding." Noelle Van Pulis ed., Chicago, 1991-01, Reference and Adult Services Division , （Chicago：A. L. A., 1991）, p.32-37.

㊻　松井幸子、徐文光，「インタ―ネットOPACへのアクセスの現況と將來：日本の大學圖書館20館のOPAC比較調査にもとづいて」，圖書館情報大學研究報告，15卷1號（1996年9月），頁77—103。

㊼　國立中央圖書館（國家圖書館）編，「參考諮詢系統使用手冊」V. 2.0版，（臺北市：國立中央圖書館，民國82年），頁4—11。

㊽　黃鴻珠，「蛻變中的圖書館資訊檢索系統」，書苑季刊，29期（民國85年7月），頁9。

㊾　吳碧娟，「認識國家圖書館的遠距圖書服務」，教師天地，85期（民國85年12月），頁52—56。

㊿　Anne May Berwind, "Orientation for the Reference Desk", Reference Services Review, （Fall 1991）, p.52.

第八章　其他參考服務項目

　　參考服務的主要工作，顯現於參考諮詢檯對讀者的親身服務，這包括與讀者有互動關係的問題解答、資料檢索及電話諮詢等，這也是所謂的「直接的參考服務」。然而為了更有效協助讀者及擴展讀者服務的空間，或為諮詢檯的直接服務提供各項支援準備工作，現代圖書館對參考服務的範圍，已多有所擴大；大型圖書館的參考服務部門，業務已不僅限於諮詢檯的服務，還包括書信服務、圖書館利用指導、資訊轉介服務、館際互借服務、資訊選粹服務、小冊子與剪輯資料的整理及專題文獻目錄的編製、參考館藏的發展……等等。雖然每個圖書館因為人力或組織的關係，上述這些業務並不一定都屬於參考部門，——像圖書館利用指導、館際合作等，在國外圖書館有的皆已有獨立的部門在運作，在國內亦有屬於閱覽部門、推廣部門或期刊部門者。但觀察這些業務，亦多與讀者的親身服務有間接的關係，故許多圖書館也常將之納入參考部門之業務範圍內，故探討參考服務之工作，仍須包含這些項目。

　　這其中，書信服務、圖書館利用指導、資訊轉介服務、館際互借服務、資訊選粹服務等，可以說是諮詢檯服務的延伸工作，事實上還是會與讀者有所接觸，只是不一定有像參考諮詢檯那麼密切的晤談、溝通過程，我們可稱之為延伸性的參考服務。至於

小冊子、剪輯資料的整理、專題文獻目錄的編印、參考館藏的發展等，則屬於較不須與讀者接觸的工作，純是爲增進諮詢服務的效率及功能而做的準備業務，我們稱之爲參考服務準備工作，一般也稱之爲參考服務的幕後工作或檯後工作，除了參考館藏的發展工作，因爲是展開參考諮詢檯服務的基礎，故已先在本書第六章敘述外，下列各節將分別介紹其他各項業務。

第一節　書信（傳眞、電子郵件）服務

　　書信服務是指距離較遠的圖書館服務對象（包括一般讀者或機關團體等），對圖書館有資訊需求，而無法親身到館，亦不方便用電話方式詢問時，所採用的一種用書寫方式傳遞訊息需求的方式，所謂「書寫」方式只是一種通稱，它當然也包括打字；而如果是機關團體因公務上的資訊需求，也會以公文、公函的方式傳遞；目前傳眞機極爲普及，亦有頗多讀者或團體以傳眞方法傳來諮詢問題；網路發達後，電子郵件（E-mail）更成爲無遠弗屆的通信利器，參考服務免不了也必須接受這樣的諮詢了。

　　以書信（包括傳眞、電子郵件）方式提出資訊需求，是和親身到館（in person）或打電話的詢問不同；它比較不能使讀者和館員之間有直接的互動關係，也無法像參考諮詢過程中有面對面的及時性晤談。艾貝斯（Abels, Eilee G.）曾比較電子郵件（事實上，一般書信和傳眞也是如此）和親身諮詢及電話諮詢在溝通上的不同，如下表（圖表一）：

	書信 (Postal mail, E-mail, Fax)	親身 (In person)	電話 (Telephone)
遠距離,非面對面的 (Remote)	√		√
書寫的 (Written)	√		
口頭、言辭的 (Verbal)		√	√
互動性 (Interactive)		√	√
聲調 (Voice Tone)		√	√
肢體語言 (Nonverbal)		√	

圖表一 書信和親身、電話諮詢在溝通上的不同①

　　可見以書信方式的諮詢,館員和讀者之間,缺乏像親身或電話諮詢一樣,有直接晤談的機會,在溝通上或許會有困難;也就是說,書信、傳眞及E-mail是非同時性的溝通(asynchronous form of communication),它缺乏參考晤談中應有的即時(real-time)互動。但是藍卡斯特(Lancaster, F. W.)卻頗贊成讀者以書信的方式詢問問題,因爲他認爲詢問者可以用他自己的自然語言(natural language)及敘述詞(narrative terms)表達其眞正需求。如果他到圖書館或以電話口頭詢問,他的需求語言常會因溝通而發生改變,而不幸的,圖書館員卻常無法成爲一面明亮的鏡子,照出讀者需求的眞相,因此常不能抓住其眞正需求。②若讀者以文字敘述問題,將能整理其思惟,以較清晰的敘述表達其需求;有時還可免除讀者以口頭或電話詢問時,因臨場的緊張、膽怯而敘述不清的障礙。因此,書信諮詢其實亦有其優點。

　　但以書信諮詢最大的缺陷就是回覆較緩慢,每個問題總會延緩幾天甚或一個禮拜才得以解決,其過程可能會影響到資訊的需求。即使讀者採用傳眞或E-mail的方式,館員也未必經常能隨時

在傳眞機旁或隨時在開啓自己的電子郵箱，因此也無法期盼館員能像在諮詢檯面對讀者一樣馬上處理讀者的問題。但是，館員在收到書信諮詢，的確可以有較從容的時間研究書信上的詢問，並給予較長時間的檢索，對回覆諮詢或提供資料皆能較完整。

圖書館一般接到傳統的書信，可分爲機關團體的公函或一般讀者的信函。機關團體以公文請求提供某項資料或詢問某件問題，參考館員在處理完畢後，也應以公文回覆，並附上所檢索及所提供的資料（或其影印本）。公文自然如一般程序一樣，經主管核可後，蓋上館印並送交收發室編文號後即可發文。至於一般讀者的詢問書信，則除了查檢、提供的資料外。並不須附上正式公文，唯可填寫一種印好的簡易信函格式，大致說明檢索資料的情形及所附資料種類及份量。若只是單純的問題答覆，則僅以此種信函格式回覆即可。

對讀者的來函，應謹愼處理；尤其信封上有讀者之通信地址，不可拆之即丟，以免資料查好後，卻找不到讀者之連絡地址。安藤勝等著的「參考業務」一書中，甚至於提到拆信時，必須用剪刀小心剪開，不可用手隨意一撕，以免誤撕信中所附其他文件。③對於較急的信件，館員也應儘可能迅速處理；重要資料，則應掛號寄上。

以傳眞方式的函件，若只是回答快速查檢參考問題，或只是單純傳眞一、兩頁資料，圖書館也可儘量以傳眞方式回覆，以爭取時效。唯若五、六頁以上的資料，則需考量收費問題及電話費的負擔（尤其是傳眞到遠地或國外，電話費將是一筆極大的花費），而決定是否只用郵寄即可。

網際網路發達後，電子郵件（E-mail）成爲通信的新寵，自然也會應用到參考諮詢上。國內以E-mail詢問參考館員的風氣雖

尚未普及，但在美國大學圖書館已相當流行；布夏洛威卜兒（
Bushallow-Wilbur, Lara）等在紐約州立大學水牛城分校，對學
生做過喜歡以什麼方式向圖書館提出諮詢的調查，其結果如下：
④

		數　目	百分比
第一次	親身（In person）	34	37％
	電子郵件（E-mail）	53	58％
	電話（Phone）	5	5％
	信件（Postal mail）	0	0％
第二次	親身	29	32％
	電子郵件	30	33％
	電話	31	34％
	信件	2	2％
第三次	親身	26	28％
	電子郵件	9	10％
	電話	55	60％
	信件	2	2％

總數 N＝92

此項統計顯示在美國大學，已有不少學生用E-mail向館員提
出資訊需求，但由三次諮詢的比率呈下降情況（第一次58％，第
二次33％，第三次10％）來看，E-mail的使用可能是因為館員
未能及時處理（如未開啓信箱或因事擱置）而呈倒退現象。我們
可以想像當很大比率的讀者（53人，58％）第一次興沖沖地以E
-mail向圖書館提出諮詢，卻久未等到回音，讀者可能就會對E-
mail失去一點信心，而改用電話諮詢（所以電話諮詢從5人，5％
升到31人，34％），或一般的書信詢問，（也從0人升爲2人）。

第三次的詢問也是一樣，E-mail的人數再次下降，電話諮詢則再升高。當然，除了館員未開啓信箱或因事擱置外，也有可能是有些傳統性資料，無法以檔案傳輸的方式由網路提供給讀者，讀者只好恢復以電話溝通的方式。至於傳統信件的諮詢，三次都很少的原因，應是現代人較懶得寫信或是覺得在校園內不應花郵費寄信罷。但由第一次的諮詢，E-mail超過電話很多，的確顯示讀者還是希望能整理好自己問題的敘述，然後在電腦上以E-mail方式傳輸，如此較能完整表達自己的資訊需求。

因此，艾貝斯認爲用E-mail的諮詢，目前還是以快速查檢問題較爲適宜；需要持續性的詢問、查檢以及研究性的參考問題，在網路上尙不能提供令人滿意的程度；但是複雜性的參考諮詢，以後在電子傳輸上仍有很大的發展空間，參考館員還是必須準備如何有效地在E-mail上展開參考晤談、溝通及資料的提供。⑤

不過，以目前而言，E-mail畢竟比一般的書信來得快速、便宜，尤其是與國外之間的聯絡。對來自國外的參考諮詢問題，如能以E-mail回覆，將可節省不少時間和郵費。

而E-mail雖然無法像一般書信那麼正式，也可能較率性些；比起口頭或電話的諮詢，它也無法呈現溝通過程的步驟性。對館員和詢問者而言，E-mail的諮詢常會因網路在尖峰時間傳輸緩慢，使得彼此的聯繫中斷，這有可能會導致原本已明確化的問題，因溝通中斷而使得館員在訊息再度傳遞時，已記不清楚原始的資訊需求或內容了。故艾貝斯認爲E-mail的諮詢，未能像親身的口頭詢問一樣，建立完整的晤談過程，就應先設計一種諮詢需求的表格形式，其內容應包括：

一、詢問者的個人資料（含姓名、電話、E-mail位址、館員對問題須明確化時，應用什麼方式與其聯絡？）

二、主題資料，包括：

㈠檢索需求的敘述語。

㈡關鍵詞（含同義語或相關術語）。

㈢簡單敘述這個需求的目的。

㈣你所知有關這個主題的其他文獻或作者的資料。

㈤請指示所需資料的限制條件，如：

　1.出版日期。

　2.語文。

　3.資料型式（期刊資料、書籍、技術報告、學位論文及其他等）。

　4.地區範圍。

㈥請敘述你已做過有關這個問題的相關檢索。

㈦對館員檢索的建議。

三、檢索結果，包括：

㈠希望獲得資料的期限。

㈡檢索經費的預算範圍。

㈢大概希望獲得多少資料量？

㈣希望獲得什麼資料。

　1.只要目錄或索引即可。

　2.目錄、索引和摘要。

　3.全文。

㈤希望用什麼方法傳遞？

　1.印刷式複印。

　2.磁片。

　3.E-mail。⑥

因此，如用E-mail提出參考諮詢時，即以此制式的表格填寫

完整、詳細的諮詢要求，將可使館員的檢索或資料的提供更為精確，避免必須以E-mail屢次相互傳遞訊息，造成諮詢的延緩。

　　E-mail因為無法見到詢問者，也不可能有肢體語言的輔助，也就無法有即時的溝通和晤談，因此，它就需要有不同類型的溝通技巧。填答詳細的表格，就是要使詢問者小心地在網路上詮釋（interpretation）他的需求，而館員也需要在網路上仔細的閱讀（reading）詢問者的需求問題。

第二節　圖書館利用指導

一、圖書館利用指導的意義

　　圖書館利用指導（Library-use instruction）或稱圖書館利用教育、圖書館的讀者教育等。其意義是指圖書館藉著一套完整的訓練計畫或教育方法，指導讀者認識圖書館所提供的服務，瞭解館藏資料的性質及存放位置，以及學習利用各種參考工具書、電腦資訊檢索工具來查尋資料的活動或措施。⑦萊斯（Rice, James）則把這種圖書館的教育活動再分為三個層次，第一層次是認識圖書館的環境（library orientation）；包括館舍空間和各項設施以及圖書館服務項目、各種規章等。第二層次是圖書館指導（library instruction）；即是進一步指導認識圖書館的各項資源，了解資料的組織、結構、功能及使用方法。第三層次則為書目指導（bibliographic instruction）；即指導各科書目查檢或檢索，以訓練其撰寫報告或從事研究的方法。⑧

　　就此定義和範圍而言，圖書館利用指導的業務似乎與參考服務頗多重疊，然亦有部分一般不屬於參考服務者；如認識圖書館（參觀圖書館）一般為閱覽部門之工作，而舉辦研習會（教育讀

者利用圖書館），則有屬於輔導組或推廣組之業務；至於書目指
導、參考工具書及電腦資訊檢索之使用指導，則屬參考服務部門
之業務。因此，除非圖書館有獨立的圖書館利用指導之單位，否
則其業務有時會分散到由閱覽、推廣、輔導、參考等部門共同執
行。然而，畢竟其指導讀者之精神與參考部門有較大的關連性，
故凱茲（William A. Katz）曾引一項學術圖書館的調查研究，
顯示圖書館擔任圖書館利用指導的工作，在1979年只有35％是
由參考部門負責，到1987年則升到59％。⑨因此，參考館員的確
承擔了大部分的圖書館利用指導之業務的。

　　雖然參考諮詢檯上的服務，事實上就是無時無刻地在指導讀
者利用圖書館或各種參考資源，但比較起來，參考服務和讀者利
用指導，仍有下列性質上的不同：

　　㈠參考服務在指導讀者方面，多係隨機的，參考館員也主要
　　　在諮詢檯周圍展開此項服務。而圖書館利用指導則是有計
　　　畫性、有目的性的一系列教育活動。

　　㈡參考服務多係以個人為對象，以一對一的方式指導或協助
　　　檢索，而圖書館利用指導則大多以團體為對象。

　　㈢參考服務對讀者的指導，多係在參考服務區進行，而圖書
　　　館利用指導，則可在教室上課講解，或以各種視聽媒體介
　　　紹，甚至於以實際參觀方式讓讀者了解。

　　㈣參考服務多以館員為主要指導角色，而圖書館利用指導則
　　　需與教師或學校課程相互配合，並需要圖書館其他部門的
　　　支援。

二、圖書館利用指導實施的理由

　　凱茲認為良好的參考服務有兩條黃金規則（golden rules），
一是參考館員能為讀者找到問題的答案，不管是簡單或複雜的問

題；二是參考館員應指導讀者去發現找到問題答案的方法。⑩若就第二條而言，也是對讀者實施圖書館利用指導的最大理由。圖書館利用指導對讀者是一種教育過程，使其能注意到資訊在他們生活上的角色和應用；而對大批讀者指導利用圖書館及各種參考資源，不僅能達到參考服務的目標，爾後也將減少參考諮詢檯館員的工作負擔，因爲他們已接受過圖書館利用的教育，也就愈不需要館員爲其協助。故有計畫的圖書館利用指導活動，對參考館員而言，仍是一項可收長遠效益的投資，而且藉由圖書館利用指導活動的舉辦，使圖書館員的角色能像教師一樣，有助於圖書館員的形象及專業地位的提升。

三、圖書館利用指導的實施方式

㈠參觀及導覽服務

　　最常見，也是最基本的圖書館利用指導的方式就是圖書館的參觀及導覽活動（Orientation tour）。在大學或中小學校，可按班級依次排定時間參觀圖書館，由館員分別帶領介紹館舍與各項設施，以及如何借還書，並大致介紹各閱覽室的功能和館藏資源與資訊檢索的概要等。在公共圖書館則可定期舉辦此項導覽活動，並公告周知，讓有興趣的讀者於特定時間即前往某定點集合，由館員帶領參觀。大型圖書館在參觀之前，最好先發給圖書館的平面圖及簡介小冊子等，以加深對圖書館的認識。在參觀開始時，也可以先看有關介紹本館概況的各種視聽媒體。另外，也有所謂的自導參觀的方式（self-guided library tour），即由館員事先準備好資料，包括詳細的參觀路線、館藏概況、目錄使用法……等，再將此種參觀指南置於入館處，供讀者取閱，自行參觀。⑪

　　由於電腦技術的進步，也有頗多圖書館自行設計電腦的輔助導覽系統，由讀者自行在電腦上查看有關全館的基本概況、館藏

設施、各項服務等。此項導覽系統近年來更多採用以電腦為主機，配合語言與觸控螢幕等設備，利用旁白、文字、圖形、動畫與影像等表現方式，提供具視聽效果且可自由查尋的自導式查詢環境，⑫將有更引人的教育效果。

參觀或導覽要達成的教育目標即是要使讀者認識圖書館是一個值得親近的地方，也可以增進讀者使用圖書館的興趣；而館員也可以從這些第一次參觀圖書館的讀者所提出的各種問題，了解到本館的服務尚有那些缺失，而得以謀求改進。

(二)正式的課程

在大學或中小學校，可針對教師或學生，舉辦正式的圖書館利用指導的課程。此種課程的設計，需有一定的計畫，如中小學可依序在各年級編入不同層次的認識圖書館及使用參考工具書的教育課程，並配合編印適當的教材；如臺北縣後埔國民小學，每週利用國語課抽出一節，作為圖書館利用教育時間；民國76年該校也編有「我們的圖書館」五冊，供二～六年級學生在圖書館課程時使用。⑬

至於大學院校，更須由圖書館與教務處、各系所共同合作，展開一系列認識圖書館及基本工具書的課堂講解；並可由學校在各年級開設「圖書利用與資料處理」、「圖書館學概論」、「圖書資訊教育」等課程，供學生選修或必修之用。國內的大學圖書館，以東海大學實施的圖書館利用指導最具悠久歷史，並頗具成效；其對大一新生、大二以上學生便有多種非正式的講解課程和正式的圖書館教育科目，以訓練學生具有使用圖書館的能力。⑭

圖書館若能與老師合作，當更能得到一些圖書館利用指導的非正式收穫。由蜜雪兒菲佛主演的電影「危險遊戲」（Dange-rous mind）應可以給我們一點啓示，──任教高中的老師在課

堂上舉辦查詩的暗喻比賽，引發了學生利用圖書館尋找資料的熱潮，此時當然更是圖書館員實施圖書館利用指導的最好時機。故如何也在老師的各種教學課程中，引入必須使用圖書館或工具書的技巧或方法，是圖書館員和教師可以預先規劃的。

㈢研習會、演講、展覽

對於無法有計畫且系列性地開辦圖書館利用指導課程的圖書館——特別是公共圖書館，只好以不定期舉辦有關的研習會或演講活動，來為讀者宣傳圖書或圖書館的利用法。此外，舉辦有關圖書館利用及各種參考用書使用方法的展覽也是圖書館可藉以達到教育目的之活動，不但可吸引讀者到圖書館，並可用展覽的主題來呈現資料的蒐集方法。如民國70年代，國立中央圖書館由閱覽組舉辦一系列的建國七十年工具書展、歷代圖書展、中國歷史與傳記工具書展、工商參考資料展、利用圖書館資料展、當代女作家文學作品展、當代文學史料展、全國雜誌展覽、圖書館學及中外書訊展……等，⑮這些展覽都以圖表來顯示展覽資料的蒐集方法，無形中也指示了參觀者如何利用圖書館。張錦郎先生也曾表示：「展覽的內容一定要包含書刊、圖表及非書資料、內容說明牌、錄影帶（或幻燈片）、展覽目錄等並附帶舉辦演講或研討會」。⑯這些都是要以比較活潑的內容，先吸引讀者上圖書館，再利用展覽的技巧，讓讀者無形中認知圖書館的利用方法。張錦郎先生所說的展覽內容六大要素，在今日電腦媒體多樣化的時代，當然可以有更豐富、更生動的展現方式的。

㈣編印圖書館手冊、指標說明

人力不足的圖書館，無法抽調館員從事一系列課程講解或舉辦研習會、辦理展覽、演講活動等，可編印圖書館手冊（內容包括圖書館環境、設施之介紹；藏書資源、服務項目及目錄使用之

介紹等）來發給讀者參考。此外，館內各種指標牌示，如果做得詳細而清楚，也是一種圖書館利用指導的方式；如圖書分類法的類表說明、借還書流程、館藏資源平面圖……等，皆可以用圖文並列的方式，置於明顯而適當的位置，以教導讀者對圖書館的認識。

㈤資訊檢索的利用指導

圖書館的電腦檢索，除了參考諮詢檯附近的各種資料庫系統，可由參考館員隨時就近指導使用；散佈全館各地的OPAC系統或其他資訊系統，亦應對使用者有所介紹。正式的課程或相關活動的舉辦，與上述一般的圖書館利用指導並無不同，唯除了這些活動外，圖書館亦可派員輪流巡視各服務定點的終端機或工作站，隨時指導使用電腦做資訊檢索有困難的讀者。國家圖書館期刊室曾於每週三下午定期為讀者講解中華民國期刊論文索引光碟系統的內容介紹及使用方法，此種短時的講習班，亦是一種利用指導方法。此外，印發操作手冊或使用說明，也是幫助讀者了解資訊檢索的基本方式；而由於目前電腦科技的進步，更可藉由電腦軟體，在電腦上提供多媒體、互動式的線上公用目錄使用者利用指導。⑰

總而言之，圖書館的利用指導，可說是參考服務的外延業務，也是參考服務提供資訊的功能之外，另外具有教育功能的呈現，但它也須要閱覽、輔導、推廣等單位的相互參與與合作，才能具有成效的。

第三節　資訊轉介服務

　　「轉介」本是參考服務過程中經常會使用到的方法。在參考
諮詢檯輪值的館員，若遇到讀者的詢問，爲本身所較爲生疏，但
卻爲其他參考館員的專長，則可請該館員回答或提供服務，以便
諮詢的答覆較爲深入；此即爲參考部門本身之間的轉介服務，在
參考服務準則中亦常有如此的規定。此種範圍可擴大到全館其他
館員，甚至於館和館之間也可就彼此之專長蒐藏或館藏特色，彼
此推介。如國立中央圖書館在民國八十三年即印有「圖書館選介」
之摺頁小冊，將國內若干圖書館之蒐藏特色，簡要介紹，此即可
做爲轉介服務之參考。

　　至於在1960年代後期，在美國公共圖書館極爲盛行的「資
訊轉介服務」（Information & Referral Services, I & R），其
意義亦爲圖書館因自己館藏資料無法充分回答讀者之諮詢需求，
而將讀者介紹到適當的其他機構，使讀者能尋求到最滿意的答案；
但是在精神上，其涵義已大爲擴張。

　　就中央圖書館編印之「圖書館選介」而言，其目的是指引讀
者到有更符合其需求的其他圖書館，其服務的對象，還是這些原
本就會到圖書館的讀者。而「資訊選介服務」──I & R主要的
目的在挖掘社區中更多不常使用圖書館的民眾，讓他們也知道應
利用圖書館來尋求生活上必須的資訊。於是公共圖書館必須以各
種方式提供讀者各種有用的資訊，如健康、醫藥、居住、旅遊、
法律等常識方面的服務，才能吸引更多的民眾。然而事實上公共
圖書館並沒有能力回答所有的這些五花八門的問題，於是轉而掌
握全社區，全縣市各有關機構或專家的資料，可爲讀者安排轉介
到這些機構或人員，以獲得最恰當的答覆；這樣，圖書館成爲讀
者和這些機構人員的橋樑，任何生活上的疑難，只要向公共圖書
館查詢即可。⑱圖書館猶如房屋仲介公司的角色，蒐集各地區各

種房地產租售的訊息，轉介給買賣雙方，並居中辦理一切手續。因此，美國圖書館協會的公共圖書館協會（Public Library Association）在1985年修訂的「建立公共圖書館社區資訊轉介服務準則」（Guideline for Establishing Public Library Community Information and Referral Service）中對I & R的定義就說：「I & R是個聯繫的程序，將讀者與其所需的服務結合起來，或是將讀者與其所需的資訊來源、建議連繫起來的過程。」；而露可（Luck, Carolyn）在1979年講得更清楚：「將有需求、有問題的民眾，與能滿足其需求或解決其問題的機構或專家，積極地予以連結起來的過程。」[19]

由此，我們可知I & R的主要目的不但是要擴展讀者，也要擴展圖書館的服務項目。所謂擴展讀者，即如凱茲（William A. Katz）所說的：「I & R是一種運動，要把圖書館帶給一般不使用圖書館的讀者」（I & R is a movement to bring the library to the people who normally do not use a library）。[20]它要使一些不常使用圖書館的社會民眾，如文化不利者、文盲或功能性文盲、老人們等也能充分利用圖書館解決日常生活的疑難；而公共圖書館服務的項目也因此具有活動性（more active way），其所使用的資料不限於館藏，並且使支援服務民眾的人力範圍大為擴張。因此，圖書館不僅成為社區的知識中心，也成為社區的資訊中心。

而在圖書館方面，由於根據調查，幾乎有四分之三以上的圖書館認為資訊轉介服務就是圖書館參考服務的一種；[21]因此，如果實施I & R之服務，參考館員免不了必須擔任此項工作，此時的參考館員勢必要有社會工作人員的意識，也必須要超出自己服務的圖書館這個據點，而提供許多社區、社會的資源給需要的民

衆。例如一位未婚而懷孕的婦女，若到圖書館尋求協助，參考館員在I & R的服務上，便是安排轉介其會見特約的醫院（醫師）、律師等，詢求在身體上及法律上的協助。

I & R實施之前，圖書館通常必須建立完整的轉介資源檔案，包括機構指南或專家人才檔等。例如臺北市立圖書館成人教育資源中心在民國八十二年編印「臺北市成人教育資源手冊」，其目的便是建立各種社教資源檔，而使圖書館成爲民衆與社教機構之間的橋樑。㉒其他還可建立的資源檔包括各種非營利性的組織、餐飲評論指南、托嬰看護檔、俱樂部及其他機構活動計畫……等。但在建立機構指南之前，應以電話詢問其服務對象、提供資訊的類別、品質、深度、意願等，並記錄整理製成檔案。㉓而人才檔的建製，可包括各種可以做爲學習資源的人才（如閱讀指導人、諮詢輔導人），或可以請教受益的人（如翻譯人員、保健人員、醫師、律師、義工）……等等，但也應事先徵得當事人之同意。

圖書館與轉介機構或專家之間，應保持密切的聯繫；此外，在實施I & R之際，對圖書館員也須另做有關社會服務的教育及訓練，除一般參考諮詢應有的人際溝通技巧外，並應使其認識社區並了解社區中的各服務機構。同時，也應展開各種宣傳，讓民衆了解圖書館有此項服務。

至於I & R的服務層次，可分爲兩種。其一是基本服務，──適合於人力缺乏，沒有專門人員從事I & R之服務的，可僅從事公用資源檔和人才檔的建立，將具有能夠滿足詢問者需求的機構或專家，編製成資源檔，供民衆查詢，並可透過電話服務，提供與民衆需求有關之資源的簡單資訊，如電話號碼、住址、聯絡人……等，但沒有進一步探究民衆的其他需求，也無更進一步的後續服務。

　　另一種則爲積極的服務，適合有充裕經費及人力欲提供完整的 I & R 服務的圖書館；其服務項目除上述基本要項外，還要包括：(1)後續追蹤——，以確定詢問者已抵達適當的館外資源所在地，並已經得到適當的幫助。(2)給予詢問者後援（Advocacy）——，亦即當詢問者在尋求館外資源單位，遭遇困難時，要繼續幫助詢問者克服障礙。(3)提供回饋（feedback）——，對提供協助服務的館外資源機構，給予適當的回饋，或提供相互的協助。(4)運送服務（transportation）或護送服務（escort）——，安排並提供載送或護送服務，將詢問者送到館外資源地。㉔

　　美國公共圖書館之所以在1960年代開始提供 I & R 的服務，一方面固然是該時期是美國圖書館事業的黃金年代，經費充裕，一方面也是公共圖書館具有開放時間較長、分館遍佈各地等先天優良條件。另外，圖書館也覺得從事 I & R 的服務，可以讓社區民眾覺得公共圖書館對他們日常生活的幫助愈來愈大，如此，圖書館在社區中的公眾關係及形象將大爲提升，並可落實對社區民眾的服務，提供民眾生活中最關切及迫切需要的資訊，擴展傳統參考服務的範圍。美國公共圖書館資訊轉介服務實施30多年來，實質受益人數不計其數，已達成將知識、資訊及參考服務帶入社區及服務不常使用圖書館之民眾的目的。至若我國國內的少數圖書館，雖亦已提供類似 I & R 的服務，如將本館無法提供解答的諮詢，轉介到其他機構，唯因人力、經費的限制及各種條件的不足，可說僅是消極的轉介服務而已；對各項資源檔、人才檔尚未能建立完整的檔案，更談不上各種資源評估、策略規劃、後續追蹤、給予支援、提供回饋、運送服務等各種積極而深入的服務措施；I & R 在國內公共圖書館，仍是有待開發的一項延伸性參考服務。

第四節　館際合作

館際合作（Library Cooperation）指的是兩所以上的圖書館互相交換資訊和共享彼此的資源。㉕廣義的說，它包含合作採訪（或合作館藏發展）、合作編目、合作典藏、合作維護與重製，甚至於合作引進資料庫／資訊系統……等。㉖然而跟參考服務比較相關的是館際參考服務（Interlibrary Reference Service）及館際互借（Interlibrary Loan）兩項。

一、館際參考服務

館際參考服務也可稱爲聯合或合作參考服務（Cooperative Reference Service，簡稱CRS），主要是一些圖書館在共同約定下，共同提供參考諮詢的服務；這些圖書館在通訊系統的輔助下，形成一個聯合參考網路（Cooperative Reference Network），每個圖書館共享各館的資源及人力，也分擔每個館所遭遇到的諮詢問題，彼此相互支援。㉗

實施館際參考服務大致上是以鄰近區域的圖書館組成一個合作網較爲適宜，因爲聯繫較爲方便，且服務的讀者也較有地區性，對他們而言，更有「使用一館，猶如使用數館」之好處。例如美國伊利諾州布明頓——諾摩地區（Bloomington － Normal，Illinois）便有8個公共圖書館，兩個學術圖書館和一個專門圖書館，自1988年起共同組織一個館際參考服務系統，他們稱之爲「參考館員的圓桌」（Reference Librarians' Round Table），以分享彼此的資源，並增進參考服務的品質。㉘他們組織館際參考服務的構想大致是因爲近年來圖書館幾乎都會遭遇到下列的困境：

㈠讀者的資訊需求，一直在增加，而館員的人力卻一直停滯不進。

㈡讀者的問題內容也愈來愈複雜，已超過一所圖書館所能負擔的了。

㈢單一的圖書館也不可能擁有能解決各式各樣問題的學科專家。

㈣圖書館預算受到刪減，購買圖書的經費也就少了，貴重的參考書或參考資源，只好與他館合作，盡量減少各館重複的購置。

在上述各種原因之下，圖書館走上合作之路是必然的。而館際參考服務純粹是圖書館與圖書館之間彼此簽訂合作的協議，各館的參考館員之間必須熱心參與且積極合作，此項協議才有可能成功。

因此，組織館際參考服務，首先必須聯絡區域內各圖書館，問其館員是否有興趣加入此種組織，並定期開會，討論各種合作細節。

館際參考服務之進行，最重要的是彼此要建立有效的聯絡工具；因此各館間要有方便易行的通訊協定（establish protocol for ease of interlibrary communication）；如郵寄、電話、傳真、或電腦網路通訊的使用時機或方法等，使館際間能在最低費用的原則下，選擇適當的通訊工具，將問題傳遞給其他圖書館請求支援，或將支援傳回給申請館。

各館也要編製自己圖書館的資源示意圖，包括本館的獨特館藏、擁有的資料庫、甚至於館員名單及其專長，讓參與的圖書館皆能認識各館的資源。各館如能建立聯合的參考問題資料庫，亦有助於彼此之間的應用。在資訊檢索方面，參與各館應建立共同

的檢索畫面及檢索指令，以方便彼此查尋各館之資料庫，並合作開發網路資源，編製網路資源指引，以求更大的利用效益。各館間也可藉網路上的群體討論，共同解決有關參考諮詢的問題。㉙

總之，成功的館際參考服務，有賴於參與圖書館建立一個密切聯繫的網路系統，㉚藉著網路通訊技術的進步，使參考諮詢問題的解決，能獲得更多的支援。國內各圖書館參考部門平時亦經常相互請求支援解決諮詢問題，唯一直沒有正式的協定和合作辦法，如果能從區域性的圖書館，如新竹的清大、交大、工研院各研究所等，共同組成聯合參考服務的組織，使各館在資源分享，人力共用之下，當能更提升參考服務的品質。

二、館際互借

館際參考服務是以發展各館專長的館藏及資訊服務，藉由交流合作，對讀者進行全方位的服務，特別是在參考諮詢問題的解答上，更能互相支援。但在資料的提供上，則必須另外靠著館際互借（Interlibrary Loan）的方式，才能達到文獻的交流及真正的資源共享。

根據1980年美國圖書館協會訂定的「美國國家館際互借規則」（National Interlibrary Loan Code）對館際互借所下的定義是「由一個圖書館向另一個圖書館申請資料，使得圖書館原件（material）或原件的影印本能夠獲得利用的過程」（A transaction in which library material, or a copy of the material is made available by one library to another upon request）㉛。由此定義分析，館際互借包括原件的借閱及複印，同時，自己的圖書館不僅能向他館借入（borrowing）資料，也須借出（lending）資料給他館，以符合互助的精神，而使讀者受到最大的利益。

館際互借之產生仍然是因為資訊泛濫，讀者需求多樣化且複雜，但圖書館經費反而減縮；圖書館不得不改變經營型態，尋求合作發展館藏，再以彼此能互借、影印的方式來提供讀者較充裕的資料，而圖書館也可以減少資訊泛濫和預算不足的煩惱。[32]

進行館際互借通常要成立一個合作性組織團體，以訂定各種彼此應相互遵守的規則，並擬訂作業的程序。美國的湯姆森（Thomson, Sarah Katharine）在1970年著有「館際互借程序手冊」（Interlibrary Loan Procedure Manual）一書，1984年，布其爾（Boucher, Virgini）著有「館際互借實務手冊」（Interlibrary Loan Practices Handbook）；此兩書均對館際互借之政策、標準及作業程序有詳細的闡釋，對沒有成立館際組織或沒有館際互借經驗者，也提供如何操作的說明。[33]我們國內尚缺乏此種完整的手冊可供參考，唯目前已成立兩大全國性合作組織──「中華人文社會科學圖書館合作組織」及「中華民國科技圖書館協會」（詳見本書第二章第六節），可供國內各圖書館加入，共享資源互借之功用。雖然國內各圖書館在此兩組織的館際互借運作，仍有一些缺失，如聯合目錄的缺乏、資料傳遞的時效性不夠快捷、申請件數過度集中在少數圖書館，而大館借出量過多使得彼此負擔不平均、大部分的互借僅限於資料的複印……等；[34]但此兩組織在近年來對資料的共享及服務遠地讀者方面，也發揮了不少效用。

目前欲加入國內兩個全國性館際合作組織，應先向國家圖書館負責之「中華人文社會科學圖書館合作組織」或國科會科資中心負責之「中華民國科技圖書館協會」之執行小組申請加入會員。執行小組通過入會申請後，即繳交、領取各合作組織之複印借書申請單使用；組織並會印發會員手冊，供了解會員單位之名稱、

地址、電話，及影印、借書辦法和費用等。兩個組織除執行小組
會議外，並定期召開會員大會，決定施政方針和年度工作計畫並
討論有關業務事項。

　　至於有關國內目前館際互借之實際業務，包括：

(一)本館向他館申請資料的處理程序：（流程圖見圖表二）

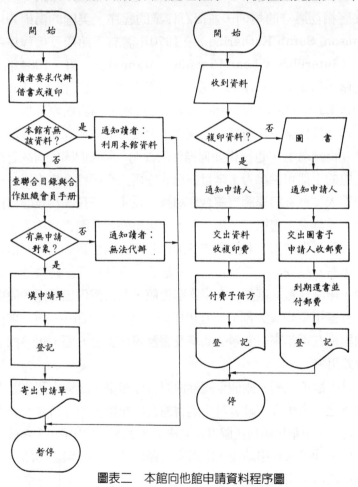

圖表二　本館向他館申請資料程序圖

1. 查檢聯合目錄，或以電話聯繫其他會員，以確定資料的蒐藏單位，或該單位是否確實擁有所需之資料。國家圖書館因有出版呈繳權，故國內中文期刊報紙大致齊全，若讀者申請中文期刊文獻之複印，向該館申請，獲得率機會很大，唯該館圖書不外借。

2. 請讀者（申請人）填寫館際合作複印申請單或借書單（見圖表三、四），館員應查檢讀者所填各項資料是否完備，並簽名蓋章等。

3. 在「館際互借紀錄」本上登記並編號。（見圖表五）

4. 寄出申請單。

5. 接到對方寄回資料或回覆，若寄出兩星期尚未獲得回覆，應向對方查詢。

6. 通知申請人前來領取書籍或複印資料，並繳交應付費用。

7. 讀者借閱到期後將書歸還。

8. 付款給所申借單位，並歸還圖書。

9. 在紀錄本上登記結案。

10. 若收到回覆為非該申請單位之蒐藏或其他原因無法複印（如送裝訂中），而讀者仍需要該項資料，則應試著向其他單位提出申請。

中華民國人文暨社會科學圖書館
及資料單位館際合作組織
Ａ.館際合作複印申請聯

申請日期：	編　號：	回覆：

被申請對象：＿＿＿＿＿如果未能供應，請依序轉寄：
(1)　　　　　　(2)　　　　　　(3)

貨方回覆記錄：
複印費NT$＿＿＿　郵費NT$＿＿＿
其他費用NT$＿＿＿＿＿＿
合計NT$＿＿＿＿＿＿

申請人姓名：	隸屬單位：	電話：

篇　名．
(章名)：

本次費用請於＿年＿月＿日前付清
未能提供複印原因說明：
□尚未收到　　　□非本館所有
□不准許複製　　□其他

著　者：

刊　名．
(書名)：

承辦人：＿＿＿＿＿

卷號：	期號：	起訖頁數：	年月：

依據：□貨方目錄　□聯合目錄　□其　他
敬請供應：□微　片　□複　印
寄出日期：如未能於＿月＿日以前寄出，請取消本申請案

貨方清結記錄：＿＿＿＿＿
影印資料寄出日期：＿＿
收到複印費用日期：＿＿
收到複印費用NT$＿＿＿＿
承辦人＿＿＿＿＿＿

申請會員單位	指定代表簽章

中華民國科技圖書館合作組織
(Ａ)館際合作複印申請聯

資料類別

文	法	商	理	工	農	醫

申請日期：	編號：

被申請對象：
地址：

回覆：
貨方回覆記錄：
複印費NT$＿＿＿　郵費NT$＿＿＿
其他費用NT$＿＿＿
合計NT$＿＿＿
本次費用請於＿年＿月＿日以前付清
未能提供複印原因說明：
□非本館所有　　□不准許複製
□卷期不合　　　□資料不全
□缺期　　　　　□裝訂中
□其他
承辦人：＿＿＿＿＿

刊　名．
(書名)：

卷號：	期號：	年月：	起訖頁數：

篇名：

作者：

申請人姓名：	隸屬單位：	電話：

申　請　單　位
暨　指　定　代　表

貨方清結記錄：＿＿＿＿＿
影印資料寄出日期：＿＿
收到複印費用日期：＿＿
收到複印費用NT$＿＿＿＿
承辦人及日期＿＿＿＿＿

(19×13公分)

圖表三　館際合作複印申請單

中華民國人文暨社會科學圖書館
及資料單位館際合作組織
A.館際合作複印申請聯

申請日期：	編號：	甲、借出日期： 應歸還日期＿＿＿＿ 請付郵資：NT$＿＿＿＿ 簽章＿＿＿＿＿＿＿＿
被申請對象：		
申請人姓名：　單位：　電話：		乙、續借： 理由：＿＿＿＿＿ 續借至＿＿年＿＿月＿＿日 簽章：＿＿＿＿＿ 回覆： □同意　□不同意 簽章：＿＿＿＿＿
索書號：＿＿＿＿＿ 作　者：＿＿＿＿＿ 書　名：＿＿＿＿＿ 出版者：＿＿＿＿＿ 出版日期：＿＿＿＿　出版版次：＿＿＿ 依據：□官方目錄　□聯合目錄　□其他		丙、未借原因說明： □使用中，請候＿＿＿日 □限館內閱覽　□非流通品 □非本館所有　□其他
申請會員單位	指定代表簽章	

中華民國科技圖書館合作組織
(A)館際合作複印申請聯

資料類別

			文	法	商	理	工	農	醫	
申請日期：　編號：			甲、借出日期： 應歸還日期＿＿＿＿ 請付郵資：NT$＿＿＿＿ 承辦人及日期：＿＿＿							
被申請對象： 地址：										
作者：			乙、續借： 理由：＿＿＿＿ 續借至＿＿年＿＿月＿＿日 承辦人及日期：＿＿＿							
書名：										
出版者：			回覆： □同意　□不同意 承辦人及日期：＿＿＿							
出版日期：　出版版次：　索書號：										
申請人姓名：　隸屬單位：　電話：			丙、未借原因說明： □非本館所有　□不准許借閱 □使用中，請候＿＿＿日 □其他 承辦人及日期：＿＿＿							
申請單位 暨指定代表										

（19×13公分）

圖表四　館際合作借書申請單

日期	本館編號（向外申請另加L．）	申請單位（或被申請單位）	複印資料		借　　書		回覆日期	收到複印費（或付複印費）日期	備註
			張數	未印	冊數	未借			

圖表五　館際互借紀錄

(二)他館向本館申請資料的處理程序：（流程圖見圖表六）

　　1.收到借書或複印申請單。

　　2.在「館際互借紀錄本」上登記。

　　3.查本館館藏目錄，以確定該資料本館有蒐藏。

　　4.取出該資料出借或複印。

　　5.在借書或複印申請單A、B聯填上收取費用及其他聯絡
　　　事項。

　　6.A聯存檔，B聯與資料一同寄出。

　　7.收取複印費、郵費，並取回借出之圖書。

　　8.在紀錄本上登記。

　　9.若借出之圖書資料未如期歸還，應加以催回。[35]

　　館際互借結案後，每月應統計複印資料的申請人數及複印頁
數，以及借書的申請次數和借出冊數。

　　國內大部分的圖書館在館際互借的作業程序均尚未自動化，
資料的申請、傳遞也以郵件為主，因此獲得資料的時效性較慢，
這是國內圖書館館際互借尚待努力的。

　　至於國內沒有的資料，必須向國外圖書館申請借閱或複印，
則有兩種途徑，一是向國際圖書館協會聯盟（IFLA）申請適用
於國際館際互借影印的申請單（International Loan/Photocopy
Request Form）──見（圖表七），再分別向國外館藏單位申
請借閱、複印。有些圖書館圖書不外借，僅限於複印服務，如日
本國立國會圖書館。而向國外影印資料，費用通常不低，如日本
國立國會圖書館，每頁收費要日幣35元，另還要收航空費、包裝
費及銀行兌款費用，這是宜向讀者事先說明的，免得引起無謂的
誤會。

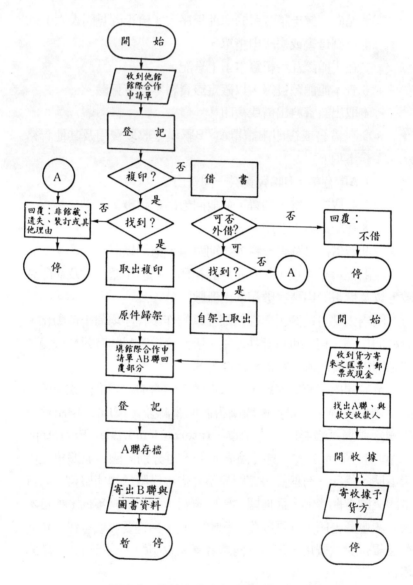

圖表六　他館向本館申請資料的處理程序圖

I.F.L.A. INTERNATIONAL LOAN/PHOTOCOPY REQUEST FORM
FORMULAIRE DE DEMANDE DE PRET/PHOTOCOPIE INTERNATIONAL
COPY B　EXEMPLAIRE B

Request ref. no/Patron identifier
No. de Commande/identité de lecteur

Borrowing library's address
Adresse de la bibliothèque emprunteuse

Needed by/Demande avant
Quote if cost exceeds/Prix si plus que

Shelfmark/Cot de placement

Request for:/Commande de:
Loan/Pret
Photocopy/Photocopie
Microform

Report/Reponse

Part not held/Volume/fascicule non detenu
Title not held/nous n'avons pas ce titre
Not traced/Ne figure pas dans cette bibl.
Not for loan/Exclu de prêt
Copyright restrictions
Not immediately available. Reapply in............weeks
Non disponible actuellement. Renouvelez la demande dans............semaines
Lent until/Prêté jusqu'au............
Use in library only/A consulter sur place uniquement
I declare that this publication is required only for the purpose of research or private study.
Je declare que cette publication n'est demande qu'à des fins de recherche ou d'étude privée
Signature............
Date............

Books: Author, title - Livres: Auteur, titre / **Serials**: Title, article title, author - **Periodiques**: Titre, titre de l'article, auteur

Place of Publication
Lieu de publication
Publisher
Editeur

Year-Annee　Volume-Tome　Part-No.　Pages　ISBN/ISSN

Edition
Source of verification/reference
Reference bibliographique/Verification

Lending library's address/adresse de la bibliothèque prêteuse

圖表七　IFLA國際館際互借申請單

This is a
Multipart Set
Please use a
Ball Point Pen
BEND STUB　GRASP ENDS　BEND TOGETHER　SNAP APART

Send copies B,C and D to the supplying library. Keep the Yellow A copy for your own records.

　　另一種途徑是向大英圖書館之文獻供應中心（British Library Document Supply Centre，簡稱BLDSC）申請。由於BLDSC自成立以來，即致力於全球資料的蒐集，每年平均耗資四百萬英鎊，蒐集世界各國新的資訊（至1996年止，該中心擁有300萬冊書籍，近30萬種期刊，400萬種拍成縮影的報告及60萬種英美兩國博士論文；其他還有會議紀錄、翻譯論叢……等，每年還以近20萬種的速度在增加中），最主要的是它對全世界圖書館提供資料影印及書籍借閱的服務，使其聲名遠播。根據1995／96年的統計，它接受了英國國內3,015,838人次的申請資料影印或借閱，而海外也有1,097,748人次的申請，而它自1961年成立以來，已總共有7億8千萬人次的申請案件了。㊱而且，即使是從海外向其申請借閱或影印，其獲得率仍然很高，時效也頗快，如以線上申請，平均8—18天即可收到資料，比起日本國立國會圖書館的40—70天快了許多；（依據國立中山大學圖書館之統計資料）因此，國內各大圖書館頗多向該中心申請影印或借閱資料。

　　向BLDSC申請影印或借書亦有兩種方式，一是先向BLDSC購買該中心發行的點券（Coupon），——（訂購單及Coupons見圖表八及圖表九），並在寄出複印或借印申請單（見圖表十）時，按照收費標準貼上等值的Coupon數，（一般影印，每10頁須一個Coupon，約合美金 9元左右，不滿十頁，以十頁計；至於借書，每冊書收費大約新臺幣700元，借期一個月，另須支付借還書之航空掛號費，每冊約新臺幣400—600元，故借一冊書之費用，約在新臺幣1100—1300元之間）。㊲另外一種方式，則是用Fax-Line、自動傳輸系統（ARTTel——Automated Request Transmission by Telecommunication）或線上檢索系

統等方式申請資料，那麼便須事先在BLDSC開立一專戶，並預
存一筆金額，其計算單位爲unit（等於一個Coupon的價格），
往後每申請一次，BLDSC便自動會從專戶扣除應繳的費用。

**INTERNATIONAL
PHOTOCOPY SERVICE**

ORDER FOR COUPONS

COUPON VALUES

Please supply _____ books of coupons (20 per book)

_____ _____
Signature   Date

Your Customer Code _____

Address to which coupons are to be sent:

_____

_____

_____

_____

Your VAT No.: _____

For Official use only

Coupons Issued

_____ to _____

Initials _____

Date _____

Number of pages	Coupons Required	
	Xerographic Copy	Microform Enlargement
1-10	1	1
11-20	2	2
21-30	3	3
31-40	4	4
For each additional number up to 10 pages	1	1

1 Coupon is required for each complete report on duplicate microfiche

Post To:
Customer Services (P.R.F.) British Library
Document Supply Centre, Boston Spa,
Wetherby, West Yorkshire,
United Kingdom LS23 7BQ

VAT No.: GB 240 6927 64

圖表八 BLDSC Coupon訂購單

Remember:-

These coupons can also be
used for the

COPYRIGHT CLEARED SERVICE

Contact Customer Services for
details
+44 937 546060

圖表九　BLDSC Coupo樣式

ZF072378　　Copy B

THE BRITISH LIBRARY

ZF072378

ZF072378

DOCUMENT SUPPLY CENTRE

INTERNATIONAL PHOTOCOPY SERVICE

PLEASE TYPE

Title of book or periodical

Year	Volume	Part	Pages required

Author and/or title of article

Source of reference

Microform will only be supplied where the original is held as microform.
If not in stock please try back-up libraries □

I have not previously been supplied with a copy of the above work by any librarian. I undertake that if a copy is supplied to me in compliance with the above request, it will only be used for research or private study.

Signature _____

Date _____

FULL POSTAL ADDRESS (INCLUDING COUNTRY)

To Remove Carbons
SNAP OUT   BRING TOGETHER   GRASP ENDS   BEND STUB

K-J

圖表十　BLDSC 申請單

　　國內已有許多圖書館與BLDSC建立了文件影印訂購的管道，亦有代理商可替圖書館代爲申請使用權，代售Coupon及代爲開立專戶及匯款等業務。

　　近年來電腦及通訊網路、文獻傳遞技術的發展，使讀者必須透過圖書館向另一所圖書館申請館際互借的情況已有所改變。讀者透過網路，不但能在線上自行申請館際互借、影印，要求借閱的資料也能夠以最快的速度送達讀者手中；對於讀者所要影印的期刊論文或全文資料，也能經由傳眞或電子郵件傳給讀者。㊳如美國俄亥俄州圖書館資訊網路系統（OhioLink——Ohio Library and Information Network）便是一個各參與圖書館的所有讀者均可查詢、使用並互相借閱、申請資料的系統。讀者在這個系統的中心聯合目錄，如查到其他圖書館所蒐藏的圖書資料，讀者可以自行在區域系統上自己進行館際互借的要求，對方的圖書館在接到資料借閱的請求後，會在48小時之內，將資料送到讀者所在的圖書館中，讀者在資料送到的第二天便可取得所需的資料。㊴可見此種情況，讀者已有較大的自主權直接去向外館申請館際互借或影印，省去了向所屬館申請的轉接時間；而且以網路傳輸申請，在時效上亦大爲增進。許多圖書館已在網路上結合目次傳遞及影像掃描的功能，更可直接讓讀者逕行索求文件傳遞服務，毋須透過圖書館的處理；如美國科羅拉多州研究圖書館聯盟CARL（Colorado Alliance of Research Libraries）的UnCover系統及國內國家圖書館發展的遠距圖書服務系統均有此項功能。㊵故在電腦網路及文獻傳遞技術發展之下，館際互借的組織和合作的精神仍應存在，只是館員在處理程序和工作的角色上將會有一些改變。

第五節　資訊選粹服務

資訊選粹服務（Selective Dissemination of Information－SDI）又譯為「專題選粹服務」、「資訊選擇傳播服務」、「專題資訊服務」等；我國最早介紹SDI此項服務的文獻則為李德竹教授在民國61年「美國圖書館業務專題研討會」中所發表的「美國的報導科學」一文中曾提及SDI，當時她譯為「選擇的傳送報導」。㊶

不論譯名為何，SDI乃是針對讀者個別所需，將最新的資訊選出，以主動積極的方式，定期提供給讀者，以節省讀者檢索資料的時間，並協助讀者獲取更多相關的資料。其與資訊檢索最大的不同是，SDI只針對新穎的文獻，而不做回溯性的檢索；其與新知報導服務（Current Awareness Services）倒比較有密切的關聯；SDI可算是新知報導服務的一種，唯它更強調為讀者篩選資料，提供吻合讀者所需的文獻。

SDI是參考服務的一種延伸，早在1920年代，紐約公共圖書館即以人工提供此項服務。他們在當時就已知請讀者填寫興趣卡；爾後如有新書入館，即按照讀者興趣寄發通知相關的新書通報，唯限於人力，此項服務無力擴大。及至1958年，隆恩（Hans Peter Luhn）始提出SDI的名稱，並利用電腦將讀者興趣檔的相關術語和文獻的敘述語相對照，以選出與讀者有興趣的文獻；次年，IBM公司利用其構想，正式推出測試完成的SDI系統，以電腦處理的資訊選粹服務才正式發展，㊷並成為美國研究機構、專門圖書館及學術圖書館相當重視的一種讀者服務。

不論以人工或電腦處理，實施SDI必先建立讀者興趣檔，包

括其個人基本資料、研究主題、相關術語、關鍵字及其同義語。其次則須定期蒐集、過濾各種到館的資料，如期刊、圖書、技術報告、會議論文等，找出符合讀者興趣者；如以電腦作業，則須定期對讀者興趣檔和館藏資料檔或相關的各種資料庫進行配對，以列印出符合讀者需求之資料。至於提供資料方面，則可直接影印原文給讀者，或僅提供書目資料及目次表，供讀者選擇、確定後，再影印全文提供。

由於讀者興趣檔的建立和資料的提供、傳遞，均須耗費相當大的時間和人力、經費，故SDI通常只在服務對象有限的小型圖書館，特別是在研究機構或專門、學術圖書館才比較有能力實施，一般公共圖書館甚難做到。尤其自1970年代兩次石油經濟危機，造成美國圖書館經費無法成長反而萎縮的狀況，SDI服務逐漸趨向保守。而在國內，亦僅在中山科學院、臺大法學院、科資中心、農資中心等圖書館推出相關的服務而已；其中，以中山科學院圖書館的 SDI最具成效，魏瓊釵、王愛玲、曾淑賢、陸敏等四人，曾於民國71年以「資訊服務人工系統之探討」一文，詳細論述SDI服務之基本要素及系統之建立方法、流程圖等，並以中山科學研究院圖書館實施SDI之例子，敘述其服務過程和程序，是國內較詳盡的一篇有關SDI之文獻。⑬

SDI停滯發展的另一項因素是80年代以後，電腦資訊日益發展，愈來愈多的研究人員已懂得自己由線上檢索所需的資訊，尤其90年代以後，許多網路資料庫系統的期刊目次和文件傳遞服務，更對使用者提供自動的SDI服務，根本無須透過圖書館的協助；如美國的UnCover系統，個人每年支付20美元便可選擇50種期刊，享用一年的目次傳遞服務；此種使用者自行選定的期刊，如有新到目次時，系統均會以電子郵件傳遞給訂閱者。此外，每人

也可選擇25個關鍵語作爲SDI服務的依據，此項服務，每星期處理一次，檢索結果，也以電子郵件傳送。㊹我國國家圖書館發展的遠距圖書服務中之「線上期刊資訊選粹服務」（Online SDI），亦可透過文獻傳遞服務申請，可讓讀者上網選定某些特定期刊之目次，並於該期刊最新卷期目次入檔時，隨時主動以電子郵件或傳眞方式傳送給訂戶，如此可免除讀者逐一上網瀏覽最新目次時間的耗損。㊺

　　而在目前龐大繁雜的網路資源中，資訊界亦正在發展所謂的「網路資訊過濾器」（Networked Information Filtering），其目的亦如同SDI一樣，要使網路資源檢索系統更具主動、長期及個人化的資訊服務能力，藉著建立個人的興趣檔案（profile），以針對不同使用者提供不同的服務內容，並將檢索出來的資訊，以E-mail或傳眞方式主動告知使用者，使用者將不用汲汲營營於網路檢索，只要養成看E-mail的習慣即可，這可說是網路上的SDI服務了。㊻

　　總之，如同上節所提到的館際互借一樣，隨著資訊系統和網路技術的發展，圖書館提供SDI的服務可能要轉變著重在資料的準備和輸入，而比較不須去建立讀者的興趣檔，因爲讀者對資訊選擇的自主性已大爲增強，像「線上期刊資訊選粹服務」，幾乎上網的讀者就可選擇自己所需的資訊。

第六節　剪輯資料與小冊子

　　剪輯資料與小冊子都不是正式的參考圖書，不過在參考服務中，卻也是經常使用到的輔助性參考資料。而一般圖書館剪輯資料的工作或小冊子的管理，絕大部分是由參考部門負責，因此，

即使這兩項業務都是繁瑣而耗費時間的工作，參考館員還是必須對其有所認識，並須撥出人力從事此兩項工作的。

一、剪輯資料的意義

剪輯資料並非單指一般人所說的剪報而已，它也包括剪取散見於雜誌中（通常是將其影印）具有參考價值的資料，將它們的內容、篇目，依分類或按標題、檢字順序等整理，並將其黏貼或儲存建檔，以方便需要時調出來參考。

許多個人也在做剪輯的工作，其目的是爲了休閒或爲了選輯佳文名句；也有的是剪取與自己相關學科的報導文章……等等。至於圖書館剪輯資料，大致有三種範圍：

㈠剪輯時事要聞及綜合性的報導。

因爲個人或家庭無法保存過時的報紙，但遇到須要查考過去報刊上的報導或消息時，就不得不仰賴訂有多種報紙的圖書館。而許多圖書館亦無法擁有太多的空間以儲藏各種及所有年月的報紙，只好就重要時事及報導，予以剪取、分類、整理，以方便讀者查檢、使用。此種綜合各類的剪報，國內公共圖書館，如臺北市立圖書館、省立臺中圖書館、高雄市立圖書館等均有多年的歷史，並擁有龐大數量的剪報資料夾。㊼各圖書館剪輯資料的範圍和特色，中華民國人文社會科學圖書館合作組織曾於民國76年編印有「臺灣各圖書館館藏剪輯資料簡介」，大致可見其端倪。㊽一些報社的資料中心，如聯合報、中國時報等，爲了記者、編輯的工作需求，對剪輯資料特別重視，並發展出獨特的分類系統，倒值得一般圖書館去參考的。

㈡專題性剪輯資料

有的圖書館爲了編印或製作專題資料庫而剪輯專題性的論文或報導。如師大圖書館爲編印教育論文摘要而剪輯有關教育學方

面的資料，東吳大學圖書館則剪輯有關法律的資料，以編印法律論文索引。

　　許多學校圖書館為了提供教師研究，亦會剪取有關教學參考或教育行政方面的資料。國家圖書館的專科閱覽室，亦各會剪輯有關各學科的報導，如美術室剪取有關美術、音樂的報導，法律室剪取有關法律方面的資料等。

　　㈢做為回答參考問題所需的剪輯資料

　　上述綜合性或專題性的消息或論文報導，通常也會被近年來發展出來的報刊檢索系統——如中央社剪報查詢系統、時報資訊即時系統、政大中文報紙論文資料庫系統、卓越財經紀事電子資料庫系統等收錄，故圖書館如已訂購這些電腦資訊檢索系統且圖書館的報紙保存完整的話，則上述的剪報工作幾乎可以不用做了，因為經由電腦檢索，找到線索後，再去調閱報紙即可；如果資料庫有全文系統，那就更方便了，圖書館不必典藏舊報紙亦可。

　　但是報刊上經常還有一種比較具參考性、趣味性或一般參考工具書較不易找到的資料，而這些資料通常不會被那些專收錄重大時事消息或專題性論文的報刊資料庫系統所收錄，但實際上，它們在參考諮詢業務上，卻很容易被讀者所問到，如颱風命名的新名單、金氏紀錄的由來、身分證號碼的編法……等等，有時雖然不是位於報紙的重要版面，但卻也是值得重視、保留的資料，否則一旦被讀者問起，要查詢一般工具書卻也相當費時費事的。有些雜誌或定期性刊物，沒被期刊論文索引收錄，但如有值得列為參考諮詢檔案的報導，如「聖嬰年現象」（國立自然科學博物館簡訊54期），亦可影印做為剪輯資料。

　　剪輯資料的工作是要花費很多人力或時間的，⑲故一些圖書館已僅將重點置於剪取類似此種能輔助參考諮詢的問題且不太容

類＿＿＿＿＿＿＿　　　　○○鄉鎮圖書館　　報名＿＿＿＿＿＿＿

項＿＿＿＿＿＿＿　　　　剪　輯　資　料　　日期＿＿＿＿＿＿＿

目＿＿＿＿＿＿＿　　　　　　　　　　　　　版次＿＿＿＿＿＿＿

內容摘要

圖表十一　　剪輯資料貼紙單樣式（正式貼紙單為A4大小）

易從參考工具書查到的資料；唯對於此種資料，館員亦宜注意兩點，第一，報刊上的資料，由於記者搶時間，有時尚未查證即登出，故準確性須特別注意查證或考量；第二，有些連載資料，應考慮到以後可能會出書，而決定是否要剪輯，否則剪輯資料太多，也是費時費力又佔空間的事。例如以前中央日報長河版有「每日一典」的專欄，對解答語文典故或事物來源方面的詢問大有幫助，但此種專欄以後由報社彙集成書出版的機會很大，館員是否必須每日剪下，正式黏貼、建檔，倒是可以斟酌再三的。

二、剪輯資料的製作和整理

㈠剪輯資料貼紙單

從報刊上剪下來的資料，通常要另外貼在紙質較厚的剪輯資料貼紙單（圖表十一）上，才比較方便處理，此貼紙單上可有資料來源（報刊名、日期、版次）及分類（類、項、目）和內容摘要之欄位。

㈡剪刀、膠水

剪輯工作主要的工具自然是剪刀、膠水，其他配備可包括尺及裁刀等。

㈢分　類

剪輯資料的分類大致有兩種分類方法：

1. 按圖書分類法或標題表給予分類號或標題。唯剪輯資料內容很細，有時在分類表或標題表上難以找到適合的類號及標題，必須靠館員自行添加。

2. 報社資料中心發展出來的剪報資料分類表，通常較為詳細且富彈性，比較能配合時事新聞的剪報分類需求，如（圖表十二）是中國時報資料中心剪報索引目錄表中有關臺北市政府、市議會等的類目詳表，分得很細，並可擴充；圖書館亦可參酌自行依自己需求自訂類似的分類表。

CD臺北市政府、議會
CD01*1 臺北市政 V1-10
　CD01.01 臺北市改制
　　CD01.01A 臺北市改制特刊
　CD01.02 臺北市府人事
CD01.03*1 臺北市建設 V1-9
　CD01.03A 整治基隆河
　　CD01.03A1 基隆河截彎取直計畫
CD01.03B*1 開發關渡平原
CD01.03B*2 開發關渡平原
CD01.03C 河川公地收回
CD01.03D 濱江計畫
CD01.03E 開發十二號公園預定地
CD01.03F 中華商場
CD01.03G 專業街
　CD01.03G1 西門町
　CD01.03G2 迪化街
CD01.03H 臺北市政中心
CD01.03I 兒童交通公園
CD01.03J 十四、十五號公園開發計畫
CD01.03K 七號公園
CD01.03L*1 整治淡水河
CD01.03L*2 整治淡水河
CD01.04 臺北縣市建設問題
CD01.05*1 臺北縣市行政區域調整 V1-3
CD01.06 北市工務局
CD01.07*1 臺北市都市計畫
CD01.07*2 臺北市都市計畫
　CD01.07A 安康計畫
　CD01.07B 萬大計畫
　CD01.07C 信義計畫
　CD01.07D 京華再開發案
CD01.08 臺北都會區
CD01.09 臺北市長濫權案
CD02 臺北市議會
　CD02.01 市政總質詢
　CD02.02 市議會聽證會
　CD02.03 議會衝突
　CD02.04 議員助理
　CD02.05 北市預算

CE高雄市政府、議會
CE01*1 高雄市政 V1-5
　CE01.01 高雄市政府人事
　CE01.02 高雄市建設
　　CE01.02A 高雄市愛河

圖表十二　中國時報資料中心剪報索引目錄舉例

　　㈣歸　檔

　　剪輯資料貼在貼紙單上，經過分類，給予分類號或標題後，接下來的問題是如何整理、歸檔。一般處理剪輯資料有兩種方式，一是按類置於內含塑膠護套之可豎立卷夾內，此卷夾外面須有分類或標題類目之標記，卷夾內頁之前應編有目次。另一種方式是將同類的剪輯資料貼紙單置放於檔案夾，放於檔案櫃內，此種方法如同檔案管理。

　　㈤查檢、調閱

　　如用成冊的卷夾式，則可依卷夾外面的類目取用後，翻閱前面的目次，查閱所需資料。如採用檔案夾方式，最好借助電腦建檔，以便迅速調出所需的那份剪輯資料。本書前面曾介紹過的國家圖書館參考諮詢系統，亦可用來處理剪輯資料的建檔及查詢，如（圖表十三）。

系統號碼：　858
諮詢問題：父親節的由來
答　　案：我國父親節始於民國34年8月8日；以「八八」連綴形同父
　　　　　字，又取其音與爸爸相似，方便記憶，且代表我國抗戰時
　　　　　期的民族自覺與懷念故國等。
出　　處：C531－37
關　鍵　詞：父親節；父親花

圖表十三　國家圖書館參考諮詢系統應用於剪輯資料的建檔、查詢

　　此例即是報刊中有父親節由來的報導，經剪下後，貼於剪輯資料貼紙單上，並給予C531-37之編號及關鍵詞「父親節」、「父親花」等。查尋時，鍵入「父親節」或「父親花」（因是全文檢索，故即使鍵入「父」字亦可查得），即顯示（圖表十三）之畫面，而知檔案櫃中C571檔案夾內之第37號編號之剪輯即有此

份報導。

三、小冊子的定義

小冊子一般指不滿50頁，非正式裝訂的出版品。而政府機構或民間團體簡介或會員名錄等，因常常修訂，故即使超過50頁，圖書館亦經常將其視為不須編目的小冊子處理，以方便淘汰更新。

四、小冊子的徵集和管理

小冊子或機構簡介、名錄等，多係政府機關或民間團體所編印，大部分為非賣品，可去函向其索取。這些資料的訊息，可參考「中華民國行政機關出版品目錄」（國家圖書館官書股編，季刊）及「中華民國民眾團體名錄」（中華民國民眾團體活動中心編，年刊）等。例如，如屬農、漁業區的鄉鎮圖書館，可由「中華民國行政機關出版品目錄」中之行政院農業委員會出版之小冊子或圖書，選擇其所需，向農委會函索。亦可依據「中華民國民眾團體名錄」所載各團體之地址、電話等，向其索取各團體之簡介或會員名錄等資料。

同樣的，可利用教育部出版之大專院校名錄或文建會出版之基金會名錄等，向各有關機關函索各大學簡介或基金會簡介等資料。

小冊子等參考資料的管理：

小冊子及機關簡介等，形式大小不一，管理方式與一般圖書不同，一般而言，可依照下列方式處理：

㈠收到小冊子後，可審視是否為本館所需？如為宗教或一般商業公司之宣傳品，原則可不必收受。

㈡決定納入典藏供眾閱覽參考的小冊子，可加蓋本館標誌或貼上標籤。

㈢小冊子可給予簡單的分類號（如：100號、200號、350號

……等），或給予主題名稱（如：環保、教育……等）並貼上分類號或主題標籤，再依類別或依主題分別置入小冊子盒，小冊子盒外面亦應加貼相關的分類或標題名稱，以方便讀者查檢。

㈣經常檢視各類各盒之小冊子，如有新的相同小冊子，則可淘汰原有的。已過時效之小冊子，亦應取出。至若部分小冊子如有永久保存價值者，則可送編，視同書籍處理。

㈤置立小冊子盒的書架或地區，宜靠近諮詢檯或服務檯，以方便保管、流通查核，並避免遺失。

㈥所徵集的各種大學概況，亦可視同小冊子處理。

㈦如人力許可，小冊子亦可做簡單的卡片目錄，按類排序。亦可用電腦建檔處理、查詢。⑩

第七節　專題文獻目錄的編製

專題文獻目錄是就某一學科或某一專題，有系統地全面蒐集與該學科或專題有關的各種圖書文獻資料，加以編輯、組織成為一種目錄，以供有興趣的讀者使用參考。這裏所指的圖書文獻資料，範圍非常廣泛，包括圖書、期刊論文、報紙論文、學位論文、研究報告，甚至於小冊子、手稿……等皆可涵蓋在內；其目的在全面彙集某一學科或專題的相關文獻資料，使成為各類資料型式完整的專科性、專題性二次文獻目錄，以便對從事學習及研究工作的人員發揮更大的使用價值。⑪

專題文獻目錄在專門圖書館或學術機構特別盛行，參考館員常為其研究人員蒐集與該專門機關業務有關的文獻，並編成目錄或索引，以便機關的研究人員參考，並可提供其他人士利用；如

農業資料中心便編有「農業科技文獻索引」、香光尼眾佛學院圖書館編有「臺灣地區佛教圖書館現藏佛學相關期刊聯合目錄」等。一般圖書館，亦有會依其蒐藏重點，編有專題性的文獻目錄，如師大圖書館編有「教育論文索引」，東吳大學圖書館編有「中文法律論文索引」等。在大型圖書館，則會按各專科閱覽室分別編印各種專題目錄索引，如國家圖書館政府出版品閱覽室便編有「中華民國政府出版品目錄」及「中華民國公報索引」；日韓文室編有「臺灣公藏日文漢學關係資料彙編」；漢學中心則編有各種有關漢學研究的論著目錄。此種文獻目錄在目前甚至已發展到可以用電腦檢索的多功能資訊系統，如國家圖書館參考室發展的「當代文學史料影像全文系統」，內容除當代作家之基本資料及作品目錄外，尚包括有關作家之評論、傳記文獻資料之全文及影像，並延伸出許多副產品，如文學獎、名句等，可說是一種相當現代化的專題文獻目錄。

　　唯編製專題文獻目錄，須要有充裕的人力和經費，最好還要有學科專家主持。因此一般中小型圖書館的參考部門，在提供諮詢服務之餘，鮮少能有力量持續編印專題文獻目錄。不過，中小型圖書館倒可以進行搜集登在報刊、雜誌。甚至於書籍上各種已編好的專題書目索引或有加註解的三次文獻目錄，將其影印、裝訂或整理成資料夾的模式，供讀者便利參考。例如，館員查得在漢學研究通訊1卷1期登有黃錦鋐所編的「近三十年來之莊子學」（文中有三十年來各種莊子研究之書目），即可將其影印，並用透明塑膠夾子裝置，外面繕打標目，再以小冊子管理方式，按類放於小冊子盒內，供讀者取閱參考。其他，如書目季刊10卷3期有裴溥言編的「詩經學書目」、書評書目50期有李祐寧編的「我國近三十年電影學著作評介」……等，都是小規模的專題文獻目

錄，亦可以將此影印、分類處理的。

　　因此，專題文獻目錄的編製，全視圖書館的需要及人力、經費之充裕與否，而可做較有彈性的辦理。而一般而言，大部分的圖書館沒有經費爲少數個別讀者分別編印此項文獻目錄，但專門圖書館應爲其特定服務對象編印各種有關的專題文獻目錄。

【附 註】

① Eileen G. Abels, "The E-mail Reference Interview", RQ,（Spring, 1996）, p.347.

② U.S. Department of Health, Education, and Welfare; Public Health Service, "Evaluation of the MEDLARS Demand Search Service", F.W. Lancaster,（Washington, DC：GPO, 1968）, p. 102.

③ 北嶋武彥監修，安藤勝等撰，「參考業務」，（東京：東京書籍，昭和58年），頁128。

④ Lura Bushallow-Wilbur etc., "Electronic Mail Reference Service: A Study", RQ,（Spring, 1996）,p.365.

⑤ 同註①，p.355.

⑥ 同上，p.357-358

⑦ 張錦郎，「談大學及公共圖書館利用教育」，臺北市立圖書館館訊，2卷2期（民國73年12月），頁2。

⑧ Jame Rice, "Teaching Library Use",（London: Greenwood, 1981）, p.5-7.

⑨ William A. Katz, "Introduction to Reference Work" Vol. Ⅱ, 6th ed.,（New York：McGraw-Hill, 1992）, p.152.

⑩ 同上，p.145.

⑪ 吳驪璃「從圖書館利用指導談參考服務的教育功能」，社教系刊，13期（民國73年5月），頁59。

⑫ 楊繼斌，「互動式教學在公共圖書館教育功能之應用」，書苑季刊，29期（民國85年7月），頁27。

⑬ 臺北縣後埔國小，「我們的圖書館」（二──六年級），（板橋市：後埔國小，民國76年），5冊。

⑭　張秀珍，「談大學圖書館利用教育，──以東海大學爲例」，書苑季刊，22期（民國83年10月），頁15─28。

⑮　王振鵠，王錫璋，「圖書館事業發展概述」，載於第二次中華民國圖書館年鑑，（臺北市：國立中央圖書館，民國77年），頁8─10。

⑯　同註⑦，頁11─12。

⑰　廖育珮，「我國大學圖書館線上公用目錄使用者利用指導方式之研究」，（臺北市：漢美圖書公司，民國81年），頁25。

⑱　郭麗玲，「美國公共圖書館的社區資訊轉介服務」，社教雙月刊，38期（民國79年8月），頁59。

⑲　鄭雪玫，「資訊轉介服務」，載於「圖書館學與資訊科學大辭典」，（臺北市：漢美圖書公司，民國85年），頁1774─1775。

⑳　同註⑨，p.15.

㉑　邵婉卿，「美國公共圖書館資訊轉介服務之研究」，（臺北市：漢美圖書公司，民國81年），頁41。

㉒　臺北市立圖書館編，「臺北市成人教育資源手冊」，（臺北市：編者，民國82年），頁4。

㉓　同註㉑，頁54。

㉔　同上，頁56─58。

㉕　Marty Bloomberg, "Introduction to Public Services for Library Technicians," Reprinted by（Taipei: Student Book Co., Ltd., 1976），p.197.

㉖　曾濟群等，「全國圖書館館際合作綱領」，（臺北市：教育部，民國84年），頁4─14。

㉗　莊道明，「館際參考服務」，載於「圖書館學與資訊科學大辭典」，（臺北市：漢美圖書公司，民國85年），頁2282─2283。

㉘　Marcia Thomas & Lari Logsdon, "Reference Librarian's Round

Table：A Multitype Network for Improved Reference Service"，Public Libraries, 29：1（January/February, 1990），p.32—34.

㉙ 同註㉖，頁27—28。

㉚ Donna R. Hogan, "Cooperative Reference Services and the Referred Reference Question：An Annotated Bibliography, 1983—1994", Reference Services Review,（Spring 1996），p.57.

㉛ American Library Association, "Interlibrary Codes",（Chicago：A.L.A., 1981），p.9.

㉜ 吳淑芬，「我國人文社會及科際合作組織館際互借現況及問題之研究」，（臺北市：漢美圖書公司，民國79年），頁1。

㉝ 蘇倫伸，「我國圖書資訊網館際互借應用層通訊作業模式建構之研究」，（臺北市：國立臺灣大學圖書館學研究所碩士論文，民國78年），頁21，23。

㉞ 同註㉜，頁117—128。

㉟（圖表）二～五及館際互借申請程序，均取材自王錫璋編著，「鄉鎮圖書館參考服務學習手冊」，（臺北市：國立中央圖書館，民國82年），頁15—16及29—33。

㊱ The British Library Document Supply Centre, Fact Figure, April 1996.

㊲ 依據國立中山大學圖書館國外館際合作服務85年10月之資料為依據。

㊳ 童敏慧，「電子圖書館與文件傳遞服務──從OhioLink談起」，載於「第三屆英語文教學研究與電腦資訊研討會論文集」，（臺北市：中華民國英語文教師學會，民國85年），頁6。

㊴ 同上，頁11。

㊵ 黃鴻珠，「使用期刊文獻的新典範：從UnCover及Uncover2系統談起」，載於「第三屆英語文教學研究與電腦資訊研討會論文集」，

（臺北市：中華民國英語文教師學會，民國85年），頁6。

㊶　李德竹，「美國的報導科學」，載於「美國的圖書館業務」，李志鍾編著，（臺北市：遠東圖書公司，民國61年），頁152。

㊷　唐秀珠，「以書目計量學方法探討專題選粹服務的發展」，（臺北市：國立臺灣大學圖書館學研究所碩士論文，民國77年），頁16。

㊸　魏琼釵等，「資訊服務人工系統之探討」，中國圖書館學會會報，34期（民國71年12月），頁33—79。

㊹　同註㊵，頁24。

㊺　吳碧娟，「認識國家圖書館的遠距圖書服務」，教師天地，85期（民國85年12月），頁52—56。

㊻　卜小蝶，「網路資訊過濾技術與個人化資訊服務」，載於「21世紀資訊科學與技術的展望國際學術研討會論文集」，（臺北市：世界新聞傳播學院圖書館，民國85年），頁340—342。

㊼　參見袁正民，「臺灣地區主要剪報資料庫現況蠡探」，書苑季刊，18期（民國82年10月），頁49。

㊽　中華民國人文社會科學圖書館合作組織，「臺灣各圖書館館藏剪輯資料簡介」，（臺北市：該組織，民國76年），小冊子，計31頁。

㊾　郭靜欣，「剪報工作與參考服務」，臺北市立圖書館館訊，10卷3期（民國82年3月），頁48—53。

㊿　王錫璋，「鄉鎮圖書館參考服務學習手冊」，（臺北市：國立中央圖書館，民國82年），頁43—44。

51　張錦郎，「論專題文獻目錄的編製——以國立中央圖書館為例」，國立中央圖書館館刊，17卷2期（民國73年12月），頁7。

第九章　參考服務的評鑑

第一節　參考服務評鑑的意義、目的和發展

　　參考服務的評鑑是整體圖書館評鑑中的一項，但它是所有圖書館評鑑中最重要的一環；因爲參考服務反應了讀者對圖書館的基本印象。大部分的圖書館雖然都提供了參考服務，但讀者是否利用了這項服務？對這些服務是否感到滿意？而參考館員是圖書館中最直接與讀者接觸的館員，他以諮詢解答、提供資料、協助檢索等方式服務讀者，以達成參考服務的基本目標，但他是不是提供了正確而完整的答案？參考晤談的溝通技巧是否良好？以及圖書館對整個參考服務的行政支援如何？……，這些都要靠某種方法來評量的，其作用就是要使圖書館或參考館員知曉參考服務的目標是否達成，也才能從中發現各種服務的缺失，藉以改進並提升服務的水準。圖書館參考服務的評鑑就是要衡量（measure）和評估（evaluate）各項參考服務質量和效益的過程，其目的主要在⑴查核目前的服務狀況（to check the current status of the services）；⑵發現可以立即改進或供長程發展的方法（to discover methods for immediate and longrange improvement）及⑶決定參考服務的目標、理念是否有修改的必要（to determine the need for modification of goals and philosophy of service）①。因此，大略地說，我們也可以認爲參考服務的評鑑可以達成

三個目標：

第一是「了解」──，可以知道參考服務在讀者心目中的地位如何？有多少人利用此項服務？參考服務的成效如何？……等等。

第二是「改進」──，只有透過評鑑，行政主管和館員才能知道目前的情況中有什麼問題，需要改進的地方是什麼？

第三是「研究」──，展開評鑑工作，也可以藉著要改善缺失而促進參考服務的研究，例如研究如何提高館員回答問題的正確率、怎樣增進館員諮詢溝通的技巧、怎樣減少讀者利用資訊檢索的障礙……等等；這些研究相信都可以促進參考服務水準的提升。

然而參考服務的評鑑卻非易事，其原因是任何評鑑都應有標準或指標作為衡量或評估事物的準則依據，而參考服務項目中，除了參考館藏的數量、資訊檢索系統的種類、回答讀者問題的數量或回答問題的正確和完整的比率可以量化外，許多影響參考服務品質的因素，如館員的專業智能、熱心、溝通能力……等質量因素，皆難以指標評量，甚至於前面所提的參考館藏的數量、回答問題數、諮詢解答的正確率等，其數字高低，也絕非就能呈現參考服務的真正效能。同時，參考服務中通常包括四大要素：讀者、參考館員、館藏資料及資訊檢索系統，這其中，人的因素就佔了一半，而人的行為是複雜的，它會受到各種環境的變化而影響到其表現，因此，有時無法在短期內以常模評鑑他。尤其是參考館員，更一向被認為是參考服務成敗的關鍵，但其服務績效，又會受到許多因素的影響，如行政的支援、工作環境、參考館藏、資訊檢索系統及館員本身的教育背景、人格特質……等；因此，近年來也有許多研究參考服務評鑑的報告總認為要參考館員完全

擔起服務成敗的重擔是不公平的，他們認為參考服務的評鑑應是
一整體的評鑑，而評鑑整體總是比較困難的。②何況，各個圖書
館的服務目標、服務對象、人員、空間、藏書等客觀的條件方面，
存在很多差異，很難在質與量做統一的規定，因此，要定出參考
服務的專業評鑑標準事實上也有困難。藍卡斯特（F.W. Lan-
caster）也曾表示要對參考服務的工作進行成功的評鑑，實非易
事，特別是對一些尚未清楚其參考服務的發展程序、發展政策的
新圖書館而言，更是困難。③

　　也因此，美國圖書館的參考服務雖然早在一百多年前即已開
展，但參考服務的評鑑，卻在1960年代以後，才開始陸續有較
多的學者從事分析、研究。此因美國圖書館事業的黃金時代在
1960年以後面臨強大的挑戰，經濟不景氣、通貨膨脹的壓力造
成圖書館的經費開始萎縮。圖書館為了在不景氣中謀求生存，也
為了向經援單位展現其服務成效及其重要貢獻，乃不得不從圖書
館評鑑著手，特別是最具成效展現的參考服務評鑑，更是圖書館
行政者關切的焦點。藍卡斯特（F.W. Lancaster）在其"If You
Want to Evaluate Your Library"一書中列出自1967年來，數十
個曾在各地進行的參考服務評鑑個案，④其中包括後來經常被引
用，也常引起爭議的何龍（Peter Hernon）及麥克魯爾（Ch-
arles R. McClure）針對學術圖書館政府出版品參考館員的評鑑
及克勞雷（Terence Crowley）和查爾德斯（Thomas Childers）
對新澤西州公共圖書館的兩次參考服務評鑑，以及查爾德斯自己
對紐約長島的52個公共圖書館進行的調查評鑑等。

　　然而多次的評鑑卻也造成一些困擾。穆芬（Majorie E.
Murfin）分析參考服務評鑑的發展背景說：「在1967年，美國
的參考服務達到尖峰時代，連羅斯坦（Samuel Rothstein）的研

究也都指出對參考服務滿意的讀者達到80─90％，但自1970年代以後，情況改變了，許多針對參考館員的評鑑，都直指參考館員解答問題的正確率只有50─60％左右，使得參考館員一向自豪的『我是參考館員，我在這裏會協助你』，幾乎成為圖書館的一項笑言，而許多評鑑文獻，也都開始討論這種所謂只有『一半正確』（half-right）及『誤導的時代』（age of misinformation）的參考服務」⑤。參考館員面對他們所從事的服務工作，從絢爛光彩到遭人質疑，真是情何以堪！因此，1990年代開始，亦有不少文獻開始探討參考館員或參考服務到底是那裏出了問題？但他們也批評以前只針對圖書館員為主的評鑑方式，──這些文獻分析，將在第三節再予敘述，我們先看看到底參考服務評鑑有什麼正確而客觀的方法和程序。

第二節　參考服務評鑑的程序和方法

一、評鑑的程序

不管採用任何評鑑方法，總先要擬定一個評鑑的程序或步驟。雖然為了適應各館不同的類型和特色，參考服務的評鑑一向缺乏一個有系統的程序準則，但一般而言，它也應有如下的幾項基本步驟：

第一，決定評鑑的目的、目標及希望從評鑑中得到什麼。

第二，使用一個可以和現況相評比的理想情況做對比的標準；如果已訂有地區性或全國性的標準，更可以拿來做依據。

第三，決定評鑑的項目。

第四，針對具體的評鑑項目蒐集相關的資料。

第五，決定評鑑的方法及所需的人力、經費、時間等。

這些步驟完成後，還要蒐集資料再做必須的修正；而在評鑑完成後，最重要的是做結果分析，並使結果分析有助於了解現況。⑥也就是說，整個評鑑工作，從計畫、實施、到結果分析、循環檢討（recycling）、追蹤，其目的在使業務更趨理想。

二、評鑑人員：

參與參考服務評鑑的人員，通常會有幾種模式：

㈠**由上級評鑑**（supervisor evaluation）：這是最常見的評鑑模式，主要是行政管理者為考核圖書館的服務成效，而由圖書館的主管部門（或更上一級的主管單位）派員實施評鑑的工作，參與的人員通常包括行政主管及館外請來的學者專家及其協助人員等。

㈡**由同事評鑑**（peer evaluation）：由圖書館中與參考服務部門有關的各組館員，針對參考服務的各項表現及措施予以評鑑；這可增進他組同事與參考館員的互動和了解，也由於各組同事對圖書館的經費、館藏狀況及服務現況等均較館外人士了解得多，故對評鑑之因果關係較能有具體的認識，提出改進的意見也比較能實際執行。

㈢**自我評鑑**（self-evaluation）：許多圖書館由於經費、人力的關係，無法由上級聘請館外專家、學者來執行考核、評定的工作，故由參考館員對照事先已制定的標準，進行自我的評測；這當然是最不挑剔，也最不具壓力的評量方法，不一定客觀，但館員如能認真執行，亦可從中發現自己的缺點，而謀求改進。

㈣**由讀者評鑑**（patron evaluation）：這應是最好的評鑑者，因為讀者才是真正參考服務的對象，由他們參與評鑑，當然是了解參考服務最具成效的指標。

　　因此，參與執行參考服務評鑑的人員，可能會有行政主管人員、館外學者專家、館內各部門館員及讀者等；但不管任何模式，最好都要有參考館員（無論是本館或他館）參與協助，比較能對業務有深入的了解。

三、參考服務評鑑的方式

　　參考服務評鑑，最常使用的有三種方式：

　　㈠**觀察法**（observational evaluation）：這是針對比較不容易以量來計算或衡量的因素，特別是行為的因素（behavior factor），如館員的溝通技巧、服務態度等。這種評鑑須要評鑑者在旁以觀察的方法記錄館員的表現或其他服務措施；同時須要先建立評量的屬性清單（checklist of attributes），讓每項行為都有一個從積極到消極的表現指標；例如在評鑑溝通技巧時，這種屬性清單可如下表：

溝通技巧

指標(Indicators)　　項目	總　是 (Always)	經　常 (Frequently)	很　少 (Seldom)	不　曾 (Never)	意　見 (Comments)
專心傾聽					
對讀者採用開放式的提問					
對讀者的敘述重新歸納敘述					
對讀者解釋檢索策略或資料的用法					
不打斷讀者的敘述					
對讀者言談無禮					
能將問題明確化					
未經晤談就提供答案					
（其他）					

（圖表一）：溝通技巧評鑑的屬性清單樣例。⑦

　　當然，也可以另外採用里科特尺度法（Likert Scale）來表示意見的語義差異標度，如：

　　完全同意 1，2，3，4，5，6，7，8 完全不同意

　　或　強 7，6，5，4，3，2，1，弱⑧

　　數字由左至右即表示傾向左右評價尺度的強弱度。許多評鑑調查表也自己設立多項評鑑的標準和指標，如觀察參考服務的態度是否良好，用 0 — 5 等六種數字代表惡劣、冷淡、尚可、普通、佳、熱忱等六種層次。

　　觀察法最重要的是評鑑者須要對評鑑結果做詳細的說明，否則有時光用一個「尚可」或「普通」的指標，較爲抽象。

　　㈡測驗法（testing）：這通常針對能夠以量化來計算的因素，特別是事實性（factual）的問題。例如給予一定數量的快速查檢問題，來測驗館員查對、查全的比率，或者給予一個檢索項目，來測驗館員能檢索出多少篇有關的文獻。由於此種方法較有立竿見影之方便效果，因此頗多參考服務的評鑑，都採用此種方法，但也衍生了不少爭論。（參見下節）

　　㈢問卷調查法（questionnaire）：這是比較適用於把衆多讀者視爲評鑑者的方法，也是讓使用者直接來評量參考服務是否有成效的最普遍方法，有助於從讀者方面來了解參考館員的素質、服務態度、檢索效率及管理制度等，所以亦稱爲使用者調查（user survey）。

　　此種方法必須先規劃調查或訪問程序，並設計問卷或訪問項目表單，再經寄發、回收、或實地訪問等步驟，最後還須予以整理、統計、分析和建議報告。

　　以上三種方式中，第一種觀察法和第二種測驗法，在評鑑進行中，均還可依評鑑者是否現身而再分爲兩種：

㈠公開式的評鑑法（obstrusive）──obstrusive在國內譯法有多種，例如吳明德教授譯爲「調查者介入」的評鑑法，⑨高禩熹教授譯爲「強制式」評鑑法，⑩而黃綠琬譯爲「有感式」評鑑法等。⑪此種方式是館員知道評鑑者正在旁邊進行觀察，或者由評鑑者以一些預先擬定好的參考問題，去測驗館員回答問題的能力，而調查者或評鑑者在一旁記錄館員解答的過程或評定其回答的結果。此種方法的缺點是館員知道在受測之中，是否能以平常心來表現是個問題；通常館員會有兩種反應，一是如霍桑效應（Hawthorne effect），館員知道是在受評鑑，就會表現出較良好的行爲；另一種則相反，館員在受測中，會因過度緊張而慌亂失常。此兩種反應均會影響評鑑的信度和效度。

㈡隱蔽式的評鑑法（unobtrusive）──吳明德教授譯爲「調查者不介入」的評鑑法，高禩熹教授譯爲「溫和式」評鑑法，黃綠琬則譯爲「無感式」評鑑法。此種方法是受測館員不知道評鑑者正在旁邊進行觀察評鑑；或者由評鑑者雇用一群人（通常是圖書館學研究生），僞裝成一般讀者，對館員進行詢問，再根據標準的評量表，予以評量；或者對館員提出一定數量的諮詢問題，統計出館員的查對率或查全率等。例如杜妮（Patricia Dewdney）和羅絲（Catherine Sheldrick Ross）便曾以77個圖書館學與資訊科學系的研究生權充一般讀者，每人各以自己提出的問題向參考館員提出詢問，然後觀察館員處理這些問題的反應行爲。結果在這77個假裝讀者的研究生中，只有59.7%表示館員服務良好，他們很有意願再去利用參考服務，⑫這便是一種隱蔽式的評鑑法。此種方式，雖然較客觀，且在可信度方面較具效果，但在館員不知情下進行測驗或觀察，是否侵犯了個人隱私權，在職業道德方面是值得探討的；其次，因爲須雇用大量人員及負擔其訓練費用，

故所需經費也較高。

第三節　參考服務評鑑文獻的分析探討

一、近二十多年來美國的參考服務評鑑

本章第一節提到，美國近二十多年來的參考服務評鑑文獻，對參考館員的表現，似乎都不看好，使得參考館員相當尷尬地要面對從羅斯坦所調查的有80—90％的讀者滿意圖書館的參考服務，轉變到從1967年至1980年代各種評鑑調查，參考館員對參考問題的解答正確率只有50—60％之間的困境。其中查爾德斯1978年對紐約長島蘇福克郡（Suffolk）的52個公共圖書館及其7個分館，以20個參考問題，進行隱蔽式的評鑑調查，竟然有一館的準確率更低到只有15％。[13]而這些評鑑中，最具代表性，且幾乎成為定律的是何龍（Peter Hernon）及麥克魯爾（Charles R. McClure）所歸納出來的55％法則，亦即代表參考館員所能正確回答問題的比率平均只有55％左右，[14]這大約恰是此時期各學者所調查評鑑的比率在50—60％之間的平均數。提寇森（David A. Tyckoson）曾以棒球打擊率比喻這種答對率，他認為棒球打擊率在三成以上才算是好的打擊手，而參考問題的回答率應在75％以上才算是優良階層（excellent level）的參考館員，[15]以此標準而言，近二十多年來參考評鑑中的參考館員似乎都不算合格。

這些評鑑研究常會令人質疑，參考館員是否須要更多的教育，或是我們應該選擇更適宜的館員？但是參考館員大多是接受圖書館學碩士以上的學位訓練，圖書館也經常在為他們實施訓練或繼續教育，為何參考服務評鑑的成效卻如此不理想呢？

當然這有些的確是館員的責任，像前一節提到的杜妮和羅絲

以77個圖書館與資訊科學系的研究生，用隱蔽式的調查對圖書館員實施評鑑；參與調查評鑑的都是專業的圖書館學研究生，竟然也只有59.7%滿意館員的表現，而有再回去尋求協助的意願（a willingness to return）。杜妮和羅斯在調查結果的報告中舉了一個例子：一位參與調查的學生去問館員，表示他想找一點有關飛行的資料；參考館員的回應是一言不發地轉身在電腦敲敲打打。調查者等不到館員對他的晤談，只好繼續說：「實際上，我想找的是有關噴射機汽鍋套板（jet lag）方面的資料……」，但館員還是繼續打鍵盤，可能只是變換個主題查尋而已；不久，館員終於說話了：「沒有有關噴射機汽鍋套板的資料」；然後撕下一張報表給調查者，上面列印的書名是「如何飛行一架輕航空機」。

　　這位圖書館學研究所的學生對主持評鑑的杜妮和羅斯表示：「我不會再去找她了；我感到相當難過，我幾乎想到退學，而我也想到一般民眾（不是學圖書館學的），他們不懂得利用資料，恐怕也將找不到任何他們所需要的圖書了。」⑯杜妮和羅斯在調查中懷疑是否電腦線上檢索的科技（technology of the online catalog）會影響到館員和讀者之間的關係。在這個案例裏，館員只是在敲打電腦，而不與讀者溝通，釐清讀者真正的需求；在讀者心目中，參考館員或許只是在電腦上敲敲打打的機器人而已罷！的確，科技進步常帶來了冷漠，圖書館的情況有時似乎也是如此；館員太專注於打電腦，或遊走於網路世界，不免臉孔未能朝向讀者且不發一言一語；他們也免不了太相信電腦的功力，而忽視了其他能增進參考服務效力的因素。但參考館員真的是「有了屋頂，就失去了星星」（瘂弦語）嗎？二十多年來，這些評鑑調查都完全客觀正確嗎？

　　對於參考服務的成效，大部分的人還是把其重大責任歸諸於

參考館員身上。但是像過去類似這種大部分以20—30條左右的
問題所答對的比率，就要決定參考館員的好壞，實令人懷疑其周
延性。凱茲曾舉紐約州的桑尼——阿爾巴尼（Suny-Albany）公
共圖書館為例，它一個月就有七千多個參考問題須要處理，等於
一小時即有20—30個問題，或是每三分鐘即要解答一個問題；
由於經費的限制，這些問題都得由少數幾個竟日坐在諮詢檯工作
的館員負責；凱茲認為以20—30個問題的答對率，就要否定這
些在短短時間內即要上窮碧落下黃泉地找資料的館員之苦勞，他
頗不以為然。⑰因此，凱茲雖然對參考館員愛之深責之切地認為
參考館員受了訓練，領了薪水，回答問題就變成一種責任；參考
館員如果不能給與讀者完善的回答或提供資料，可以說是一種怠
忽職守；他甚至認為館員回答錯誤或提供錯誤的資料，雖然沒有
法律能追究責任，但卻是道德的問題；在資訊如此重要的時代，
這種缺失以後說不定也會被起訴。但他也反對以這種少數幾個題
目的答對率來評鑑參考館員，他認為雖然參考館員的確是參考服
務的關鍵，但參考服務的成效，也受到工作環境（working
condition）、館藏大小（size of collection）及資訊檢索的可用
性（availability of online searching and catalog）等因素的影
響。而凱茲自己評定出一個好的參考服務館員是除了有較多回答
的正確率外，對找不到答案的問題，也要有確信答案總是找得出
來的熱心，即使自己圖書館沒有，也能想辦法從其他圖書館獲得
資料或推介讀者到正確的地方找出資料；而且他知道如何去發現
真正的問題所在，並且有意願花時間找資料。總之，他認為好的
參考館員顯然是能熱心地向外拓展資源的。因此，他認為參考服
務評鑑的項目，除了回答問題成功的比率外，還應包括花在參考
服務的經費、館員的晤談技巧、參考館藏的品質及參考館員的熱

忱度等。⑱

　　艾路里（Rao Aluri）也認爲過去二十幾年這些採用隱蔽式的評鑑法，造成許多參考館員的困擾。因爲圖書館的主管或圖書館學者常把評鑑的結果──偏低的解答問題比率，歸咎於參考館員的素質不高。但是這種通常由圖書館學者找來幾位研究生對圖書館員施以隱蔽式的評鑑方法，有幾項缺失：其一，造成參考服務「非贏即輸」（Win-Lose Situation）。外來的圖書館學者評鑑參考服務，總是在特定的時刻及某種情況下，對參考館員及其服務做短暫的考核，而館員在這像「快照」（snapshot）一樣瞬間即過的考核中，即要被判定是好，是壞，非贏即輸的。但參考服務的過程，並不是靜止不變的，它常隨著圖書館之技術、人員、政策、領導者等的變動而隨時在變，這些改變都會影響到參考服務的品質。因此，評鑑參考服務並欲增進參考服務的效益，應該是持續不斷的觀察其過程才能得知其眞正的缺失。但這樣持續的考核，欲由外界人員執行，將會花費不少經費；何況，評鑑圖書館參考服務，如果只由外界的研究者、顧問等人員執行，而排除與參考服務直接、間接有關的參考館員及圖書館行政主管、其他技術部門的館員、電腦室人員等參與，事實上也將無法深入問題的核心。

　　其次，這種評鑑也缺少對整個參考服務系統有宏觀的透視。艾路里認爲就像美國廠商或製造業對產品的品質管制一樣，總在產品完成之後，才加以鑑定，認爲有瑕疵的就刷掉，這相當不符經濟效益；日本的廠商則會想到如果產品有問題，一定是發生在生產線上，因此，產品的管制是在開始製造時即須嚴密注意的。參考服務的評鑑也是一樣，不能只看最後的一線──參考館員在諮詢櫃的評鑑結果，而要考慮到整個上游的流程。每個參考館員

都會想要以有禮貌地（courtesy）迅速（dispatch）提供百分之百的正確回答；但這是理想，實際上很困難，因為館員回答諮詢問題，只是整個參考服務系統的一部分而已，參考服務的品質還會受到好幾項因素的影響，如(1)環境的因素（physical enviroment）——像參考室的佈置、參考諮詢檯的大小、諮詢檯和館藏之間的距離……等等。(2)溝通的因素（communication）——像參考館員與讀者、行政主管及圖書館其他人員的溝通能力或和諧關係。(3)參考館藏（reference collection）——如傳統參考圖書及資訊檢索系統是否充實。(4)參考館員（reference librarian）——是否經常人事調動、是否擁有經驗豐富的館員或充足的學科專家。(5)對參考館員的工作是否要求太多（the totality of demands on reference librarians' time）——館員如從事太多其他業務，也會影響到諮詢檯的服務。(6)圖書館的新技術（library technology）——如光碟、線上資料庫等是否充分或好用；(7)技術服務（technical services）是否能配合，——如採購圖書、編目速度是否能快速，使新到資料能很快為參考館員所利用。(8)其他館員資源（staff resources），——如參考館員的人力是否足夠排班輪勤所需，助理人員是否足夠等。

　　還有，如圖書館行政主管及上級機構是否能在經費、政策上予以支持、支援等，亦都有很大的影響力。⑲

　　像艾路里這樣的觀點，藍卡斯特也有，他認為讀者能否獲得圓滿答案，除了館員的能力外，還包括政策、館藏因素等；還有，可能有時也是讀者脾氣太壞，沒有耐心等待館員的查詢；而服務時間及館員的身心狀況也會影響到館員的回答率，像上午剛開館或其他非尖峰時段，館員較有充分的時間，其回答的正確率就較高，中午十二點以後的輪休時間及下午尖峰時段，諮詢問題一多，

自然就會影響到回答的正確率。館員的健康情況、睡眠多寡、夫妻是否口角等，也是有關係的各項因素。其他如自然環境——溫度、濕度、照明等，亦多多少少會影響到服務的效率，而使館員的回答表現時有起伏。⑳

因此，如果以改進服務，提升水準為目的之眼光來評鑑參考服務，似乎不應以這種專以圖書館員的回答正確率來衡量好壞；過去的評鑑研究也都偏向於事實型問題的測量，但正確率並非服務品質的絕對指標（sole indicator），假如圖書館員在諮詢檯回答了一大堆問題，那可能也表示圖書館的組織和營運有了問題，使得讀者自己找不到任何資料，非得事事請教館員不可。因此，畢克尼爾（Tracy Bicknell）便認為要增進參考服務品質的評鑑，應著重在四個要素：(1)應注意到讀者的真正需求與期望；(2)也要衡量到館員的行為和溝通能力；(3)注意到參考服務的環境；(4)注意到館員的士氣和工作量等。㉑

二、國內的參考服務評鑑

有關參考服務評鑑的調查研究，在國內尚不多見。吳美美教授在「演進中的圖書館評鑑工作與評鑑研究」一文中，曾列出了「我國近二十年來圖書館評鑑的文獻」90餘篇之篇目，㉒其中專門講到參考服務評鑑的屈指可數。吳明德教授於75年所寫的「參考服務的評鑑」（登於臺大書府學刊7期）可說是最早的一篇相關文獻，其次有呂姿玲的「參考館員評鑑之探討」（77年，書府9期）、臺北市立圖書館諮詢服務組的「找出真正的需求——參考協商技巧的評鑑」（80年，臺北市立圖書館館訊9卷2期）、黃綠琬的「無感式參考服務評鑑——談55 Percent Rule」（83年，書苑雜誌9期）等；而與其他參考服務項目有關的則有曾化雨的「談如何評鑑參考館藏」（76年，輔大圖書館學刊16期）、

范豪英的「醫學光碟資料庫的利用」（78年，中國圖書館學會會報45期）、徐金芬的「大學圖書館利用指導之成效研究；以師大圖書館爲例」（78年，沈寶環教授七秩榮慶祝賀論文集）、邵婉卿的「大學圖書館利用教育之設計與評鑑」（80年，書苑11期）、范豪英的「大學圖書館讀者利用教育現況調查研究」（80年，中國圖書館學會會報48期）、王喜沙的「線上公用目錄評鑑及研究方法之探討」（82年，政大圖資通訊5期）、王喜沙的另一篇「談館際互借功能之評估要素及其對讀者服務的影響」（83年，書苑雜誌22期）、及朱淑卿、丁崑健的「我國大專院校圖書館利用教育現況調查研究」（84年，中國圖書館學會會報54期）等等。

　　值得注意的是另兩篇文獻；一是臺北市立圖書館民國76年的專題研究——「建立臺北市立圖書館自我評鑑制度之研究」，這雖然不是專講參考服務評鑑的，但卻是第一篇欲建立圖書館自我評鑑制度的報告。因爲唯有建立自我評鑑的制度，才能使評鑑持續而循環不斷，不致只是短期性的考核而已。本篇研究報告，有關參考服務評鑑考核的項目包括參考諮詢服務的次數、參考人員的專業知識、參考人員的服務態度、工作時間分配、參考資料是否夠用、參考資料的學科是否平衡、參考資料的語文類型是否平衡、參考資料的新穎程度、參考室的指標、參考問題的回答時間、回答的滿足率、參考服務的記錄檔、參考服務的統計、參考文獻的編製、是否參加館際合作組織、館際合作的件數、館員是否能向他館調借讀者所需資料……等等；除了當時的環境尚缺乏有關資訊檢索的項目考核外，算是很完整的評鑑輸入（input）項目了，㉓值得圖書館參考。

　　另一篇文獻爲蔡香美女士84年臺大圖書館學研究所碩士論文——「國立政治大學圖書館參考服務使用研究」。這是國內第一

篇針對參考服務的實務性評鑑調查研究，也是以使用者調查做爲
評鑑方法的研究報告，對讀者的需求，當有更眞確的了解，以便
進而改善參考服務的各項措施。唯此篇研究，較偏向讀者的利用
層面及圖書館參考服務各項措施的提供之現況調查，對圖書館參
考館員方面的因素層面較少涉及。

　　概括而言，國內有關參考服務評鑑的文獻或實況調查並不多，
其原因是國內一向缺乏政府明令公布的各級圖書館標準可資依據；
何況即使有一些中國圖書館學會所訂的標準草案，爲了因應大多
數圖書館的條件，其數量標準通常訂得很低，而且只作一般性規
定，不一定適合個別圖書館的需求。而參考服務的評鑑，更有許
多項目難以用數值來評估，且各項輸出（output）的結果（
outcome），其原因亦非僅是個別的因素，而經常涉及整個系統
的關係。不過爲了建立圖書館專業形象，提升參考服務的水準，
及配合圖書館業務不斷的進展，我們仍須吸收國外參考服務評鑑
的精神，參考各種評鑑方法的優缺點，嘗試以「鞭策、觀摩、砥
礪」爲目的，以不斷的評鑑，來做爲自我了解、改進業務和促進
研究風氣的方法。

【附 註】

① William A. Katz, "Introduction to Reference Work, Vol. 2", 6th ed., (New York: McGraw-Hill, 1992), p.225.

② 呂姿玲，「參考館員評鑑之探討」，書府，9期（民國77年6月），頁53，58。

③ F. W. Lancaster, "The Measurement and Evaluation of Library Services", (Washington, D.C., Information Resources Press, 1977), p. vii & p.73.

④ 藍卡斯特原著，高禩熹譯，「就參考服務論解答問題之評鑑」，國立中央圖書館館刊，新25卷1期（民國81年6月），頁62—63。

⑤ Marjorie E. Murfin, "Evaluation of Reference Service by Use Report of Success.", Reference Librarian, no. 49/50 (1995), p. 229-230.

⑥ 同註①，p.228。

⑦ David A. Tyckoson, "Wrong Question, Wrong Answers: Behavioral vs Factual Evaluation of Reference Services" Reference Librarian, no.38 (1992), p.163.

⑧ 劉聖梅，沈固朝，「參考服務概論」，（南京市：南京大學出版社，1993），頁346。

⑨ 吳明德，「參考服務的評鑑」，書府，7期（民國75年6月），頁15。

⑩ 同註④，頁61。

⑪ 黃綠琬，「無感式參考服務評鑑：談55 Percent Rule」，書苑季刊，19期（民國83年），頁50。

⑫ Patricia Dewdney and Catherine Sheldrick Ross, "Flying a Light Aircraft : Reference Service Evaluation from a User's Viewpoint", RQ, vol. 34, no.2 (Winter, 1994), p.217.

⑬ 同註④，頁63。

⑭ Peter Hernon and Charles R. McClure, "Unobtrusive Reference Testing: the 55 Percent Rule ", Library Journal , 111 （April 15, 1986）, p.37-41.

⑮ 同註⑦，p.157。

⑯ 同註⑫。

⑰ 同註①，p.225。

⑱ 同上，p.226，229，235。

⑲ Rao Aluri, "Improving Reference Service: The Case for Using a Continuous Quality Improvement Method " , RQ, （Winter 1993）, p.220-224.

⑳ 同註④，頁69—70。

㉑ Tracy Bicknell, "Focusing on Quality Reference Service ", The Journal of Academic Librarianship, （May, 1994）, p.77.

㉒ 吳美美，「演進中的圖書館評鑑工作與評鑑研究」，教育資料與圖書館，34卷1期（民國85年9月），頁40—59。

㉓ 臺北市立圖書館，「建立臺北市立圖書館自我評鑑制度之研究」，（臺北市：該館，民國76年），頁115—117。

第十章　結論——回顧與前瞻

第一節　參考服務模式的演進和變革

　　回顧參考服務的起源，原只是圖書館員偶而或隨興地向到館之讀者提供個別的協助，其方式也大都只是利用圖書館的目錄和工具書來幫助缺乏經驗的讀者而已。後來演變到成立專室，並以口頭、電話、書信等方式來解答個別讀者的諮詢並提供查找資料的服務，此種模式多年來一直是參考服務的主要工作。再後來，由於資料的泛濫，讀者的資訊要求也隨著社會的進展而不斷增加，參考服務乃另有編製文獻目錄、資訊選粹服務、資訊轉介服務、館際互借……等等工作項目。70年代以後，電腦科技的進步，造成圖書館自動化的迅速發展，使館員在編製文獻目錄方面省卻了很多勞力，而各種線上資料庫及光碟系統的出現，也帶給館員在資料查詢及提供資料的便利性。及至90年代網路時代的開始，更帶給參考服務許多新氣象和更開闊的空間。

　　然而，截至目前為止，參考服務大致仍然維持著傳統的模式——成立組織部門、開闢專門參考室、設置參考諮詢檯、聘請專業館員為讀者解答問題、提供資料檢索等服務。它的特色是由一組參考館員（他們通常被要求是要學富五車、精熟各種工具書的使用；現在則更要加上熟悉許多資訊檢索系統的操作）坐鎮參考諮詢檯，任何讀者，在任何開館時間，皆可向他們提出任何問題。

　　但最近有一些趨勢，卻迫使美國有些學者或圖書館重新檢討這種模式。第一個趨勢是圖書館的經費和人員在近年來屢次遭到

削減，使得許多圖書館無力負擔聘請一些較高薪的專業參考館員來提供較高水準的參考服務，他們只好採用縮短服務時間及以較少的人力來服務讀者，甚至於利用其他職員來從事以前專業人員所擔任的工作。第二個趨勢是許多圖書館在面對經費的削減之下，只好重新思考參考服務是否須要付出極高的薪水，聘請專業館員坐鎮諮詢檯，卻常只是回答一些指示性的問題而已，因此，他們考慮採用「分層」服務（tiered service）的方式，以較低階層的館員坐鎮於諮詢檯，只有在有專業服務需要時，才會轉給專業的參考館員。第三種趨勢則是資訊不斷泛濫，知識不斷增加，參考館員已無法像從前以「學富五車」、「活字典」、「走動的百科全書」等雅號自豪，他們大都只能專長於某一學科，難以勝任以前必須應付各式各樣諮詢的傳統參考服務。

我們回顧傳統的參考服務，的確有其優點，如(1)非常方便讀者，讀者有任何資訊需求，皆可隨時向參考館員詢問。(2)有效率，參考館員能很快地掌握讀者的需求；參考晤談只須一次，不須浪費太多時間。(3)如果任用的是學識知能均很高的參考館員，讀者的資訊需求很容易被了解，並圓滿地解決諮詢問題。

但是，這種參考服務模式，也有一些缺點，如圖書館開館時間皆要館員值班，這些高薪的專業館員在值班時間，可能只是應付了少數一兩個較需要深入查詢的問題而已，邊際效益不夠。其次，有時參考服務的品質也較難控制，例如諮詢檯有時一下子湧來許多讀者，參考館員便無法妥善處理每個讀者的諮詢問題。還有，此種諮詢檯的輪值，也使得館員的調度、整合缺乏彈性；並不一定每次輪值的館員都是有經驗的資深館員，也不一定輪值的館員，其專長恰好就是某讀者所須要請求諮詢協助的學科。然而，讀者是分不清楚這些的，他們總是認為諮詢檯的館員就是能為他

們解決任何問題的，因此，這種模式，實無法讓館員的專長和讀者的需求契合。而館員在輪值之下，有時也會缺乏責任感，因為沒有詳實的數據顯示他正確地服務多少讀者，提供多少有效的諮詢解答。有時，圖書館會有許多諮詢檯或服務點，所提供的服務也常是重複的。還有，這樣的參考服務，有時也常令讀者認為參考館員只不過是在櫃檯後面工作的職員而已，缺乏專業人員的形象。

因此，有些學者認為可以發展一種新型的參考服務模式，例如惠特森（William L. Whitson）便建議整合圖書館各部門有各項專長的人來共同執行參考服務的五種層次工作———一般資訊指引（Directions and General Information）、使用工具書或檢索系統用法的協助（Technical Assistance）、資訊檢索（Information Lookup）、研究諮詢（Research Consulation）及圖書館利用指導（Library Instruction）等。①惠特森認為圖書館可打破固定參考人員輪值參考諮詢檯的方式，而由全館擁有各項專長的館員共同擔任諮詢的工作。為了節省人力，他認為圖書館可先設立一個「資訊服務亭」（information kiosk），這裏不必設任何參考館員，只要以完善的視聽媒體、或利用電腦輔助教學及線上公用目錄查詢系統等，提供讀者一般性的資源介紹，如圖書館的設施和服務時間、服務項目及館藏介紹、圖書目錄或資訊系統使用方法……等等；圖書館各處也要有詳細的指標說明和電話語音答錄系統，這樣就可以減少許多讀者必須跑到諮詢檯或打電話詢問參考館員一些僅是指引性的問題。另外，圖書館設立專門解決需要技術協助或資訊檢索、研究諮詢的櫃檯，但不是讓讀者隨時隨到地找館員協助，而是採用配號的方式，由圖書館的職員先搜集讀者的諮詢請求單，再依問題的種類，分別分配到有某些

專長的館員那裏去，每位館員給予 20—30分鐘的晤談或諮詢解答。有些較複雜的問題，則更須預約某特定時間，才能安排特定館員為其服務。整個模式就如同醫院的門診制度一樣。②

惠特森這種分配式的參考諮詢服務模式，優點是建立參考館員的責任制，也使諮詢問題得以受到控制，不致於在讀者眾多的尖峰時間，有些人因而得不到充分的服務；參考館員也可以減少在參考諮詢檯上須要立刻回答問題的壓力，而提高每次服務的效率和效果；圖書館員和一般職員的角色也較能區分。但對讀者而言，卻不免要增加轉介的需求，以及等待的時間。圖書館各部門的組織也須要加以重整，館員的工作歸屬也將頗為複雜化，因此，就人力不多的圖書館而言，事實上還不容易實行。

但他的觀念，似乎也給參考服務帶來一些以後可走的方向。我們可以想像圖書館應該像醫療制度一樣採用分級制度，一般小型圖書館，就像一個小診所一樣，或許一個家庭科醫生或一兩位護士，就可以解決一些基本的問題諮詢，讀者如要查一些快速參考問題，應該只到社區型的圖書館即可。而在大型圖書館，就像大型醫院一樣，應該設有詳細的專科診療，那些專科醫師，就像有學科專家身分的圖書館員一樣；而讀者如同病患，應該依據自己病況（資訊需求）的不同，分別預約掛號請求診治（諮詢協助）。中型圖書館，自然也像醫院一樣，比診所要擁有較多的專科醫生，但也不必像大型醫院分科那麼細。

因此，參考服務欲要更專業化，除了應解決經費、人力不足的窘境外，最重要的是要建立分級和分科的諮詢體制罷！否則，即使圖書館有一些學科專家，卻因傳統諮詢檯的值班模式，使得他們的學科專長未必能發揮；而讀者不分問題大小，不分問題類型，一律向諮詢檯查詢或以電話提問，恐怕亦難以提升整體參考

服務的品質。

第二節 參考館員角色的變遷

在資訊網路時代，許多資料的查檢，均可由使用者自行上線、上網檢索；文獻傳遞服務也更加方便、快捷；與傳統圖書館必須透過檢索中間人——亦即參考館員服務的需要將較爲減少，使用者也有更多的自主權和選擇權。有人因此懷疑，在所謂電子圖書館（electronic library）、虛擬圖書館（virtual library）的發展趨勢下，以後是否還須要有參考館員？或者參考館員的角色是否受到影響？但衡諸觀察，我們認爲在資訊電子時代，參考館員或許在工作範圍和角色扮演有所調整，但其責任和地位應是不變的，甚至於更可確立其「專業」的身分。

一、參考館員工作和角色的改變

資訊時代，由於電腦、通信產品或技術的進步，不僅帶給讀者不少方便，其對參考館員的工作也有許多效益。張鼎鍾教授即認爲資訊時代的新科技產品，可以協助館員製作索引、工具書和建立各型資料庫，便於資料的整理和利用。電子公告欄也可使參考館員隨時將館內的各項消息及指引性資訊，隨時顯示給讀者。在資訊選粹服務及新知通告（Current Awareness）之編製及實施，以及館際互借、影印之文獻傳遞，也便捷許多。同時，也協助圖書館提供數據做爲評鑑之依據，以建立評鑑制度等。③而最顯著的方便是這些電腦科技技術所製作的檢索工具表現在讀者服務方面，不僅加快了檢索資料的效率，在檢索功能方面也強化了許多，並減輕了館員許多體力及精神的負擔。我們回想十幾年前，參考館員爲讀者查詢一項書目性問題或提供某項資料，總得辛苦

地查檢一箱箱的卡片目錄或翻閱一冊冊的書目或期刊論文索引；
而今有了各種線上資料庫或光碟產品，不僅在時效上增進許多，
也減少了館員必須花費的一些苦功夫。九〇年代以後發展的網際
網路系統、遠距圖書服務系統等，在資料查詢的功能及資料的傳
遞方面更精進、方便不少，使得圖書館在資訊檢索、館際合作的
業務將可減輕不少。而近來，圖書館界和資訊界也在合作開發所
謂的「專家系統」（expert　system），運用人工智慧，將某一
特定範圍的知識儲存在知識庫中，模仿人類專家解決問題的技巧
及方法，以知識庫裡所儲存的專門知識來解決問題，④相信這也
可減少一些館員回答諮詢問題的負擔。

　　然而，此消彼長，參考館員的部分工作負擔減少了，並不代
表參考館員可以輕鬆一些了，因爲其他新增的工作也產生了：

　　㈠資訊電腦科技的進步，固然帶給館員編製書目、索引及各
種資料庫製作的方便，但其要求的品質及功能自然也提高了，館
員的工作不但沒有減少，甚至於面臨更大的能力考驗。以我國國
家圖書館「中華民國期刊論文索引」的編製而言，採用書本式出
版時，固然要以人工抄卡，逐張分類、整理、打印校對等；而以
電腦編印或製作光碟版，雖然在彙編方面，節省了不少人力，但
在檢索方面，館員卻得更加研究強化各種新的查詢功能；近年來
發展的遠距圖書服務系統，更加上各種「再查詢」及掛上電子全
文、線上文獻訂購等功能。而國家圖書館參考室另一「當代文學
史料影像全文系統」資料庫的建檔亦爲一例──原本只須剪輯各
種報刊資料，放置於作家檔案夾的單純工作，在電腦化後，就須
要考慮到各項檢索功能的連結及增加全文和影像的建檔與掃描。
因此，若就編製書目文獻或專題文獻的工作而言，參考館員的工
作只有增加而無減少。

㈡就資料的檢索和服務讀者而言，各種線上資料庫和光碟檢索，推陳出新；網際網路發達後，網路資源更是錯綜複雜，館員欲熟悉它們，比以前熟悉新到參考工具書更是費事。對館員困擾的事，對讀者更然，因此，參考館員仍然須要繼續指導讀者使用各種不斷增加的電子資料，自己本身更必須學習這些新的科技產品。所以，參考館員只有任重道更遠。何況，即使現在處於資訊鉅變的時代，但目前的出版品95％還是紙本式，2％是微縮資料，3％才是電子形式，⑤傳統的參考書和傳統的服務仍然存在，也依然是參考館員的主力工作，館員如何兼顧傳統和變革，更是他們的一大挑戰。

㈢在資訊網路時代，圖書館的檢索系統日益複雜，但資料的傳遞、流通卻更形活絡、更有效率。然而對圖書館使用者而言，如果缺少資訊利用的訓練與素養，或許資訊的進步，帶給他們的不是更方便，相反的，可能在這樣的資訊環境中，反而會造成他們的困擾。因此，黃世雄教授便認為參考館員更要實施能培養讀者資訊素養的「圖書館使用者教育」，亦即館員應擴充教育使用者的目標，利用多元化的教材與教學方法，對使用者不分年齡地隨時教導其資訊的查檢與使用的技能，為其終生學習做好準備，並增長其獨立思考及搜尋資訊所應具備的行為與步驟。⑥因此，在圖書館利用指導方面的工作，參考館員亦是有更繁重的任務。

李德竹教授和莊道明先生也認為資訊網路時代，館員的工作將不再只是侷限於館內的服務，更重要的任務是必須開始從事決策性的資訊服務及教育性的資訊利用指導，也就是參考館員將須同時具備有圖書館員、資訊專家及資訊教育學家三種角色，以達成服務讀者、指導讀者及教育讀者的三項服務目標。⑦

在資訊電腦時代，參考館員應確認傳統的參考服務仍然存在，

但要體認自己服務的角色和功能已有所轉變。首先要知道的是參考服務的對象，已不再限於到館的讀者或打電話詢問的有限範圍讀者；透過資訊網路的傳遞，來自國內外各角落的潛在讀者將會大為增加；參考館員服務的範圍、對象也都會大為擴展，因此，館員應有開拓宏觀視野的心理準備。

而參考館員必須同時具備圖書館員、資訊專家和資訊教育者三種角色，並且要服務更廣大的讀者，因此在電腦專業技能、網路的應用及大眾傳播與人際關係等之知識均應有所涉獵，並隨時有繼續再教育、訓練的必要。⑧

館員對資料的提供，也應僅從館內所保存的或由少數合作館互借、影印而來，擴展為從各種資料庫及網路資源去取得的觀念，亦即服務的典範應從「擁有」（Ownership）延伸為「取得」（Access）的觀念。⑨參考館員的眼光，也應從館藏擴展到全世界數千萬個網路資源，其角色將從館藏的熟悉者演進到資訊的探尋者、探索者。

參考館員也要從單打獨鬥的主角，向共同演出的合作者發展。潛在讀者的增加、各項五花八門的諮詢問題自然也會如潮水般湧來，館員應主動把本館的資訊給予他館使用，也須透過網路獲取他館資源，並與他館館員共同分享參考問題的討論、解答，使參考諮詢服務，從靜態式的陣地服務，發展到動態的社會服務。⑩

二、專業（Profession）的追求

圖書館界中認定的「圖書館專業化」的重點，仍著眼於是否接受圖書館及資訊科學教育；但這並未是社會所認定的「專業」行業。圖書館員在社會的地位及形象目前仍然不高，因此，追求圖書館員能邁入社會所認定的專業行業之一，是我們所應努力的。所謂專業，一些學者都曾提出一些特徵條件，包括：⑴專業應對

社會提供獨特且必要的服務；(2)只有接受長期專業訓練的成員才能提供此種專業服務，因為其執業的基礎是一套完整的、特殊的知識體系；(3)專業的執行有相當大的自主權和決策權，但專業的成員也必須對其決定負有相當之責任；(4)專業資格的認定（證照或文憑的頒發）有完善的管制；(5)有自我管理、自我發展的專業團體；(6)有一明確的專業倫理信條，並為專業成員所共同遵守。⑪

　　準此，資訊時代的圖書館員，特別是參考館員對社會所提供的服務，是圖書館史上最能接近符合專業條件之時期。參考館員扮演著資訊專家（Information Specialist）、資訊管理者（Information Manager）、學科專家（Subject Specialist）、資訊顧問（Information Consultant）、資訊提供者（Information Provider）及系統專家（System Specialist）等各式各樣不同的角色，不僅對社會大眾提供特殊且獨特的服務，而且還要教導讀者使用電子資源、查詢不熟悉的資源、分析及組合檔案、建立資訊選粹服務、開發電子資料檔案……等等。⑫因此，其專精化自應為社會所認定。此外，參考人員的養成，已從過去單純的圖書館學科教育，進而必須訓練其具有高度技能的資訊專家，同時具備學科理論基礎、解決問題的能力及對周圍環境研究的能力，並須時時吸取新知、從事繼續教育。故在資訊網路時代，讀者較以往更須依賴參考館員，也提升了參考館員在讀者心目中的地位，改善了圖書館員非專業的形象，⑬但館員對自己的職責也將負有相當的責任性；這些都有利於圖書館員，特別是參考館員發展自己成為「專業」的良好條件。

　　在我國，如果由教育部頒佈全國參考館員為具有教育專業人員的資格，並能給予大學教師的薪水，當可促使圖書館員提升其

在社會的專業地位。當然，參考館員資格的獲得，亦需有完善且組織健全的專業團體頒予專業的認定或憑證。或許，我們可以想像，以後的參考館員，除了經由目前的途徑（如參加國家考試，取得公務員資格，或由圖書館以聘任方式任用）取得基本資格外，尚須經中國圖書館學會的參考服務委員會（假定有這個專業團體），予以認定，領發證照，（此種認定，可由館員的經歷——如必先在技術部門工作過多少年，再經參考部門實習多少個月而加以評量，當然也可採用證照考試的方式來認可），如此，有較高的薪水，有較榮譽的資格，在社會大眾的肯定下，參考館員的「專業」地位，或許可以獲得公認。

第三節　結論——另外的幾個看法

由前兩節，我們一直強調在時代的演變及電腦科技的進展下，參考服務的模式和館員的角色、職掌都會有所變革。的確，資訊網路時代，圖書館參考服務的對象已由本身所屬機構擴展到全球，且幾乎沒有時間的限制；跨館間的合作參考，以及電子論壇等，使得較高難度的參考問題，得以由群策群力而獲得解決。⑭因此，圖書館參考服務的發展有走向社會化、普及化、服務方式多樣化、服務手段科技化及實施有償服務的趨勢。⑮然而，在一片資訊電腦、網際網路化聲中，我們也看到一些館員太過專注於電腦技術的鑽研，而忽略了通識知識的吸收。雖然傳統的博學多聞、熟悉各類參考工具書知識的通儒式參考館員，在資訊電腦時代，或許顯得有點不合潮流，但就目前而言，畢竟紙本的圖書資料還是佔大多數，許多經典文獻，也還未電子化，館員切勿以精通電腦或網路查詢，就可勝任未來的參考服務工作。我們如以波灣戰爭為

例就可明白，美軍以先進的電子作戰，在空戰及飛彈作戰方面擊潰伊拉克，但美軍沒有以傳統步兵佔領伊拉克，終究沒有獲得實質的勝利。參考服務亦然，電腦網路科技的進步，帶給館員查檢資料及文獻提供方面的許多便利，也的確影響了許多服務的方式；但是，許多資料，仍要靠著館員的知識和豐富經驗的判斷，才能找到最佳的查尋途徑；館員固然要了解各種新興科技產品的特色，掌握電子工具的技術，但具備通識知識，仍是參考服務的最根基，猶如飛彈火箭固是精銳的先進武器，但街頭巷戰仍須仰賴傳統武器一般。

理想的圖書館參考服務，應是一個團隊組合，這個團隊中每個人都應先具備有通識素養和基本的電腦知識，以及良好的溝通能力和工作熱忱；然後每個人也各具有一兩項專長，有人精通電腦網路的操作，有人熟知文史典故，有人對科技文獻非常了解……；這種意義就是表示參考服務已非一個人所能勝任，如同一支球隊，隊員之間每人要先具有優良而扎實的基本動作，然後各人亦要有擅長的進攻或守備位置，再講求彼此之間的默契和互動，這樣才能組成一支實力堅強的球隊。

除了基本的知能和專長，館員最重要的還要有溝通的能力和熱忱。這讓我們想到國內的圖書館學及資訊科學的課程，少見開設有溝通、諮商的課，而溝通及諮詢的技巧卻是參考館員每日必用到的基本知識。而且，現代的參考服務，如資訊的提供、訂購等，已趨向於有償服務，故如史密斯（R. N. Smith）所言，參考服務亦已部分有商業導向趨勢，圖書館員有時以「顧客」（Customers）取代傳統的「讀者」（Users）稱呼，⑯便是此種原因。因此，理論上，館員和讀者之間，更應超越了僅以晤談為目的的溝通，而學習社會上以顧客為尊的人際溝通。溝通是一種

藝術，也是一種技術，是要花時間學習的，因此，學校中的參考服務學程，多開設有關溝通理論和技巧的科目是必須的。

此外，在本書第三章也提到加拿大、英國、日本、韓國、大陸等國家圖書館，其參考服務部門皆另設有圖書館學參考閱覽室，提供圖書館員或圖書館學科系學生研究、進修甚或實習之用。就個人認為，不僅國家圖書館應設立此種圖書館學研究室，大型的圖書館也應設置，供圖書館訓練館員及提供繼續教育或研修之用。企業講求研究發展，圖書館為了繼續提升研究及服務的水準，亦應設置可供館員進修的專科參考閱覽室。至若澳洲國家圖書館成立有專門的參考館員特別服務的專門研究室——佩西里克研究室，供長期研究的學者使用，也是參考服務模式中值得借鑑的。（參見本書第三章）

近年來，國內的資訊網路亦有長足的發展，各圖書館參考館員的學歷水準亦普遍提升，此兩項條件可為參考服務奠定良好的基礎。只要在參考服務的人力、經費方面予以適度的提高，在組織型態和服務項目方面，配合時勢發展給予適度的檢討、重整，參考服務當會獲得社會及讀者更多的肯定。

【附 註】

① William L. Whitson, "Differentiated Service : A New Reference Model", The Journal of Academic Librarianship, （March 1995）, p.103-110.

② 同上，p.107.

③ 張鼎鍾，「資訊時代的參考服務」，載於「考詮與圖資之省思」，（臺北市：學生書局，民國85年），頁222—223。

④ 李美燕，「專家系統」，載於「圖書館學與資訊科學大辭典」，（臺北市：漢美圖書公司，民國85年），頁1369。

⑤ 黃鴻珠教授言。見「八十五年度全國公私立大學院校圖書館館長聯席會議紀錄」，（桃園縣：國立中央大學圖書館，民國85年9月18—19日），頁9。

⑥ 黃世雄，「資訊素養與圖書館使用者教育」，高中圖書館季刊，14期（民國85年3月），頁15。

⑦ 李德竹、莊道明，「資訊網路時代臺灣地區圖書館資訊服務的新方向」，中國圖書館學會會報，52期（民國83年6月），頁56。

⑧ 陳素娥，「圖書館員於電子圖書館時代的角色轉變與因應之道」，圖書與資訊學刊，17期（85年5月），頁52—53。

⑨ 同上。

⑩ 陳久仁、皮劍英，「圖書館面對市場經濟的戰略決策——由參考諮詢向信息諮詢轉變」，圖書館建設，（1995年3月），頁2—3。

⑪ 陳惠邦，「教育專業」，載於國立編譯館主編「教育大辭典」（尚未印行）。

⑫ Clark N. Hallman, "Technology : Trigger for Change in Reference Librarianship." , Journal of Academic Librarianship, 16:4 （September 1990）, p.207.

⑬ 施碧霞，「資訊時代參考服務所面臨的挑戰」，書苑季刊，29期（民國85年7月），頁19。

⑭ 陳亞寧，「參考服務的新氣象」，中國圖書館學會，4卷1期（民國85年3月），頁54。

⑮ 岳建波等，「圖書館參考諮詢研究綜述」，載於「中國圖書館事業十年」，（長沙市：湖南大學出版社，1989），頁325。

⑯ R. N. Smith, "The Golden Triangle－Users, Librarians and Suppliers in the Electronic Information Era", Information Services & Use, 13（1993）, p.17.

參考文獻

一、中日文部分：

卜小蝶。「網路資訊過濾技術與個人化資訊服務」。載於「21世紀資訊科學與技術的展望國際學術研討會論文集」，頁339—349。臺北市：世界新聞與傳播學院，民國85年11月。

王宏德。「WWW在圖書館的應用」。國立中央圖書館館訊，17卷3期（民國84年8月），頁1—6。

⋯⋯⋯。「談資訊倫理與未來之圖書館服務」。全國圖書資訊網路通訊，5卷1／2期（民國85年4月），頁14—15。

王秀蘭。「英文工具書」。武昌市：武漢大學出版社，1991年。

王國聰。「淺談我國圖書館員在職進修的未來趨勢──兼談學科專家的重要性」。書苑季刊，29期（民國85年7月），頁32—41。

王喜沙。「談館際互借功能之評估要素及其對讀者服務的影響」。書苑季刊，22期（民國83年10月），頁51—68。

王錫璋。「知識的門徑──圖書館・讀書與出版」。臺北市：文史哲出版社，民國85年。

中國大百科全書編輯委員會。「圖書館學百科全書」。北京市：中國大百科全書出版社，1993年。

毛慶禎。「鄉鎮圖書館的參考服務」。書香季刊，1期（民國78年6月），頁37—39。

北嶋武彥。「參考業務」。東京都：東京書籍，昭和58年。

付立宏、李祁平。「近年西方圖書館參考服務評價研究述評」。

　　　　江蘇圖書館學報，5期（1994年），頁19。

行政院國科會科資中心。「科技研究與工商企業參考資料何處尋
　　　　研習會資料」。臺北市：該中心，民國75年。

行政院國家資訊通信基本建設專案推動小組。「NII 100問」。
　　　　臺北市：該小組，民國84年。

宋美珍。「美國大學圖書館利用教育發展史之研究」。文化大學
　　　　史學研究所，碩士論文，民國78年。

宋雪芳。「我國大學圖書館參考服務發展之研究」。文化大學史
　　　　學研究所，碩士論文，民國75年。

沈　揚。「參考工具書與參考諮詢工作」。圖書館研究與工作，
　　　　2期（1978年），頁63＋57。

沈寶環。「公共圖書館社區服務管見」。臺北市立圖書館館訊，
　　　　11卷4期（民國83年6月），頁1—10。

………。「我們為什麼提倡館際合作」，臺北市立圖書館館訊，
　　　　5卷2期，（民國76年12月），頁1—5。

………。「圖書館讀者服務」。臺北市：臺灣學生書局，民國81
　　　　年。

汪莉先。「參考館員的表現態度對讀者的影響」。書苑季刊，24
　　　　期（民國84年4月），頁17—25。

李希孔。「圖書館讀者學概論」。北京市：北京農業大學出版社，
　　　　1995年。

李秀英。「參考諮詢工作的由來與發展」。圖書館學研究，6期
　　　　（1986年12月），頁80—83。

李素蘭。「電腦資料庫之讀者使用指導：技術層面的探討」。國
　　　　立中央圖書館臺灣分館館刊，1卷3期（民國83年3月），頁
　　　　9—19。

李碧鳳。「國內北區大學圖書館參考館員接受在職訓練之課程內容需求探討」。圖書與資訊學刊，17期（民國85年5月），頁29—45。

李德竹、莊道明。「資訊網路時代臺灣地區圖書資訊服務的新方向」。中國圖書館學會會報，52期（民國83年6月），頁51—59。

吳洵陽。「近幾年西方圖書館參考服務文獻研究綜述」。貴圖學刊，64期（1995年4月），頁6—8。

吳美美。「演進中的圖書館評鑑工作與評鑑研究」。教育資料與圖書館學，34卷1期（民國85年9月），頁40—59。

吳碧娟。「認識國家圖書館的遠距圖書服務」。教師天地，85期（民國85年12月），頁52—56。

吳碧娟、宋美珍。「千里資訊一線牽——中華民國期刊論文索引線上新系統」。國立中央圖書館館訊，17卷1期（民國84年2月），頁15—17。

雨　佳。「淺談諮詢接談及其技巧」。圖書館學刊，49期（1990年），頁50—51。

杰霍達等著，童蘭明譯。「諮詢館員與諮詢問題———種系統方法」。北京市：書目文獻社，1991年。

林巧敏。「參考資料庫建置方式之評估」。國立中央圖書館臺灣分館館刊，2卷1期（民國84年9月），頁41—52。

林美和。「圖書館利用指導」。載於「圖書館學與資訊科學大辭典」，頁2046—2047。臺北市：漢美圖書公司，民國85年。

林持平。「公共圖書館的標示系統」。臺北市立圖書館館訊，10卷2期（民國81年12月），頁57—61。

………。「參考館員做些什麼」。臺北市立圖書館館訊，10卷3

期（民國82年3月），頁46—47。

林麗芳。「面對虛擬圖書館」。書苑季刊，29期（民國85年7月），頁11—15。

松井幸子、徐文光。「インターネットOPACへのアクセスの現狀と將來：日本の大學圖書館20館のOPAC比較調查にもとづいて」。圖書館情報大學研究報告，15卷1期（1996年9月），頁77—103。

邵婉卿。「美國公共圖書館資訊轉介服務之研究」。臺北市：漢美圖書公司，民國81年。

邵獻圖。「西文工具書概論」（增訂版）。北京市：北京大學出版社，1990年。

易明克。「圖書館內部規劃與細部設計經驗談」。臺北市立圖書館館訊，6卷2期（民國77年12月），頁25—32。

周迅、杜心土。「圖書館現代化和參考工作」。北圖通訊，1期（1982年3月），頁27—31。

施振福。「分類號在線上目錄檢索中的應用」。臺北市立圖書館館訊，11卷4期（民國83年6月），頁93—101。

施碧霞。「資訊時代參考服務所面臨的挑戰」。書苑季刊，29期（民國85年7月），頁16—21。

胡述兆。「圖書館學與資訊科學大辭典」。臺北市：漢美圖書公司，民國85年。

胡歐蘭。「參考資訊服務」。臺北市：臺灣學生書局，民國71年。

高錦雪。「參考服務人才的培育」。臺北市立圖書館館訊，10卷3期（民國82年3月），頁1—3。

唐秀珠。「以書目計量學方法探討專題選粹服務的發展」。國立臺灣大學圖書館學研究所，碩士論文，民國77年。

袁正民。「臺灣地區主要剪報資料現況蠡探」。書苑季刊，18期（民國82年10月），頁45—61。

遠逸。「給工具書下個定義」。四川圖書館學報，134期（1986年），頁51—54。

徐寬、王戰林。「參考諮詢服務成果的評介」。圖書館研究，3期（1987年6月），頁107—108。

許雯逸。「創造友善的服務空間——淺談鄉鎮圖書館的內部規劃及設備」。書香季刊，10期（民國80年9月），頁44—51。

教育部。「全國圖書館館際合作綱領」。臺北市：該部，民國84年。

黃世雄。「美國圖書館合作組織」，臺北市立圖書館館訊，5卷2期（民國76年12月），頁6—11。

………。「資訊素養與圖書館使用者教育」。高中圖書館季刊，14期（民國85年3月），頁12—16。

黃雪玲。「線上檢索晤談——從讀者的資訊需求談起」。國立中央圖書館臺灣分館館刊，3卷1期（民國85年9月），頁32—41。

黃慕萱。「終端使用者之線上錯誤行為探討」。中國圖書館學會會報，54期（民國84年6月），頁33—45。

………。「資訊檢索」。臺北市：臺灣學生書局，民國85年。

黃綠琬。「無感式參考服務評鑑：談55 Percent Rule」。書苑季刊，19期（民國83年），頁49—68。

黃鴻珠。「蛻變中的圖書館資訊檢索系統」。書苑季刊，29期（民國85年7月），頁1—10。

張正為。「館員暨讀者使用光碟檢索資料之法律問題研究」。書苑季刊，18期（民國82年10月），頁29—43。

張帆、劉澤泉。「諮詢館員」。高校圖書館工作，1期（1988年），頁
　　21—26。

張秀珍。「談大學圖書館利用教育——以東海大學爲例」。書苑
　　季刊，22期（民國83年10月），頁15—29。

張秀琴。「電子資訊時代的大學圖書館利用教育——以國立臺灣
　　師範大學圖書館爲例」。書苑季刊，22期（民國83年10月），
　　頁1—7。

張秋前。「論參考館藏發展之藝術」。臺北市立圖書館館訊，8
　　卷2期（民國79年9月），頁36—41。

張淳淳。「談公共圖書館之工商參考服務」。臺北市立圖書館館
　　訊，10卷3期（民國82年3月），頁5—11。

張淑慧、郭乃華。「線上資訊檢索利器，OCLC First Search」。
　　國立成功大學圖書館通訊，22期（民國85年4月），頁7—
　　21。

張鼎鍾。「考詮與圖資之省思」。臺北市：臺灣學生書局，民國
　　85年。

………。「資訊時代的參考服務」。中國圖書館學會會報，46期
　　（民國79年6月），頁21—28。

張潤生。「圖書館情報工作手冊」。哈爾濱：黑龍江人民出版社，
　　1988年。

陳久仁、皮劍英。「圖書館面對市場經濟的戰略決策——由參考
　　諮詢向信息諮詢轉變」。圖書館建設，（1995年3月），頁
　　2—5。

陳亞寧。「文獻傳遞在國內之發展」。中國圖書館學會會訊，4
　　卷2期（民國85年6月），頁42—43。

………。「參考服務的新氣象」。中國圖書館學會會訊，4卷1期

（民國85年3月），頁54—55。

陳佳君。「以圖書館學研究檢視參考服務理論之建立」。國立中央圖書館臺灣分館館刊，3卷2期（民國85年12月），頁44—57。

陳素娥。「圖書館員於電子圖書館時代的角色轉變與因應之道」。圖書與資訊學刊，17期（民國85年5月），頁47—55。

陳雪華。「圖書館與網路資源」。臺北市：文華圖書館公司，民國85年。

陳敏珍。「公共圖書館參考服務建言」。臺北市立圖書館館訊，8卷2期（民國79年12月），頁38—41。

陳曉理。「光碟資訊系統使用者介面之初探」。臺北市立圖書館館訊，10卷3期，（民國82年3月），頁23—29。

戚志芬。「參考工作與參考工具書」。北京市：書目文獻社，1988年。

莊道明。「我國臺灣地區國際百科線上資訊檢索服務調查之研究」。國立臺灣大學圖書館學研究所，碩士論文，民國77年。

………。「館際參考服務」。載於「圖書館學與資訊科學大辭典」，頁2282—2283，臺北市：漢美圖書公司，民國85年。

國立中央圖書館。「參考服務文獻選輯」。臺北市：該館，民國80年。

………………。「參考服務研討會參考資料」。臺北市：該館，民國73年。

………………。「圖書館利用教育研討會參考資料」。臺北市：該館，民國74年。

國立中央圖書館參考室。「參考諮詢系統使用手冊V.2.0版」。臺北市：該室，民國80年。

‧‧‧‧‧‧‧‧‧‧‧‧‧‧‧‧‧‧‧‧‧‧‧‧。「國立中央圖書館參考服務準則」。臺
　　北市：該室，民國81年。

溫仁助。「新科技眞的帶來方便嗎？——讀者抗拒圖書館線上目
　　錄行爲之研究」。臺北市立圖書館館訊，11卷4期（民國83
　　年6月），頁62—78。

彭寄予。「參考諮詢技巧」。圖書館研究與工作，4期（1988年），頁
　　50—52。

森睦彥。「改訂參考業務及び演習」。東京都：樹村房，平成2
　　年。

程亞男。「圖書館與社會」。北京市：書目文獻社，1993年。

程麟雅。「參考館員如何因應資訊社會」。臺北市立圖書館館訊，
　　10卷3期（民國82年3月），頁12—17。

傅寶眞。「未來資訊社會中之圖書館與圖書館員」。國立中央圖
　　書館館刊，17卷1期（民國73年6月），頁23—27。

楊祖希。「工具書的類型」。中國圖書館學會會報，45期（78
　　年12月），頁125—143。

楊繼斌。「互動式教學科技在公共圖書館教育功能之應用」。書
　　苑季刊，29期（民國85年7月），頁22—31。

楊寶君。「談圖書館參考諮詢工作改革」。圖書館學研究，2期
　　（1992年4月），頁77—78。

廖又生。圖書館管理定律之研究。臺北市：臺灣學生書局，民國
　　81年。

廖育珮。「我國大學圖書館線上公用目錄使用者指導方式之研究」。
　　臺北市：漢美圖書公司，民國81年。

臺北市立圖書館。「建立臺北市圖書館自我評鑑制度之研究」。
　　臺北市：該館，民國76年。

臺灣省立臺中圖書館。「公共圖書館參考服務的調查研究與發展」。臺中市：該館，民國79年。

漢珍圖書縮影公司。「1996—1997光碟資料庫」。臺北市：該公司，民國84年。

圖書館員の問題調查研究委員會。「圖書館員の倫理綱領解說」。東京都：日本圖書館協會，1981。

鄭恆雄等。「參考服務與參考資料」。臺北縣：空中大學，民國85年。

鄭雪玫。「兒童及青少年參考服務探討」。書香季刊，6期（民國79年9月），頁6—13。

鄭靜欣。「剪報工作與參考服務」。臺北市立圖書館館訊，10卷3期（民國82年3月），頁48—53。

蔡明月。「線上資訊檢索——理論與應用」。臺北市：臺灣學生書局，民國80年。

蔡香美。「國立政治大學圖書館參考服務使用研究」。國立臺灣大學圖書館學研究所，碩士論文，民國84年6月。

劉貞孜。「國小圖書館如何因應參考服務新紀元」。臺北市立圖書館館訊，10卷3期（民國82年3月），頁18—22。

劉聖梅、沈固朝。「參考服務概論」。南京市：南京大學出版社，1993年。

閻渝娟。「淺談心理學在參考諮詢工作中的應用」。陝西圖書館，25期（1991年），頁35—37。

盧子博、倪波。「參考諮詢基礎知識問答」。北京市：書目文獻社，1986年。

謝焰盛。「參考晤談中非語言溝通之分析」。臺北市立圖書館館訊，10卷3期（民國82年3月），頁30—45。

………。「羅伯‧撒克頓‧泰勒特寫：Spotlight on Robert S.
Taylor」。臺北市立圖書館館訊，11卷4期（民國83年6月），
頁79─92。

謝寶煖。「中文參考資源」。臺北市：文華圖書館公司，民國85
年。

………。「公共圖書館之內部空間配置」。臺北市立圖書館館訊，6
卷2期（民國77年12月），頁33─37。

………。「參考服務空間的規劃與配置」。臺北市立圖書館館訊，
10卷2期（民國81年12月），頁24─34。

薛文郎。「參考服務與參考資料」。臺北縣：旭昇出版社，民國
84年。

藍卡斯特原著，高禩熹譯。「就參考服務論文獻查尋服務之評估」。
國立中央圖書館館刊，27卷1期（民國83年6月），頁87─
95。

……………………………。「就參考服務論解答問題之評鑑」。
國立中央圖書館館刊，25卷1期（民國81年6月），頁59─
72。

韓介光。「兩岸報紙索引之比較與探討」。書苑季刊，27期（民
國85年1月），頁46─51。

蘇玉慧。「參考晤談之省思」。圖書與資訊學刊，12期（民國
84年8月），頁58─69。

蘇倫伸。「我國圖書資訊網館際互借應用層通訊作業模式建構之
研究」。國立臺灣大學圖書館研究所，碩士論文，民國78年。

二、西文部份：

Abels, Eileen G. "The E-Mail Reference Interview." RQ, (Spring 1996), p.345-358.

Berwind, Anne May. "Orientation for the Reference Desk." Reference Services Review, (Fall 1991), p.51-54.

Bicknell, Tracy. "Focusing on Quality Reference Service." The Journal of Academic Librarianship, (May 1994), p.77-81.

Bushallow-Wilbur, Lara. "Electronic Mail Reference Service : A Study." RQ, (Spring 1996), p.359-365.

Clark, J.M. & Karen Cary. "An Approach to the Evaluation of Ready Reference Collection." Reference Service Review, (Spring 1995), p.39-44.

Dewdney, Patricia & Catherine S. Ross. "Flying a Light Aircraft : Reference Service Evaluation from a User's Viewpoint." RQ, vol.no.2 (Winter 1994), p.217-230.

Eisenberg, Michael B. & Berkowitz, Robert E. "Information Problem-Solving : the Big Six Skills Approach to Library & Information Skill Instruction.", Norwood : Abex Publishing Co., 1990.

Ewing, K. & Hauptman, R. "Is Traditional Reference Service Obsolete?" The Journal of Academic Librarianship, (January 1995), p.3-6.

Foulds, M.S. & L.R. Foulds. "CD-ROM Disk Selection and Evaluation." Reference Service Review, (Summer 1990), p.27-37.

Freides, Thelma. "Current Trends in Academic Libraries." Library Trends, 31 : 3 (Winter 1983), p.457-474.

Goetsch, Lori. "Reference Service is More Than a Desk." The Journal of Academic Librarianship, (January 1995) , p. 15-16.

Grogan, Denis. "Grogan's Case Studies in Reference Work." London：Clive Bingley, 1987.

Hallman, Clark N. "Technology：Trigger for Change in Reference Librarianship." Journal of Academic Librarianship, 16：4 (September 1990) , p.204-208.

Hendrickson, Linnea. "Deskless Reference Services." Catholic Library World , (September 1983) , p.81-84.

Hogan, Donna R. "Cooperative Reference Services and the Reference Question：An Annotated Bibliography 1983-1994." Reference Services Review (Spring 1996) , p.57-64.

Hults, Patricia. "Reference Evaluation： An Overview." Reference Librarian , no.38 , (1992) , p.141-149.

Jahoda, G. & Braunagel, J. S. "The Librarian and Reference Queries." New York：Academic Press, 1980.

Katz, William A. "Introduction to Reference Work, V.I-V. Ⅱ ", 6th ed. New York：McGraw-Hill, 1992.

Kohl, David F. "Reference Services and Library Instruction." Santa Barbara：ABC-Clio, Inc., 1985.

Larson, S. E. "Reference & Information Service in Special Libraries." Library Trends, 31：3 (Winter 1983) , p.475-493.

McCulley, Lucretia. "Basic International Reference Source."

Reference Services Review, (Fall 1985) , p.31-36.

Miller, Elizabeth. "The Internet Resource Directory for K-12 Teachers and Librarian." 95/96 edition. Englewood : Libraries Unlimited, Inc., 1996.

Mudge, Isadore Gilbert. "Reference Books and Reference Work." from Eugene P. Sheehy ed., "Guide to Reference Books.", 9th ed. p.xiii-xv. Chicago : A.L.A., 1976.

Murfin, M.E. "Evaluation of Reference Service by User Report of Success." Reference Librarian, no. 49/50, (1995) , p. 229-241.

Murfin, M.E. & L.R. Wynar. "Reference Service : An Annotated Bibliographic Guide." Littleton, Libraries Unlimited, Inc., 1977.

Nichols, M. Irby. "Selecting and Using A Core-Reference Collection." Austin, Texas State Library, 1986.

Pierson, R.M. "Appropriate Settings for Reference Service." Reference Service Review, (Fall 1985) , p.13-29.

················. "Two Aspects of Readers' Services Areas : Recommendations to Library Planners." College and Research Libraries, (September 1962) , p.398-404.

Quinn, Brian. "Improving the Quality of Telephone Reference Service. " Reference Services Review, (Winter 1995) , p. 39-50.

Rowland, Arthur Ray. "Reference Services." Hamdon : The Shoe String Press, 1964.

Still, Julie & Frank Campbell. "Librarian in A Box : the Use of Electronic Mail for Reference." Reference Services Review, (Spring 1993), p.15-18.

Taylor, Robert S. "Question-Negotiation and Information Seeking in Libraries." College and Research Libraries, vol.29, no.3 (1968), p.178-194.

Thomas, Diana. "The Effective Reference Librarian." New York : Academic Press, 1981.

Thomas, Marcia & Lori Logsdon. "Reference Librarians' Round Table : A Multitype Network for Improved Reference Service." Public Libraries, (January/February 1990), p.32-34.

Tyckson, David A. "Wrong Question, Wrong Answers : Behavioral vs. Factual Evaluation of Reference Service." Reference Librarian, no. 38 (1992), p.151-173.

Whitson, William L. "Differentiated Service : A New Reference Model." The Journal of Academic Librarianship. (March 1995), p.103-109.

索　引

中　文

一～二畫

三　畫

四　畫

五　畫

六　畫